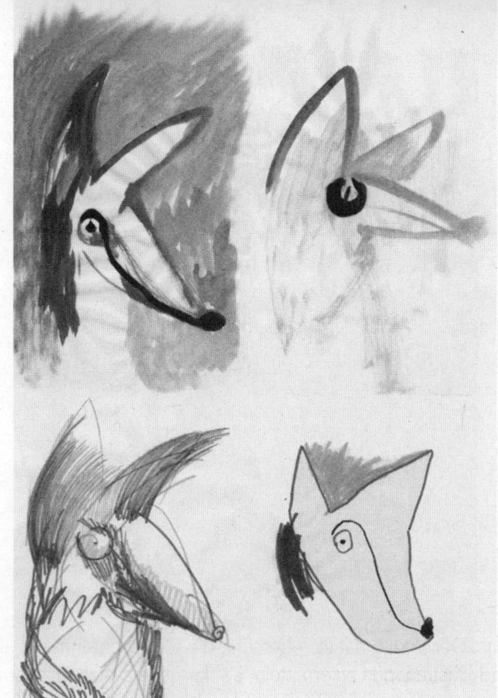

Abenteuer Spiel 2

Eine Sammlung kooperativer Abenteuerspiele

Christoph Sonntag

Gelbe Reihe : Praktische Erlebnispädagogik

Wichtiger Hinweis des Verlags: Der Verlag hat sich bemüht, die Copyright-Inhaber aller verwendeten Zitate, Texte, Bilder, Abbildungen und Illustrationen zu ermitteln. Leider gelang dies nicht in allen Fällen. Sollten wir jemanden übergangen haben, so bitten wir die Copyright-Inhaber, sich mit uns in Verbindung zu setzen.

Inhalt und Form des vorliegenden Bandes liegen in der Verantwortung der Autoren.

Bibliografische Information der Deutschen Nationalbibliothek
Die Deutsche Nationalbibliothek verzeichnet diese Publikation in der Deutschen Nationalbibliografie; detaillierte bibliografische Daten sind im Internet über *http://dnb.d-nb.de* abrufbar.

Printed in Germany

ISBN 978-3-940 562-45-6

Verlag:	ZIEL – Zentrum für interdisziplinäres erfahrungsorientiertes Lernen GmbH Zeuggasse 7–9, 86150 Augsburg, www.ziel-verlag.de 1. Auflage 2010, Nachdruck 2013
Grafik und Layoutgestaltung:	Stefanie Huber Zeuggasse 7, 86150 Augsburg
Illustrationen:	Jochen Plogsties
Bildnachweis:	Foto „Der königliche Auftrag" – Steffi Wertmann Fotos „Chicken Run", „Einer geht noch", „Gummihuhn-Golf", „Themawechsel" – Torsten Wolter Fotos „Gemeinsamkeiten", „Retourkutsche" – Ulrike Weis Porträtfoto Jochen Plogsties – Inga Kerber Alle anderen Fotos – Christoph Sonntag
Gesamtherstellung:	Friends Media Group GmbH www.friends-media-group.de

Gedruckt auf Recystar matt (100 % Altpapier, „Blauer Engel")

Besonders bedanken möchte ich mich bei Katja, die mir während der ganzen Zeit des Schreibens hilfreich zur Seite stand und mich mit vielen guten Tipps und Ideen unterstützt hat.

Dies gilt auch für Ralph und Steffi, die mir beim Schreiben dieses Buches eine Riesenhilfe waren und sämtliche Texte mit mir besprochen und korrigiert haben.

Darüber hinaus geht mein Dank an Rüdiger, Kitzi und Katharina für den kollegialen Austausch beim Zusammenstellen der Spiele und die konstruktiven Rückmeldungen zur Gestaltung dieses Buches.

Vielen Dank auch an Tim und Thomas für die vielen guten Ergänzungen beim Schreiben der Theorieblöcke sowie an Holger für die Unterstützung beim Schreiben des Abenteuerspiels „Der königliche Auftrag".

Und mein besonderer Dank richtet sich an die Leiterinnen und Leiter der KjG St. Heinrich in Köln-Deutz, die sich an mehreren Tagen mit mir getroffen haben, um für einen Großteil der Spiele geeignete Fotos zu machen, und an alle Teilnehmerinnen und Teilnehmer von Seminaren und Trainings, die mir erlaubt haben, Fotos von ihnen im Rahmen dieses Buches zu veröffentlichen.

Inhaltsverzeichnis

Von echten Abenteuern und neuen Spielen

„Ich habe erwartet, dass wir spektakuläre Sachen wie Abseilen machen. Stattdessen musste ich Schlumpf-Figuren aus Mausefallen befreien. Und trotzdem – oder gerade deswegen –, es war ein echt großes Erlebnis!", erzählte ein Teilnehmer beim Abschluss eines fünftägigen Kurses „Erlebnispädagogik in der Jugendarbeit".

Nachhaltige Erlebnisse schaffen und mit einfachen Mitteln in neue Welten eintauchen – darin liegt für mich die große Faszination der kooperativen Abenteuerspiele. Es ist großartig, Abenteuer zu kreieren, zusammen mit anderen Menschen Neues zu erleben, Erfahrungen zu sammeln und dabei viel Spaß haben zu können. Die Verbindung von Spielfreude und Gruppendynamik, von Leichtigkeit und Intensität, von Spaß und Lernen machen diese Spielform zu etwas ganz Besonderem.

Auf der Suche nach Spielen, die dieses Potenzial besitzen, habe ich im Lauf der Zeit neben den Klassikern einen Fundus an Spielen erarbeitet, den ich in diesem Buch zusammengefasst habe. Einige Spiele sind neu und werden hier zum ersten Mal veröffentlicht. Andere Spiele wurden bislang nur im englischsprachigen Raum veröffentlicht und sind hierzulande – aus meiner Sicht – nahezu unbekannt. Außerdem habe ich bereits bekannte Spielideen aufgegriffen und durch veränderte Regeln und Rahmenbedingungen konkretisiert und ihnen dadurch eine neue und eigene Note verliehen.

Sämtliche Spiele, Aufgaben und Methoden in diesem Buch habe ich mit vielen verschiedenen Gruppen ausprobiert. Sie alle haben sich in der Praxis bewährt. Die meisten Methoden sind ohne besonderen zeitlichen und materiellen Aufwand einsetzbar und eignen sich insbesondere für die Arbeit in Seminaren, Schulungen oder Trainings. Sie können direkt und ohne besondere Vorkenntnisse oder Erfahrung gespielt und angeleitet werden.

Alle Leserinnen und Leser, die mehr über Aufbau, Anleitung und Hintergründe erfahren möchten, können dies in den einführenden Kapiteln zu den jeweiligen Spielen nachlesen. Dort werden die wichtigsten Aspekte praxisnah beschrieben.

Besonders empfehlen möchte ich das Kapitel „Spielketten", in dem ich neben einer allgemeinen Einführung sechs exemplarische Spielgeschichten vorstelle. Die Verbindung mehrerer Spiele innerhalb einer Spielgeschichte ist reizvoll und effektiv: Spielverlauf und Gruppenprozess werden zu einer Einheit und die Spielerinnen und Spieler tauchen in eine Welt voller Abenteuer, Aufgaben und Erlebnisse.

Ich wünsche Ihnen viel Spaß und spannende (Gruppen-)Erlebnisse
Christoph Sonntag

Kennenlernspiele

Blindes Selbstporträt

Ort:
Raum, Wiese

Dauer:
5–10 Minuten

Gruppe:
6–18 Spieler

Hilfsmittel:
Blätter, Stifte

Spielbeschreibung:
Alle Spieler halten sich ein Blatt vor die Brust und schließen die Augen. Dann fordert die Spielleitung die Spieler auf, mit geschlossenen Augen den Umriss ihres Kopfes auf das Blatt zu zeichnen. Anschließend werden Augen, Nase und Mund nacheinander dazugezeichnet. Zum Schluss fordert die Spielleitung die Spieler noch auf, Haare, Ohren und besondere Eigenheiten wie Brille, Muttermal, Bart usw. hinzuzufügen.

Wenn alle Bilder fertig sind, öffnen die Spieler wieder ihre Augen und es folgt eine kurze Vorstellung der Bilder und der gezeigten Personen.

Kommentar:
Ein ganz kurzes Spiel, um mit wenigen Hilfsmitteln die Gruppenatmosphäre und den Seminareinstieg aufzulockern.

Die verhexten Stifte

Ort:
Raum, Wiese

Dauer:
10–20 Minuten

Gruppe:
12–30 Spieler

Hilfsmittel:
Filzstifte, Moderationskärtchen, Kreppklebeband

Spielbeschreibung:
Die schrullige Hexe Gwendolyn hat sich einen Spaß erlaubt. Sie hat alle Stifte der Spielleitung verhext, sodass jeder Stift nur noch einen oder maximal zwei Buchstaben schreiben kann und das auch nur von der Person, die den Stift zuerst von der Spielleitung bekommt. Das ist natürlich kein Grund, auf Namenskärtchen zu verzichten, deshalb gibt die Spielleitung jedem Spieler ein leeres Kärtchen, Klebeband und einen der verhexten Stifte. Zusätzlich sagt sie allen Spielern leise, welchen Buchstaben sie mit ihrem Stift schreiben können. Wenn alle Stifte verteilt sind und die Spieler sich ihre unbeschriebenen Namenskärtchen gut sichtbar angeklebt haben, geht es los. Alle stehen auf und suchen sich ihren Namen zusammen, indem sie die Personen finden, die ihnen einen Buchstaben aus dem eigenen Namen an die entsprechende Stelle auf das Namenskärtchen schreiben können. Sobald alle ihre Namenskärtchen komplett haben, endet das Spiel.

Kommentar:
„Die verhexten Stifte“ ist ein schönes Kennenlernspiel für relativ große Gruppen mit wenig Zeit. Die Bitte, sich Namenskärtchen zu schreiben, wird gekoppelt mit einer ersten Interaktionsaufgabe, sodass die Spieler untereinander ersten Kontakt haben und in Bewegung kommen.

Der rasende Reporter!

Ort:
Raum, Wiese

Dauer:
10–20 Minuten

Gruppe:
12–30 Spieler

Hilfsmittel:
Fragebogen, Stifte

Vorbereitung:
Fragebogen vervielfältigen.

Spielbeschreibung:
Die Spielleitung verteilt zu Beginn an alle Spieler einen Fragebogen mit verschiedenen Aussagen (siehe Seite 13). Zu jeder dieser Aussagen müssen die Spieler nun Personen finden, die diese unterschreiben können.

Für die Suche gelten folgende Regeln:
- Alle Spieler sind in Bewegung und suchen sich immer wieder neue Gesprächspartner.
- Sobald sich zwei Spieler gefunden haben, können diese sich zu einer Aussage abwechselnd befragen.
- Kann einer der Spieler eine Aussage unterschreiben, muss er dies tun.
- Jeder Spieler darf nur einmal auf einem Bogen unterschreiben.
- Jeder Spieler darf einmal auf dem eigenen Bogen unterschreiben.

Sobald ein Spieler von jedem aus der Gruppe (inklusive sich selbst) eine andere Aussage unterschrieben bekommen hat, ruft er laut: „stopp", und wird zum rasenden Reporter des Monats gekürt.

Zum Abschluss des Spiels stellt der Sieger der Gruppe vor, was er über die einzelnen Personen herausgefunden hat bzw. was diese bei ihm unterschrieben haben.

Variante:
Die Spielleitung ruft die Namen der einzelnen Spieler auf und alle sagen laut, was sie über diese Person erfahren haben bzw. was diese bei ihnen unterschrieben hat.

Kommentar:
Um sicherzugehen, dass auch alle Spieler auf einem Bogen unterschreiben können, sollte dieser zwei oder drei Aussagen mehr beinhalten, als Spieler vorhanden sind. Die Aussagen sollten so ausgewählt werden, dass die Wahrscheinlichkeit möglichst groß ist, dass mindestens eine Person aus der Gruppe eine dieser unterschreiben kann.

Fragebogen

Gesucht wird …

Eine Person, die regelmäßig Sport treibt:	*Eine Person,* die sich gern die Haare färbt:	*Eine Person,* die Sommersprossen hat:
Eine Person, die einen Handstand kann:	*Eine Person,* die vor Kurzem im Urlaub war:	*Eine Person,* die ein Morgenmuffel ist:
Eine Person, die gerade verliebt ist:	*Eine Person,* die überzeugt vegetarisch isst:	*Eine Person,* die gern Theater spielt:
Eine Person, die bei einem rührseligen Film weint:	*Eine Person,* die schon einmal in eine andere Gegend gezogen ist:	*Eine Person,* die jonglieren kann:
Eine Person, die regelmäßig eine Fernsehserie schaut:	*Eine Person,* die schon einmal schwarzgefahren ist:	*Eine Person,* die einen Spitznamen hat:

Fünf und fünf

Ort:
Raum, Wiese

Dauer:
10–20 Minuten

Gruppe:
6–18 Spieler

Hilfsmittel:
Plakate, Stifte

Spielbeschreibung:
Was unterscheidet mich von den anderen und was habe ich mit den anderen aus der Gruppe gemeinsam? Diese zentralen Themen der Kennenlernphase werden bei diesem Spiel aufgegriffen.

Die Spieler teilen sich in Kleingruppen von drei bis vier Personen auf. Jede Kleingruppe bekommt das gleiche Plakat. In der Plakatmitte ist ein großes Feld, in das die Spieler mindestens fünf Merkmale schreiben sollen, die sie alle gemeinsam haben. Um die Mitte herum erhält jeder Spieler ein eigenes Feld. In die eigenen Felder notiert nun jeder mindestens fünf Vorlieben, Fähigkeiten, Hobbys oder Merkmale, die nur er allein in dieser Kleingruppe für sich in Anspruch nehmen kann. Wenn alle Kleingruppen so weit sind, kommt die gesamte Gruppe zusammen und jeweils ein Spieler stellt die verschiedenen Personen der Kleingruppe und deren individuellen Merkmale sowie die gefundenen Gemeinsamkeiten vor.

Kommentar:
„Fünf und fünf" eignet sich besonders gut für große Gruppen. In relativ kurzer Zeit erfahren alle etwas über die persönlichen Vorlieben, Hobbys oder Merkmale der einzelnen Personen, ohne mit allen einzeln gesprochen zu haben bzw. sich allen einzeln vorstellen zu müssen.

Gemeinsamkeiten

Spielbeschreibung:
Die Spieler gehen im Raum herum und jeweils zwei Personen finden sich zusammen. Nachdem sie sich kurz mit Namen vorgestellt haben, gilt es, fünf Gemeinsamkeiten zu finden. Wer zuerst eine Idee hat, stellt sie dem anderen in Form einer Frage vor, z. B.: „Fährst du gern Fahrrad?" Wenn der andere Ja sagt, strecken beide die Hände in die Höhe und rufen „eins". Sind sie auf diese Weise bei „fünf" angekommen, verabschieden sie sich und laufen wieder im Raum herum. Nun gilt es, mit neuen Personen zu Dreiergruppen zusammenzukommen und wiederum fünf möglichst neue Gemeinsamkeiten zu finden. Das Spiel kann dann mit Gruppen aus vier, fünf usw. Personen so lange fortgesetzt werden, bis man den Eindruck hat, dass die meisten Gruppenmitglieder dabei einmal miteinander Kontakt hatten.

Kommentar:
Dieses simple Spiel eignet sich aus mehreren Gründen gut für Anfangssituationen: Die Gruppe kommt in Bewegung. Man kommt auf unkomplizierte Weise miteinander in Kontakt. Man erfährt bereits ein paar Namen, das einander Verbindende wird betont. Und man stimmt sich vorsichtig darauf ein, auch einmal etwas „Verrücktes" zu machen – Hände gemeinsam hochstrecken und dabei eine Zahl rufen.

Ort:
Raum, Wiese

Dauer:
10–20 Minuten

Gruppe:
12–30 Spieler

Hilfsmittel:
Keine

Ich sehe wen, den du nicht siehst!

Ort:
Raum, Wiese

Dauer:
5–10 Minuten

Gruppe:
6–18 Spieler

Hilfsmittel:
Keine

Spielbeschreibung:
Alle Spieler sitzen mit dem Gesicht nach außen im Kreis. Die Spielleitung steht außerhalb des Kreises und beschreibt der Gruppe eine Person aus der Runde. Die unauffälligen Merkmale nennt sie zuerst, die auffälligen am Schluss. Die Spieler müssen raten, welche Person gemeint ist.

Der Spieler, der zuerst den richtigen Namen nennt, tauscht mit der Spielleitung den Platz und beschreibt der Gruppe eine andere Person aus der Runde.

Kommentar:
Durch die Beschreibung der Äußerlichkeiten werden die Spieler angeregt, die einzelnen Gruppenmitglieder bewusster wahrzunehmen.

Bei Gruppen, die sich schon ein wenig besser kennen, können auch Eigenschaften, Fähigkeiten oder Marotten als Beschreibung genannt werden.

Runde der Einzigartigkeit

Spielbeschreibung:
Jeder Mensch ist einzigartig! In diesem Spiel ist jeder Spieler aufgefordert, sich eine Eigenschaft, Fähigkeit, Vorliebe oder ein Erlebnis zu überlegen, von dem er glaubt, dass ihn dies einzigartig in der Gruppe macht. Nach einer kurzen Bedenkzeit reicht die Spielleitung einen animierenden Gegenstand (z. B. ein kurioses Stofftier oder ein Königszepter) herum und die jeweiligen Spieler nennen ihren Namen und das Merkmal, das sie in dieser Runde einzigartig macht. Sobald ein anderer Spieler der Meinung ist, dass auch er über dieses Merkmal verfügt, ruft er laut „Einspruch" und der Spieler muss sich eine andere Einzigartigkeit überlegen.

Kommentar:
Vielen Menschen fällt es zunächst schwer, etwas zu finden, dass sie von anderen unterscheidet. Die einfachsten, aber auch langweiligsten Unterscheidungsmerkmale sind Daten und Fakten wie Geburtsort, Größe oder Gewicht. Deshalb ist es wichtig, sich in der Anleitung explizit auf Eigenschaften, Fähigkeiten, Vorlieben oder Erlebnisse zu beziehen.

Der Reiz an dieser Runde ist, dass die Spieler Dinge erzählen, die sie sonst nicht in der Anfangsrunde gesagt hätten, und z. B. von ihrem Tick, alle Geldscheine im Geldbeutel sortieren zu müssen, einer Reise durch Westafrika oder der alten Radiergummisammlung berichten.

Ort:
Raum, Wiese

Dauer:
10–20 Minuten

Gruppe:
6–18 Spieler

Hilfsmittel:
Animierender Gegenstand als Redestab (z. B. kurioses Stofftier oder Königszepter)

Schneller als der eigene Name!

Ort:
Raum, Wiese

Dauer:
5–10 Minuten

Gruppe:
6–18 Spieler

Hilfsmittel:
Keine

Spielbeschreibung:
Die Gruppe steht im Kreis. Nacheinander laufen alle Spieler ein Rennen gegen ihren eigenen Namen. Den Startschuss gibt jeder Spieler selbst, indem er seinen Namen laut an den linken Nachbarn weitergibt. Dieser gibt den Namen wiederum laut nach links weiter, während die namentliche Person in entgegengesetzter Richtung außen um die Gruppe läuft und versucht, wieder an ihrem Platz anzukommen, bevor die letzte Person ihren Namen nennen konnte. In diesem Fall hat sie gewonnen. Ansonsten wird sie entweder direkt mit ihrem Namen begrüßt oder laut gerufen, wenn sie noch unterwegs ist.

Kommentar:
Ein schönes, schnelles Namensspiel, das sich gut eignet, wenn sich die meisten in der Runde schon ein wenig kennen und die Namen nur noch einmal ins Gedächtnis gerufen werden sollen.

Small Talk

Spielbeschreibung:
Auf einem Plakat stehen für alle gut sichtbar sieben Überschriften, z. B. „Unglaublich, aber wahr“, „Mein persönliches Highlight des Jahres“, „Kunst, Kultur und ich“, „Mein Traumurlaub“, „Pleiten, Pech und Pannen“, „Fernsehtipp der Woche“, „Spiel des Jahres“.

Jeder Spieler wählt nun fünf dieser Themen für sich aus, schreibt diese auf verschiedene Post-its und heftet sie gut sichtbar an seine Kleidung. Nun beginnt der Small Talk: Alle Spieler gehen durch den Raum und finden sich zu zweit zusammen. Dann kann sich jeder ein Post-it bei seinem Gegenüber wegnehmen und dessen persönliche Meinung zu diesem Thema erfragen. Nach einem kurzen Gespräch wechseln die Gesprächspartner. Wenn niemand mehr ein Post-it an sich hat, endet das Spiel.

Kommentar:
Der „Small Talk“ kann auch gut zu seminarspezifischen Themen geführt werden bzw. zu Themen, die im Vorfeld gemeinsam mit der Gruppe gesammelt wurden.

Ort:
Raum, Wiese

Dauer:
10–20 Minuten

Gruppe:
12–30 Spieler

Hilfsmittel:
Plakat, Post-its, Stifte

Vorbereitung:
Mehrere Gesprächsthemen auf ein Plakat schreiben.

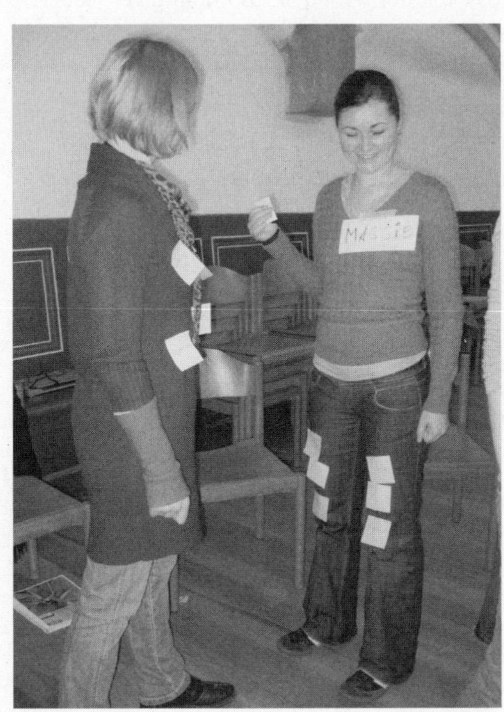

Wer ist wer?

Ort:
Raum, Wiese

Dauer:
20–30 Minuten

Gruppe:
6–18 Spieler

Hilfsmittel:
Blätter, Stifte

Spielbeschreibung:
Die Gruppe teilt sich in mehrere Kleingruppen von drei bis sechs Personen auf. In diesen Kleingruppen wird für jeden Spieler anonym ein Steckbrief ausgefüllt. Wenn alle Kleingruppen ihre Steckbriefe ausgefüllt haben, kommt die gesamte Gruppe wieder zusammen. Nun werden alle Steckbriefe einer Kleingruppe den anderen Spielern vorgestellt, die nun raten müssen, welche Person sich hinter welchem Steckbrief verbirgt.

Steckbrief
1. Mein Lieblingsbuch
2. Mein Lieblingsfach in der Schule
3. Wenn ich eine Filmfigur sein könnte, wäre ich gern
4. Dahin würde ich gern einmal reisen
5. Mit dieser Person würde ich gern einen Abend verbringen

Variante:
Die Spieler raten nicht einzeln, sondern in Teams bzw. in den Kleingruppen. Nachdem eine Kleingruppe ihre Steckbriefe vorgestellt hat, ordnen die anderen Kleingruppen intern die vorgestellten Steckbriefe den möglichen Personen aus der jeweiligen Kleingruppe zu. Anschließend werden die Ergebnisse gesammelt und mit der richtigen Zuordnung verglichen. Das Team mit den meisten Übereinstimmungen gewinnt.

Kommentar:
Um nicht durch die Schrift auf eine Person schließen zu können, sollten alle Blätter innerhalb einer Kleingruppe von der gleichen Person beschrieben werden.

Spaßspiele

Einführung

Spaß und die Freude am gemeinsamen Spiel bilden die Grundlage für eine angenehme Lernatmosphäre und fördern die Motivation aller Beteiligten. Aus diesem Grund haben Spiele, die diesen Spaß fördern und den Teilnehmenden Spielfreude vermitteln, einen festen Platz innerhalb der kooperativen Abenteuerspiele.

Aufgrund ihrer vielseitigen Einsatzmöglichkeiten greifen die üblichen Begrifflichkeiten wie Warm-up, Auflockerungsspiele, Aufwärmspiele usw. für diese Spielform allerdings zu kurz. Denn diese Spiele eignen sich nicht nur als Auflockerung zu Beginn einer Einheit oder als Lückenfüller zwischen zwei Aufgaben, sondern fördern auch das Vertrauen der Teilnehmenden untereinander und dienen der Bildung einer angenehmen Arbeitsatmosphäre. Aus diesem Grund erscheint es sinnvoller, sie nicht nach ihrem Aufgabenbereich oder ihrer Einsatzmöglichkeit zu benennen, sondern nach ihrem wesentlichen Erkennungsmerkmal, dem gemeinsamen Spaß beim Spielen.

Merkmale und Eigenschaften

Inwieweit ein Spiel geeignet ist, um im Rahmen einer pädagogischen Arbeit den Teilnehmenden Spielfreude zu vermitteln, hängt im Wesentlichen von folgenden Kriterien ab:

Dynamik
Ein gutes Spaßspiel beinhaltet eine besondere Dynamik, das heißt, der Spielverlauf ist nicht von vornherein absehbar und beinhaltet eine dauerhafte Spannung. Die verschiedenen Spielsituationen wechseln sich im Lauf des Spiels immer wieder ab und können sich jederzeit verändern.

Bei dem Spiel „Contacto“ werden die Spielaspekte Verstecken, Laufen und Abschlagen miteinander kombiniert und der Mittelpunkt des Spielgeschehens auf weniger als einen Quadratmeter konzentriert. Die Zeiträume für den Wechsel der verschiedenen Spielaspekte verkürzen sich bei jedem Durchgang, bis den Spielenden nur noch wenige Sekunden verbleiben, um ihr Versteck zu verlassen, die Person in der Mitte abzuschlagen und sich neu zu verstecken. Dadurch bekommt das Spiel eine unglaubliche Dynamik, die allen Beteiligten großen Spaß macht.

Beim „Zehnerhuhn“ muss jedes Team versuchen, ein Gummihuhn zehnmal innerhalb der eigenen Gruppe hin- und herzupassen. Sobald das Huhn jedoch den Boden berührt oder das andere Team es wegschnappt, verfallen die geglückten Pässe und das Team fängt wieder bei null an. Diese Regel führt zu einem dauerhaft spannenden Spielverlauf, da beide Teams jederzeit eine Siegeschance haben, selbst wenn das gegnerische Team schon acht Pässe hintereinander gezählt hat.

Aktive Beteiligung

Spiele machen nur Spaß, wenn alle Beteiligten auch die Chance haben, aktiv mitzumachen. Deshalb ist es für ein gutes Spaßspiel wichtig, dass möglichst viele direkt beteiligt sind und niemand frühzeitig ausscheidet oder lange warten muss, bevor er oder sie wieder mitspielen kann.

Beim „Gummihuhngolf" darf jedes Teammitglied jederzeit versuchen, die Flugbahn/den Flug des Huhns mit einem Volleyschlag zu verlängern, ohne dass dieser Schlag extra gezählt würde. Erst durch diese Regel wird „Gummihuhngolf" zu einem tollen Spaßspiel, das alle Spielenden aktiv beteiligt und dadurch allen Spaß macht.

Ausgewogene Rollen- und Machtverhältnisse

Besonders bei Spielen mit Konkurrenzcharakter oder verschiedenen Spielzielen ist es wichtig, dass alle Parteien die gleichen Chancen haben und die Rollen und Machtverhältnisse gerecht verteilt sind.

Das Spiel „Der König hat Kopfschmerzen" ist trotz der sehr reduzierten Bewegung ein überaus spannendes und gelungenes Spaßspiel. Dies liegt unter anderem an den ausgeglichenen Machtverhältnissen. Die Person in der Mitte darf nichts sehen, aber es reicht schon ein Wink in die richtige Richtung, um alle heranschleichenden Mitspielenden wieder zurückzuschicken.

Spielwitz

Gute Spaßspiele verfügen über einen eigenen Spielwitz, das heißt, sie beinhalten einen gewissen Zusatz, der von den Spielenden als besonders animierend und witzig erlebt wird. Dieser Spielwitz ergibt sich durch ganz unterschiedliche Faktoren und entsteht z.B. durch eine witzige Spielgeschichte wie bei dem Spiel „Popcorn" oder durch die Verwendung ungewohnter Spielmaterialien wie beim „Gummihuhngolf". Von entscheidender Bedeutung für den Spielwitz ist auch die Geräuschkulisse eines Spiels. Fast alle Spaßspiele werden besser im Sinne von spaßiger, wenn die Spielenden neben dem Spiel noch für die passende Geräuschkulisse sorgen.

Das Spiel „Parkplatzsuche" macht nur dann richtig Spaß, wenn die Spielenden auch wirklich laut hupend aufspringen und durch den Raum brausen.

„Marktplatz von Pamplona" wirkt viel dynamischer, wenn die Außenstehenden immer „olé" rufen, sobald sie eine Hand vom Seil lassen.

„Gorilla und Huhn" bekommt seinen Reiz durch den immer wiederkehrenden, abrupten Wechsel vom laut brüllenden Gorilla zum kleinen quietschenden Huhn.

Aufgabe und Bedeutung

Durch ihren spielerischen Charakter und die Vermittlung von Spaß und Spielfreude sind Spaßspiele für einen persönlich bedeutsamen Lernprozess in einer Gruppe von wesentlicher Bedeutung und erfüllen in diesem Zusammenhang mehrere wichtige Aufgaben:

Unbeschwertheit und Wertschätzung

Wenn Menschen gemeinsam lachen und sich freuen, ist das ein Zeichen dafür, dass sie sich wohl fühlen und entspannt sind. Eine solche Unbeschwertheit erleichtert es allen Beteiligten, sich frei und ungezwungen zu verhalten. Sie fördert den offenen Austausch untereinander und ermöglicht es allen, sich auf einen gemeinsamen und ernsthaften Lernprozess einzulassen.

Der Einsatz von Spaßspielen hilft zudem dabei, grundlegende Werte wie Wertschätzung und Rücksichtnahme spielerisch zu vermitteln und in der Gruppe zu etablieren, ohne sie gesondert erläutern zu müssen.

Eine Gruppe spielt „Marktplatz von Pamplona". Bis auf zwei Freiwillige stehen alle im Kreis und halten ein Seil in den Händen. Sobald es einem von beiden gelingt, die Hand eines Außenstehenden abzuschlagen, muss diese Person in die Mitte und die Rollen werden getauscht. Während des Spiels sind zwei Personen aus der Gruppe sichtlich angespannt und versuchen unbedingt zu vermeiden, in die Mitte zu kommen. Als es einem der Stiere in der Mitte dennoch gelingt, einen der beiden abzuschlagen, geht dieser lustlos in die Mitte und macht einige verzweifelte Versuche, jemanden abzuschlagen. Die Spielleitung sieht dies und nimmt spontan die Position in der Mitte ein. Dankbar nimmt dieser wieder einen der Plätze am Seil ein und entspannt sich.

Durch diese Aktion vermittelt die Leitung der Gruppe unterschwellig, dass sie Rücksicht auf die Bedürfnisse der einzelnen Spielerinnen und Spieler nimmt und diese zu nichts gezwungen werden.

Gruppe und Leitung

Spaßspiele bieten Gruppe und Leitung die Möglichkeit, sich gegenseitig kennen zu lernen und eine gemeinsame Ebene zu finden. Durch das gemeinsame Spiel kann die Leitung sich als Person mit verschiedenen Facetten zeigen und die Teilnehmenden mit ihrer Spielfreude anstecken. Sie demonstriert der Gruppe ihre Definition von Spielspaß und hat die Möglichkeit, spielerisch auf das Spielgeschehen einzuwirken.

Die Gruppe spielt „Verdammt!". Die Spielleitung nimmt aktiv am Spielgeschehen teil und versucht mit Begeisterung, den anderen ihre Hüte vom Kopf zu stupsen. Ihr eigener Hut fliegt dabei sehr oft auf den Boden und sie ruft immer wieder mit sichtlichem Vergnügen „verdammt".

Vertrautheit und Vertrauen

Als Agent laut brüllend einen anderen Teilnehmer zu umkreisen oder mit Stöcken ein Gummihuhn durch den Park zu schlagen, ist für die meisten Menschen äußerst ungewöhnlich und für viele in der Regel unvorstellbar. Es dennoch zu machen, bedarf einer entsprechenden Überwindung und bringt im Idealfall eine Menge Spaß. Besonders alberne Spaßspiele benötigen eine gewisse Vertrautheit innerhalb der Gruppe. Sie fördern aber gleichzeitig diese vertraute Stimmung und helfen den Teilnehmenden ein Gemeinschaftsgefühl aufzubauen. Besonders das Spielen von scheinbar sinnlosen oder albernen Spielen kann eine Gruppe im Idealfall nachhaltig zusammenschweißen und die Grundlage für ein gemeinsames Erlebnis und ausgelassenen Gesprächsstoff bilden.

Die Spielleitung möchte mit einer Gruppe das Spiel „Parkplatzsuche" spielen. Als sie erklärt, dass alle Anwesenden gleich laut hupend ihre Plätze tauschen sollen, reagieren einige Teilnehmerinnen und Teilnehmer irritiert und sehr skeptisch. In den ersten Minuten des Spiels wechseln auch nur vereinzelt zwei Personen halbherzig die Plätze. Nachdem die Spielleitung selbst mehrfach mit Wonne durch die Kreismitte gebraust ist, trauen sich nach und nach auch die anderen Teilnehmenden aktiv mitzumachen und es entwickelt sich ein lautes und lustiges Durcheinander, bei dem alle Spaß haben.

Im Verlauf des weiteren Programms entwickelt sich das Imitieren von Autos zu einer Art Insiderwitz und obwohl das Spiel längst vorbei ist, tauschen immer wieder mehrere Gruppenmitglieder laut hupend ihre Sitzplätze oder brausen los, wenn sie sich etwas zu trinken holen.

Spaßspiele, die genau an der aktuellen Hemmschwelle der Spielerinnen und Spieler ansetzen und diese ein kleines Stück überschreiten, tragen dazu bei, das Vertrauen der Teilnehmenden in die Gruppe auszubauen und zu festigen. Durch die ungezwungene Spielatmosphäre und die scheinbare Bedeutungslosigkeit des Handelns ergeben sich für die Spielenden immer wieder neue spielerische Möglichkeiten, sich auszuprobieren und ein persönliches Wagnis einzugehen. Deshalb sind besonders alberne Spaßspiele in ihrer Bedeutung durchaus mit Vertrauensspielen zu vergleichen. Sie stellen die Beteiligten immer wieder vor herausfordernde Situationen und geben dem Einzelnen und der Gruppe die Gelegenheit, den aktuellen Grad des eigenen Vertrauens in die Gruppe zu erkennen und gegebenenfalls auszuweiten.

Eine Gruppe spielt das Spiel „Samurai“. Eine Person aus der Gruppe zeigt sich in der Anfangsphase besonders zurückhaltend. Sie deutet ihre Bewegungen nur an und schafft es nicht, ihre Stimme richtig zu erheben. Die anderen aus der Gruppe haben damit keine Probleme. Sie machen lautstark mit und jeder Schrei wird von großem Gelächter der Gruppe begleitet. Von der ausgelassenen Stimmung der anderen angesteckt, traut sich diese eine Person immer mehr mitzumachen. Zunächst werden nur ihre Bewegungen ausladender, aber mit der Zeit auch ihre Schreie immer lauter. Die anderen Spielerinnen und Spieler honorieren ihr Engagement und lachen laut mit ihr, als sie einmal besonders laut zum imaginären Schwerthieb ausholt.

Motivation und Bewegung

Spaß und Freude unterstützen den Lernprozess und motivieren die Spielerinnen und Spieler, aktiv am Geschehen teilzunehmen. Manchmal genügt bereits ein kurzes Bewegungsspiel, um eine Gruppe zu motivieren, sich auf etwas zunächst Anstrengendes oder Unangenehmes einzulassen.

Zu Beginn der Einheit sitzen alle Teilnehmenden noch etwas müde und unmotiviert im Stuhlkreis. Die Spielleitung bittet die Gruppe deshalb, mit den Stühlen ein Spalier zu bilden und sich in zwei Reihen gegenüber hinzusetzen. Dann erklärt sie das Spiel „Schrubberhockey“ und begrüßt alle Teilnehmenden zum „Ha-Ra-Weltmeisterschafts-finale“. Schon kurz danach sind die Teilnehmenden voller Begeisterung dabei und liefern sich unter den Anfeuerungen ihrer Teammitglieder spannende Schrubberduelle. Nachdem das letzte Tor gefallen ist und das Gewinnerteam seinen obligatorischen Siegesbeifall bekommen hat, schauen alle Spielerinnen und Spieler erwartungsvoll zur Spielleitung.

Durch dieses kleine Spiel wurde die Aufmerksamkeit der Teilnehmenden angeregt und die ganze Gruppe hat sich bewegt. Alle sind nun viel eher bereit, sich auf das kommende Abenteuerspiel einzulassen.

Ausgleich und Erholung

Persönlich bedeutsames Lernen in einer Gruppe ist nicht nur sinnvoll und erstrebenswert, sondern kann mitunter auch mühsam und anstrengend sein. Die Teilnehmenden müssen sich bei jeder Aufgabe wieder aufeinander einlassen und im Rahmen einer erfolgreichen Lösung eine gemeinsame Ebene finden. Der Wechsel von anspruchsvollen Aufgaben und ausgelassenen Spaßspielen erleichtert es den Spielerinnen und Spielern, sich dauerhaft auf diesen Lernprozess einzulassen.

Eine Gruppe war eine Dreiviertelstunde damit beschäftigt, aus mehreren Metern Entfernung eine Schatztruhe zu bergen, ohne den Boden dazwischen zu berühren oder die Waage, auf der die Kiste stand, aus dem Gleichgewicht zu bringen. Dies gelang nur, weil alle Beteiligten konzentriert dabei waren und sich immer miteinander abgestimmt haben. In der anschließenden Reflexion folgte eine intensive Diskussion über die Art und Weise der Entscheidungsfindung und den künftigen Umgang mit mehreren Vorschlägen. Am Ende der Reflexion sind alle Beteiligten richtig erschöpft. Im Anschluss an diese Aufgabe soll die Gruppe eigentlich gemeinsam das Netz überwinden, aber alle Spielerinnen und Spieler erscheinen momentan nicht die nötige Energie zu besitzen, um sich als Gruppe mit dieser Aufgabe konstruktiv auseinanderzusetzen. Deshalb spielt die Spielleitung mit der Gruppe kurz „Contacto", eine Mischung aus Lauf- und Versteckspiel. Nachdem die Teilnehmenden sich ausgiebig ausgetobt und ein wenig gelacht haben, wirken alle wieder frisch und sind bereit für das anstehende Abenteuerspiel.

Kooperation und Konkurrenz

Es entspricht nur den wenigsten Menschen, sich immer gleichermaßen kooperativ und wertschätzend zu verhalten. Viele Teilnehmerinnen und Teilnehmer sind es vielmehr gewohnt, sich mit anderen zu messen und die eigenen Interessen durchzusetzen. Ein Programm, das den Fokus nur auf Kooperation und Wertschätzung legt, läuft Gefahr die Spielerinnen und Spieler auf Dauer zu überfordern.

Um von vornherein zu vermeiden, dass die Teilnehmenden die Freude an dem gemeinsamen Gruppenprozess verlieren, kann die Spielleitung ganz gezielt spielerische Konkurrenzsituationen schaffen, in denen die Spielerinnen und Spieler ihrem Wettkampfgeist freien Lauf lassen können.

Im Rahmen einer mehrtägigen Weiterbildung wird eine Gruppe immer wieder mit neuen Herausforderungen konfrontiert, die anschließend reflektiert werden. Mit der Zeit sind alle Beteiligten dieses ständigen Gruppenprozesses überdrüssig geworden und niemand hat mehr Lust, sich ernsthaft mit den Gefühlen der anderen auseinanderzusetzen. Deshalb lädt die Seminarleitung spontan zu einem Teamwettstreit ein. Die Gruppe wird in zwei Kleingruppen geteilt, die beim „Zehnerhuhn" in mehreren Durchgängen gegeneinander antreten sollen. Dem Gewinnerteam winken Ruhm und Ehre und ein zweiminütiger stehender Applaus der Verlierergruppe. Schon beim ersten Durchgang wird um jeden Huhnkontakt gerungen und die Spielerinnen und Spieler rennen einander laut zuschreiend über die Wiese.

Nach diesem ausgelassenen Wettstreit sind alle wieder ausgeglichen und in der Lage, sich konzentriert auf einen gemeinsamen Gruppenprozess einzulassen.

Durch das Wechselspiel von Kooperation und Konkurrenz wird der positive Aspekt eines wertschätzenden und rücksichtsvollen Umgangs untereinander hervorgehoben und behält seine positive Bedeutung für die Gruppe.

Die Teilnehmerinnen und Teilnehmer haben die Möglichkeit, sich mit all ihren Facetten zu zeigen, ohne dass dies die Zusammenarbeit innerhalb der Gruppe beeinträchtigen würde. Darüber hinaus bekommen alle Beteiligten einen besseren Eindruck von ihrem Gegenüber und sind in der Lage, sich ein klareres Bild von der Gesamtgruppe zu machen.

Eine Gruppe spielt gegeneinander „Planen-Rennen". Das gesamte Spiel wird von Sprüchen in Richtung gegnerisches Team begleitet und einige Spielerinnen und Spieler genießen es regelrecht, sich gegenseitig zu messen und sich einmal nicht wertschätzend zu verhalten. Bei einer der anschließenden Gesprächsrunden kommt die Gruppe zufällig auf diese Sprüche zu sprechen. In der sich daraus ergebenden Diskussion über den Umgangston innerhalb der Gruppe betonen einige Personen, dass es ihnen ein Anliegen ist, auch einmal einen blöden Spruch machen zu dürfen. Sie empfinden diese Art von Humor als nett und sehen es eher als positiv an, wenn dies im Rahmen der weiteren Zusammenarbeit möglich ist. Anderen Gruppenmitgliedern ist so ein Verhalten fremd und sie wissen nicht, wie sie mit einem solchen Verhalten umgehen sollen.

Durch die Durchführung dieses Wettkampfspiels hat die Auseinandersetzung über die weitere Zusammenarbeit eine neue Ebene bekommen und bezieht sich nicht mehr nur auf das Lösen kooperativer Aufgaben, sondern auch auf das Miteinander im Allgemeinen.

A zerlatschen

Spielbeschreibung:
Zwei Teams spielen gegeneinander und versuchen, das gegnerische A zu „zerlatschen". Die beiden A´s (jeweils drei Stöcke, die zu einem A auf den Boden gelegt werden) liegen 25 bis 30 Meter voneinander entfernt auf einer großen Wiese. Das Spielfeld ist mithilfe einer durchgängigen Linie in zwei gleich große Spielhälften unterteilt. Innerhalb der eigenen Spielhälfte dürfen die Spieler gegnerische Spieler abschlagen, in der gegnerischen Hälfte dürfen die Spieler nur weglaufen. Um das gegnerische A zu zerlatschen, müssen die Spieler die gegnerische Spielhälfte durchqueren, ohne abgeschlagen zu werden. Sobald ein Spieler abgeschlagen wurde, muss er sofort die gegnerische Hälfte verlassen und zu einem vorher definierten Punkt am mittleren Spielfeldrand laufen, bevor er wieder aktiv weiterspielen darf.

Um zu vermeiden, dass einzelne Spieler das eigene A blockieren, dürfen nur gegnerische Spieler in das direkte Umfeld des A (ist durch eine Begrenzungslinie von ca. 2 x 2 Metern um das A markiert).

Das Spiel endet, sobald ein Team das gegnerische A zerlatscht, also die drei Stöcke des gegnerischen Teams auseinandergetreten hat.

Ort:
Große ebene Wiese (mindestens 10 x 30 m)

Dauer:
10–20 Minuten

Gruppe:
8–24 Spieler

Hilfsmittel:
Spielseil als Markierungslinie, 6 kleine Stöcke

Vorbereitung:
Das Spielfeld halbieren und eine Mittellinie markieren. An beiden Enden des Spielfelds eine Fläche von 2 x 2 m markieren und darin aus 3 Stöcken jeweils ein A legen.

Big Trouble in Little China

Ort:
Raum, Wiese

Dauer:
5–10 Minuten

Gruppe:
6–18 Spieler

Hilfsmittel:
Keine

Spielbeschreibung:
In der Küche des Chinarestaurants „Little China" gibt es einen Riesenkrach. Ein Gast hat sich über die Hühnersuppe beschwert und den servierten Teller nach einem kurzen Probierlöffel sofort wieder in die Küche zurückgeschickt. Dort steht nun das gesamte Personal (alle Spieler) in einem großen Kreis zusammen und beschuldigt sich gegenseitig.

Ein Spieler (der Küchenchef) fängt an und zeigt vorwurfsvoll mit seinem ausgestreckten Zeigefinger auf einen der Angestellten. Er geht dabei mit langsamen Schritten und einem lang gezogenen lauten „Neeeee" (gesprochen Niiiii, das chinesische Wort für du) auf diese Person zu. Dieser muss sich sofort entschuldigen, indem er die Hände faltet und mit einer leichten Verbeugung den Namen des Küchenchefs sagt. Kann er seine Entschuldigung rechtzeitig und fehlerfrei beenden, bevor er von dem Zeigefinger des herankommenden Küchenchefs berührt wird, nimmt dieser die Entschuldigung an und stellt sich neben ihn. Der zuvor Beschuldigte, klagt nun seinerseits eine Person aus der Runde an und geht mit langsamen Schritten, ausgestrecktem Zeigefinger und einem lauten „Neeeee" auf diese Person zu.

Gelingt es einem der beschuldigten Angestellten nicht, sich rechtzeitig zu entschuldigen oder verspricht er sich bei dem Namen, muss er zur Strafe den Müll rausbringen – eine Runde um die Gruppe gehen und dabei pantomimisch einen Eimer tragen. Wieder an seinem Platz angekommen, beschuldigt er sofort den nächsten … „Neeeee" … .

Variante:
Alle Spieler überlegen sich einen neuen Namen für sich, den die anderen Spieler während des Spiels sagen sollen (besonders für Gruppen interessant, die sich schon länger kennen).

Chicken Run

Spielbeschreibung:
Die Gruppe teilt sich in zwei gleich große Teams, die gegeneinander spielen. Team A stellt sich im Schulterkreis auf, Team B verteilt sich mit Stöcken in einem Abstand von mindestens fünf Metern um Team A herum. Team A fängt an, sich langsam im Kreis zu drehen, bis ein Spieler das Gummihuhn aus dem sich rotierenden Kreis durch die Beine nach außen wirft. In diesem Moment rufen alle: „Chicken run", und ein Spieler (es muss nicht ein und dieselbe Person sein) aus Team A rennt so schnell wie möglich um das eigene Team, das die Runden laut mitzählt. Währenddessen versuchen die Spieler aus Team B das Gummihuhn mit den Stöcken zu einem vorher vereinbarten Platz zu bringen – Stange, Baum oder Eimer, der in ca. fünf Meter Entfernung zu Team A steht. Das Huhn darf nur mit den Stöcken geschlagen werden und die Spieler dürfen nicht zweimal hintereinander das Huhn berühren (abwechselnd schlagen). Sobald das Huhn am Ziel ist, stoppt das Spiel und die Teams tauschen die Rollen. Das Team, das im direkten Vergleich mehr Runden laufen konnte, hat gewonnen.

Ort:
Größere ebene Fläche (Wiese oder Halle)

Dauer:
10–20 Minuten

Gruppe:
8–24 Spieler

Hilfsmittel:
Gummihuhn, halb so viele Stöcke wie Spieler, markanter Gegenstand zum Aufstellen (Flasche, Eimer o. Ä.)

Kommentar:
„Chicken Run" ist ein großartiges Spiel, speziell für Jugendliche. Bei Gleichstand können die beiden Teams zur Entscheidungsfindung Gummihuhnweitschlag spielen. Dabei werden drei Spieler pro Team ausgewählt, deren Aufgabe darin besteht, das Huhn mit insgesamt drei Schlägen so weit wie möglich zu schlagen. Die Spieler sind abwechselnd an der Reihe und das Huhn muss von dem Platz aus weitergeschlagen werden, an dem es gelandet ist.

Contacto

Ort:
Ebene Fläche mit vielen verschiedenen Versteckmöglichkeiten (Innenhof, Park, Turnhalle etc.)

Dauer:
10–20 Minuten

Gruppe:
6–18 Spieler

Spielbeschreibung:
Ein Spieler ist der „Contacto" und stellt sich auf eine kleine markierte Stelle (Teppichfliese, o. Ä.). Diese befindet sich auf einer ebenen Fläche und ist von vielen Versteckmöglichkeiten umgeben. Alle anderen Spieler stellen sich um den Contacto herum und berühren diesen mit einem Finger. Dann schließt der Contacto die Augen, ruft „Contacto" und fängt an laut und langsam von zehn bis null zu zählen. Währenddessen müssen sich alle anderen Spieler schnell ein Versteck suchen. Bei null angekommen, öffnet der Contacto die Augen und schaut, welche Spieler er von seinem Platz aus entdecken kann. Der Contacto darf sich allerdings nicht vom Platz bewegen und muss innerhalb der markierten Stelle stehen bleiben (Körperdrehung ist erlaubt).

Alle Spieler, die er eindeutig erkennen kann, ruft er laut mit Namen und Versteck auf. Die genannten Spieler scheiden aus und sammeln sich etwas abseits vom Contacto. Sobald dieser niemanden mehr entdecken kann, schließt er die Augen und ruft wieder laut „Contacto". Nun zählt er laut und langsam von neun runter. Alle verbliebenen Spieler müssen in dieser Zeit ihr Versteck verlassen, erneut den Contacto berühren und sich anschließend wieder schnell verstecken. Bei null angekommen, öffnet der Contacto die Augen und ruft wieder alle sichtbaren Spieler mit Namen und Versteck auf.

Anschließend zählt er von acht runter, dann von sieben usw., bis den verbliebenen Spielern nur noch wenige Sekunden bleiben, um aus ihren Verstecken zu springen, den Contacto abzuschlagen und schnellstmöglich wieder zu verschwinden.

Wenn nur noch ein Spieler übrig geblieben ist, endet die Runde und diese Person wird der neue Contacto.

Kommentar:
Dieses Spiel hat eine unglaublich gelungene Mischung aus Spannung, Dynamik und Spaß. Selbst für die Spieler, die entdeckt wurden und ausgeschieden sind, ist es reizvoll zu beobachten, wie auf einmal von überall her Menschen aus den Verstecken kommen, zum Contacto rennen, um dann in Sekundenschnelle wieder in einem anderen Versteck zu verschwinden.

Für den Spielspaß ist es wichtig, dass der Contacto wirklich langsam zählt und nur Personen aufruft, die er eindeutig erkannt hat.

Hilfsmittel:
Teppichfliese oder Kreide zum Markieren einer bestimmten Stelle

Vorbereitung:
Geeigneten Platz für den Contacto auswählen.

Der König hat Kopfschmerzen

Ort:
Größere ebene Fläche (Wiese oder Halle)

Dauer:
10–20 Minuten

Gruppe:
6–18 Spieler

Hilfsmittel:
Königszepter (nicht unbedingt erforderlich)

Spielbeschreibung:
Ein Spieler steht mit geschlossenen Augen in der Mitte eines großen Kreises. Er ist der König und leidet unter irrsinnigen Kopfschmerzen. Die Spieler im Kreis sind die Diener des Königs, die einzeln versuchen, sich diesem zu nähern. Sobald der König jedoch ein Geräusch hört, stöhnt er laut auf und wedelt mit seinem Zepter in die entsprechende Richtung. Zeigt er dabei auf einen sich nähernden Spieler, muss dieser sich wieder entfernen und der nächste Spieler kann sein Glück versuchen. Wenn es einem der Diener gelingt, dem König auf die Schulter zu tippen, wird dieser zum neuen König und bekommt seinerseits wahnsinnige Kopfschmerzen.

Kommentar:
Bei dem Spiel ist es wichtig, dass sich alle Spieler ganz ruhig verhalten. Nur der König darf laut stöhnend seinen Unmut über die Lärmbelästigung seiner Dienerschaft äußern.

Geschichtentabu

Spielbeschreibung:
Zu Beginn des Spiels bekommt jeder Spieler verdeckt einen Begriff zugeteilt. Alle Begriffe gehören zu einem Oberthema und jeweils drei Begriffe bilden eine Einheit (z. B. Märchen: Wolf, Oma, Rotkäppchen – Frosch, Brunnen, Prinzessin – Spieglein, Hexe, Apfel usw. oder Entdeckungen: Yeti, Mount Everest, Reinhold Messner – Mond, Rakete, Neil Armstrong – Indianer, Schiff, Christoph Kolumbus). Nachdem alle ihren Begriff gelesen haben, müssen sich die Spieler in ihren Dreiergruppen zusammenfinden, ohne dabei zu sprechen oder sich die Begriffskärtchen zu zeigen. Alle Begriffe dürfen lediglich pantomimisch dargestellt werden.

Haben zwei Spieler den Eindruck, ihre Begriffe gehören zu der gleichen Geschichte, bleiben sie zusammen, ansonsten trennen sie sich wieder und suchen jeweils getrennt weiter nach ihren fehlenden Partnern.

Sobald alle Spieler in Dreierpaarungen zusammenstehen, endet das Spiel und die Spieler dürfen wieder miteinander reden und sich ihre jeweiligen Begriffe sagen.

Zusatzvariante:
In einer anschließenden Runde stellen die Kleingruppen pantomimisch ihr Märchen vor. Die restlichen Spieler müssen dieses erraten.

Kommentar:
Anstatt Märchen können auch Bibelerzählungen, Filmfiguren oder Tiere ausgewählt werden, die einen Bezug zu einem bestimmten Thema haben und der Gruppe bekannt sind.

Ort:
Raum, Wiese

Dauer:
10–20 Minuten

Gruppe:
12–30 Spieler

Hilfsmittel:
Begriffskärtchen

Vorbereitung:
Begriffe auswählen und auf Karten schreiben.

Gorilla und Huhn

Ort:
Größere ebene Fläche (Wiese oder Halle)

Dauer:
10–20 Minuten

Gruppe:
8–24 Spieler

Hilfsmittel:
Keine

Spielbeschreibung:
Bis auf zwei Personen verteilen sich alle Spieler paarweise auf dem gesamten Spielfeld und stellen sich zu zweit nebeneinander. Die zwei übrig gebliebenen Spieler sind der Gorilla und das Huhn. Der Gorilla richtet sich groß auf und versucht laut brüllend das Huhn zu fangen. Das Huhn wedelt aufgeregt mit den Armen und rennt laut gackernd vor dem Gorilla weg. Hat der Gorilla das Huhn gefangen, werden die Rollen getauscht. Das Huhn wird zum Gorilla und umgekehrt.

Das Huhn kann sich vor dem Gorilla in Sicherheit bringen, indem es sich zu einem der herumstehenden Spielerpaare stellt und sich bei einem der beiden Spieler unterhakt. Dann wird der Spieler am anderen Ende der so gebildeten Dreierkette zum neuen Gorilla und macht sich auf die Jagd nach dem Huhn – also dem ehemaligen Gorilla, der automatisch die Rolle tauschen muss und zum Huhn wird, sobald ein neuer Gorilla los läuft.

Das klingt zunächst kompliziert, ist aber eigentlich ganz einfach: Jeder Spieler der losläuft, ist immer der Gorilla und der andere Spieler automatisch das Huhn.

Kommentar:
Dieses Spiel lebt von dem entstehenden Chaos und den ständig wechselnden Rollen. Der Spieler, der eben noch als brüllender Gorilla unterwegs war, muss auf einmal als gackerndes Huhn die Flucht ergreifen.

Gummihuhngolf

Spielbeschreibung:
Mehrere Kleingruppen versuchen, mit möglichst wenig Schlägen ein Gummihuhn durch einen vorher definierten Parcours zu bringen. Die Teams starten nacheinander am gleichen Abschlagpunkt und müssen mehrere Hindernisse überwinden.

Zur Gestaltung des Parcours eignet sich unter anderem Folgendes:
- Weite Flächen, die mit einem Schlag überwunden werden müssen (Teich, mit Seilen markierte Passage auf einer Wiese). Berührt das Huhn innerhalb dieser Fläche den Boden, muss das Huhn zurückgebracht und wieder vor der Fläche abgelegt werden.
- Enge Passagen, z. B. unter einer Parkbank oder zwischen zwei Bäumen hindurch, kann eventuell auch als Slalomstrecke zwischen mehreren Bäumen durchführen.
- Hindernisse wie eine markante Astgabel oder eine Mauer, über die das Huhn gelüpft werden muss.

Für die Wertung der Schläge gilt:
- Jede Berührung des liegenden Huhns zählt als Schlag.
- Eine Volleyverlängerung (das Huhn wird in der Luft weitergeschlagen) zählt nicht als Extraschlag und kann jederzeit und beliebig oft gemacht werden (deshalb benötigt jedes Team mehrere Stöcke).
- Die Spieler müssen in einer gleich bleibenden Reihenfolge (also immer Spieler A, dann B, dann C, dann D, dann wieder Spieler A usw.) schlagen und dürfen nicht zweimal hintereinander das Huhn berühren.

Kommentar:
Die entscheidende Regel dieses Spiels ist die Volleyverlängerung. Durch sie sind bei jedem Schlag mehrere Spieler beteiligt, die versuchen können, das Huhn weiterzuschlagen. Damit alle Gruppen die gleichen Informationen haben, ist es hilfreich den Parcours zu Beginn einmal mit allen Spielern beispielhaft zu durchlaufen/abzugehen.

Ort:
Größeres Gelände mit möglichen Hindernissen (Park, Garten oder Turnhalle)

Dauer:
10–20 Minuten

Gruppe:
8–24 Spieler

Hilfsmittel:
Gummihuhn, viele Stöcke (mindestens 4 pro Team)

Vorbereitung:
Parcours auswählen.

TIPP:
Gummihühner sind eigentlich Hundespielzeug und man kann sie günstig in Tierbedarfsläden kaufen.

Hühnerrugby

Ort:
Größere ebene Fläche (Wiese oder Halle)

Dauer:
10–20 Minuten

Gruppe:
6–18 Spieler

Hilfsmittel:
Gummihuhn, 2 Markierungslinien

Vorbereitung:
In einem Abstand von 15–20 m 2 Linien markieren.

Spielbeschreibung:
Die Spieler werden in zwei Teams unterteilt und von 1 bis X (Anzahl der Spieler pro Team) durchnummeriert. Jedes Team stellt sich in einer Reihe nebeneinander hinter einer der Markierungslinien auf. Diese liegen in einem Abstand von ungefähr 15 bis 20 Metern zueinander auf dem Boden. Genau zwischen diesen beiden Linien liegt ein Gummihuhn. Das Spiel beginnt, sobald die Spielleitung laut eine Zahl ruft. Die beiden gegnerischen Spieler mit der entsprechenden Zahl laufen so schnell wie möglich in die Mitte und versuchen, sich das Huhn zu schnappen und/oder einen Punkt für ihr Team zu holen. Dabei gelten folgende Regeln:

- Sobald es einem Spieler gelingt, das Huhn hinter die eigene Linie zu tragen, ohne dabei von einem gegnerischen Spieler abgeschlagen zu werden, bekommt das entsprechende Team einen Punkt.
- Das Huhn muss dabei über die eigene Line getragen und darf nicht darüber geworfen werden. Geschieht dies trotzdem, bekommt das gegnerische Team einen Punkt.
- Wird ein Spieler abgeschlagen, während er das Huhn hat, bekommt das gegnerische Team den Punkt.
- Der Einsatz von Füßen zum Treten des Huhns ist ausdrücklich erlaubt und zählt nicht als Kontakt zu dem Huhn. Wenn also ein Spieler beim Treten des Huhns berührt wird, passiert nichts und das Spiel geht einfach weiter.
- Das Treten des Huhns darf aber nur dazu dienen, es später aufzunehmen. Wird das Huhn versehentlich über eine der Linien geschossen, bekommt das gegnerische Team einen Punkt.

Sobald das Huhn hinter eine der beiden Linien getragen wurde bzw. ein Spieler mit Huhn abgeschlagen wurde, ist die Runde beendet. Das siegreiche Team bekommt einen Punkt, das Huhn wird wieder in die Mitte gelegt und die Spielleitung ruft die nächste Zahl.

Nachdem die Gruppe einige Runden gespielt hat, kann die Spielleitung mehrere Nummern gleichzeitig aufrufen. Dann laufen mehrere Spieler pro Team los und versuchen gemeinsam, einen Punkt für ihr Team zu holen.

Kerzenball

Spielbeschreibung:
In einer Entfernung von mindestens zehn Metern zueinander stehen zwei große brennende Kerzen auf dem Boden oder einem Tisch (Torkerzen). In einigem Abstand zu den beiden Kerzen liegen zwei Feuerzeuge am Spielfeldrand.

Jede Torkerze und jedes Feuerzeug gehören zu einem von zwei Teams, die gegeneinander spielen. Alle Spieler bekommen eine brennende Kerze, die sie während des ganzen Spiels in der Hand halten (Handkerze).

Auf ein Startsignal hin versuchen beide Teams gleichzeitig die große Torkerze des gegnerischen Teams auszupusten. Sobald dies einem Team gelingt, bekommt es einen Punkt und eine neue Runde beginnt.

Während des Spiels gelten folgende Regeln:
- Die Spieler dürfen sich nur aktiv am Spielgeschehen beteiligen, wenn die eigene Handkerze brennt.
- Ist diese aus, muss der jeweilige Spieler sofort zurück zu dem teameigenenen Feuerzeug laufen. Dort kann er die eigene Kerze neu anzünden.
- Beim Anzünden der Handkerzen darf kein Spieler gestört werden.
- Es ist nicht erlaubt, den Gegner festzuhalten oder die Handkerze des gegnerischen Spielers zu berühren (ähnlich wie beim Basketball).
- Das Auspusten der gegnerischen Handkerzen ist jedoch ausdrücklich erlaubt.

Kommentar:
Da beide Teams gleichzeitig versuchen, die gegnerische Torkerze auszupusten, ist es manchmal nicht eindeutig, wessen Torkerze zuerst erloschen ist. Bei sehr ehrgeizigen Gruppen kann es deshalb hilfreich sein, an jeder Torkerze eine neutrale Person zu positionieren, die sofort ein Signal gibt, sobald eine Kerze erlischt.

Ort:
Großer Raum oder Wiese (mindestens 6 x 10 m)

Dauer:
10–20 Minuten

Gruppe:
6–18 Spieler

Hilfsmittel:
2 große Kerzen mit Windschutz,
2 Feuerzeuge,
pro Spieler 1 kleine Kerze mit Windschutz

Vorbereitung:
2 große „Torkerzen" in einer Entfernung von mindestens 10 m zueinander aufstellen und anzünden. Feuerzeuge bereitlegen.

Marktplatz von Pamplona

Ort:
Raum, Wiese

Dauer:
5–10 Minuten

Gruppe:
8–24 Spieler

Hilfsmittel:
Seil

Spielbeschreibung:
Die Gruppe befindet sich in Spanien, genauer gesagt in Pamplona, um dort dem traditionellen Stiertreiben durch die Stadt beizuwohnen. Alle Spieler haben sich im Kreis um den Marktplatz (langes Seil, das zu einem Kreis verknotet ist) versammelt (alle Spieler halten das Seil mit beiden Händen fest).

Dann werden ein oder mehrere Stiere auf den Marktplatz gelassen (ein oder mehrere Spieler stellen sich innerhalb des Seiles auf). Auf ein Zeichen hin versuchen die Stiere die anwesenden Spanier am Marktplatzrand mit ihren Hörnern aufzuspießen (die Spieler in der Mitte versuchen mit ihren Händen die Hände der Außenstehenden abzuschlagen). Erwischt ein Stier einen der Spanier (der Stier berührt eine Hand, die das Seil festhält), kommt dieser in die Marktplatzmitte und der Stier wird frei (die Spieler tauschen die Rollen).

Die Spanier dürfen sich während des Stiertreibens jederzeit in Sicherheit bringen (das Seil mit einer oder auch beiden Händen gleichzeitig loslassen). Um dabei nicht den Eindruck zu erwecken, dies aus Angst getan zu haben, ruft jeder Spanier sobald er sich in Sicherheit bringt, ein lautes und überzeugendes „Olé“ in die Runde.

Sollten allerdings zu viele Spanier kurzfristig den Marktplatz verlassen haben (das Seil hängt durch und berührt an einer Stelle den Boden) nutzen dies alle anwesenden Stiere zur Flucht und ein neuer Stier muss auf den Marktplatz gelassen werden.

Parkplatzsuche

Spielbeschreibung:
Die Innenstadt ist wieder einmal voller Autos und alle Parkplätze sind heiß begehrt. Die Autos sind in diesem Fall die Spieler, die alle in einem großen Stuhlkreis sitzen. Ein Spieler hat allerdings keinen Parkplatz mehr gefunden und muss in der Mitte des Kreises auf die nächste sich bietende Parklücke warten. Diese ergeben sich immer wieder, denn sobald sich zwei Spieler gegenseitig ansehen oder sich die Blicke zweier Spieler zufällig treffen, müssen diese beiden Spieler ihren Stuhl verlassen, laut hupend aufspringen und die Plätze tauschen. Das so entstehende Verkehrschaos ist natürlich die Gelegenheit für alle wartenden Autos!

Das Spiel endet, wenn die Stadt ein Einsehen hat und einen zusätzlichen Parkplatz einrichtet, damit alle Spieler entspannt sitzen können.

Kommentar:
Dieses Spiel lebt von der Dynamik. Deshalb ist es wichtig zu betonen, dass alle die Plätze tauschen müssen, sobald sich zwei Blicke treffen.

Natürlich können alle Spieler auch einfach so die Plätze wechseln, aber mit lauten Hupgeräuschen und quietschenden Reifen macht es einfach viel mehr Spaß.

Ort:
Raum, Stuhlkreis

Dauer:
5–10 Minuten

Gruppe:
12–30 Spieler

Hilfsmittel:
Stühle

Popcorn

Ort:
Raum, Wiese

Dauer:
5 Minuten

Gruppe:
12–30 Spieler

Hilfsmittel:
Keine

Spielbeschreibung:
Alle Spieler sind Maiskörner, die mit hängenden Köpfen in einer riesigen Bratpfanne umhergehen und dabei ununterbrochen „Mais, Mais, Mais …“ sagen. Die Spielleitung ist das heiße Fett in der Pfanne. Sobald eines der Maiskörner in Kontakt mit dem Fett kommt, verwandelt sich dieses in ein gepopptes Korn, das mit wedelnden Armen umherspringt und dabei laut „Pop! Pop! Pop! …“ ruft. Alle anderen Maiskörner, die von diesem oder einem bereits gepoppten Korn berührt werden, verwandeln sich ebenfalls in wild um sich springende Popkörner, bis alle Spieler laut poppend durch den Raum hüpfen.

Kommentar:
Dieses Spiel klappt nur bei sehr spielfreudigen Gruppen, die sich schon etwas länger kennen. Dann ist es allerdings ein großer Spaß.

Verdammt!

Spielbeschreibung:
Alle Spieler wählen eine Kopfbedeckung aus und setzen diese locker auf den Kopf. Auf ein Startsignal hin versuchen alle gleichzeitig, sich gegenseitig die Hüte von den Köpfen zu schubsen, ohne dabei jemanden zu verletzen. Der eigene Hut darf nicht mit den Händen festgehalten oder befestigt werden. Fällt einem der Hut vom Kopf, muss diese Person ihren Hut aufnehmen, mit diesem mehrmals auf den Boden schlagen und laut rufen: „Verdammt! Verdammt! Verdammt!“. Anschließend kann er sich den Hut wieder auf den Kopf setzen und selbst wieder versuchen, den anderen die Hüte herunterzuschlagen.

Ort:
Raum, Wiese

Dauer:
5–10 Minuten

Gruppe:
6–18 Spieler

Hilfsmittel:
1 Kopfbedeckung pro Spieler

Samurai

Ort:
Raum, Wiese

Dauer:
5–10 Minuten

Gruppe:
8–24 Spieler

Hilfsmittel:
Keine

Spielbeschreibung:
Vor wichtigen Ereignissen führen Samurai immer ein Ritual durch, um sich ihrer eigenen Stärken bewusst zu werden und Körper und Geist eins werden zu lassen.

Zunächst stehen alle Samurai im Kreis, atmen ganz tief ein und aus und sammeln ihren Geist. Die Füße stehen etwa schulterbreit voneinander entfernt, der Rücken ist gerade, die Brust stolzgeschwellt und die Arme hängen salopp herunter. Der Blick ist konzentriert, ernst und erhaben.

Der Spielleiter fängt an, indem er beide Hände vor dem Bauch zusammenführt und sein imaginäres Schwert ruckartig hoch über den Kopf streckt. Dabei ertönt aus seiner Brust von ganz tief unten ein laut vernehmbares „Huoooоaaahhhhh!“, das abrupt endet.

Die Samurai rechts und links der Spielleitung zücken nun ihrerseits ihre imaginären Schwerter und vollführen in einer eleganten Drehbewegung einen angetäuschten Hieb, der auf den Bauch des Spielleiters zielt und kurz davor ohne direkten Kontakt endet bzw. einfriert. Natürlich wenden auch diese beiden ihre Stimmen an, um ihre gesamte Energie in den Schlag zu übertragen und lassen ein krachendes „Hooaaauhah!“ ertönen. Der Spielleiter seinerseits beendet nun seinen angefangenen Schwerthieb, indem er begleitet von einem weiteren „Haaaaaaaooouuua!!!“ die zusammengeführten Hände eindeutig in Richtung eines beliebigen Spielers führt. Dieser nimmt die ankommende Energie auf und überträgt diese in einen eigenen Schwerthieb nach oben. Damit beginnt der ritualisierte Ablauf von vorn.

Natürlich werden die Bewegungen mit der Zeit immer schneller und es entsteht eine Art Trance, aus der alle Samurai voller Energie und mit gefestigtem Geist hervorgehen.

Variante:
Sobald ein Spieler einen Fehler im Bewegungsablauf macht, zu schreien vergisst oder zu langsam war, ruft der Spielleiter laut den Namen des Spielers. Daraufhin verschränken alle Samurai begleitet von einem vernehmbaren Zischen der Luft die Arme und rufen gleichzeitig „RRRRAAUSSS!"

Der entsprechende Spieler scheidet aus und wird bei dem ritualisierten Ablauf nicht mehr berücksichtigt. Er kann dennoch weiter mitspielen, indem er versucht andere Samurai in ihrer Konzentration zu stören. Er muss allerdings auf seinem Platz stehen bleiben und darf keinen Spieler berühren.

Das Spiel endet, wenn nur noch drei Samurai übrig sind oder die verbliebenen Spieler so in Trance sind, dass keiner auch nur den geringsten Fehler begeht und Zeit und Raum völlig unbedeutende Floskeln für diese Samurai sind.

Schrubberhockey

Ort:
Raum mit ebenem, strapazierfähigem Boden

Dauer:
10–20 Minuten

Gruppe:
6–18 Spieler

Hilfsmittel:
2 Stühle mehr als Spieler, 2 Stöcke, Putzlappen

Vorbereitung:
Mit den Stühlen ein Spalier stellen. An beiden Enden des Spaliers einen zusätzlichen Stuhl aufstellen und einen Stock darauflegen.

Spielbeschreibung:
Die Spieler sitzen sich in zwei Reihen auf Stühlen spalierartig gegenüber. Die Spieler der einen Reihe gehören zu Team A, die Spieler der gegenüberliegenden Reihe zu Team B. Beide Teams sind gegenläufig durchnummeriert, das heißt bei beiden Teams sitzt der Spieler Nummer 1 am linken Ende der Reihe, jeweils dem gegnerischen Spieler gegenüber mit der höchsten Zahl im Team. In der Mitte zwischen den beiden Stuhlreihen liegt ein Putzlappen auf dem Boden. An den beiden offenen Enden des Spaliers steht jeweils ein leerer Stuhl mit einem Stock. Der Stuhl auf der Kopfseite ist das Tor von Team A, der Stuhl auf der Fußseite das Tor von Team B.

Das Spiel beginnt, indem die Spielleitung laut und schnell zwei Zahlen ruft. Die erste Zahl bezieht sich auf Team A, die zweite auf Team B. Die beiden Spieler mit den jeweiligen Nummern springen auf, rennen zu ihrem eigenen Torstuhl, nehmen sich den dort liegenden Stock und versuchen, den Putzlappen mit dem Stock in das gegnerische Tor zu schieben. Sobald einem der beiden Spieler dies gelungen ist, bekommt das entsprechende Team einen Punkt.

Dann setzen sich beide Spieler wieder auf ihre Plätze, Putzlappen und Stöcke werden wieder in ihre Ausgangsposition gelegt und die Spielleitung ruft die nächsten beiden Zahlen auf. Das Team, das zuerst zehn Punkte hat, wird hochoffiziell zum Schrubberhockeymeister gekürt und bekommt als Preis einen stehenden Applaus vom Verliererteam.

Während des eigentlichen Schrubberhockeys gelten folgende Regeln:

- Das Spielfeld beschränkt sich auf die Fläche zwischen den Stuhlreihen (ca. drei Meter in der Breite).
- Der Einsatz von Füßen zum Stoppen oder Verschieben des Putzlappens ist nicht erlaubt (kann in der Hektik unbeabsichtigt einmal vorkommen, dann wird einfach weitergespielt).
- Es wird so lange gespielt, bis der Putzlappen eindeutig zwischen den Stuhlbeinen einer der beiden Torstühle hindurchgeschoben wurde.

Kommentar:
Durch das Rufen von zwei verschiedenen Zahlen spielen nicht immer die gleichen Spieler gegeneinander und die Spielleitung hat einen größeren Gestaltungsspielraum. Die Zahlen müssen allerdings möglichst schnell hintereinander gerufen werden, damit beide Spieler ungefähr gleichzeitig starten können.

Die Differenz zwischen zwei genannten Zahlen sollte nur maximal zwei Ziffern betragen, da ansonsten die Strecken zu dem jeweiligen Teamstock für die beiden Spieler zu unterschiedlich sind. Bei dem Ruf „1 gegen 8“ muss der Spieler mit der 1 an sieben Stühlen mehr vorbeilaufen, um zu dem eigenen Teamtor mit dem Stock zu gelangen als der Spieler mit der Nummer 8.

Wo ist mein Huhn?!

Ort:
Großer Raum, Wiese

Dauer:
10–20 Minuten

Gruppe:
8–24 Spieler

Hilfsmittel:
Gummihuhn

Spielbeschreibung:
Auf dem Platz ist eine Begrenzungslinie markiert, hinter der die Gruppe steht. Ein Spieler ist der Huhnwächter. Er steht ca. zehn Meter von der Begrenzungslinie entfernt, mit dem Rücken zur Gruppe. Direkt hinter ihm liegt das Gummihuhn auf dem Boden. In unregelmäßigen Abständen ruft der Huhnwächter laut „Wo ist mein Huhn?!“ und dreht sich bei dem Wort „Huhn“ zur Gruppe, um sich zu vergewissern, dass sein Huhn noch an seinem Platz liegt.

Die anderen Spieler haben die Aufgabe, das Gummihuhn zu stehlen und sicher hinter die Begrenzungslinie zu bringen ohne von dem Huhnwächter erwischt zu werden. Solange der Huhnwächter der Gruppe den Rücken zukehrt, können sich alle bewegen. Sobald dieser sich bei dem Wort „Huhn“ umdreht, müssen alle wie angewurzelt stehen bleiben und dürfen sich nicht mehr rühren. Wer sich dennoch bewegt, wird vom Huhnwächter ermahnt und muss zurück zur Grundlinie.

Ist das Huhn plötzlich verschwunden, muss der Huhnwächter „Wer hat mein Huhn?“ rufen und kann jedes Mal, wenn er sich umsieht, eine Person auffordern, ihre Hände zu zeigen. Hat er den Dieb erwischt, bekommt der Huhnwächter das Huhn zurück und die ganze Gruppe muss wieder von der Grundlinie starten.

Kommentar:
Dieses Spiel ist sowohl Spaßspiel als auch Kooperationsübung. Die Spieler können selbst entscheiden, ob sie das Huhn allein stehlen oder dies in Kooperation mit den anderen Spielern versuchen wollen.

Zehnerhuhn

Spielbeschreibung:
In einem turbulenten Laufspiel versuchen zwei gleich große Teams gleichzeitig ein Gummihuhn zehnmal innerhalb des eigenen Teams hin- und herzupassen, ohne dass das Huhn auf den Boden fällt oder von dem gegnerischen Team weggeschnappt wird.

Dabei gelten folgende Regeln:
- Zu Beginn wird das Huhn von der Spielleitung über die Schulter ins Feld geworfen.
- Ein Spieler darf das Huhn nicht zu der Person zurückwerfen, von der es das Huhn bekommen hat.
- Fällt das Huhn auf den Boden oder bekommt das gegnerische Team das Huhn, verfallen die bisherigen gelungenen Pässe und das Team muss wieder von vorn anfangen zu zählen, sobald es das Huhn wieder hat.
- Das Spiel wird kontaktlos gespielt, das heißt, es ist nicht erlaubt, andere Spieler festzuhalten, anzurempeln oder jemandem das Huhn aus der Hand zu reißen.
- Die Teams zählen laut ihre Pässe mit, damit alle wissen, wie viele gelungene Kontakte das jeweilige Team schon hat bzw. wie viele Kontakte noch fehlen.

Kommentar:
Zehnerhuhn kann natürlich auch mit einem Ball gespielt werden, aber mit einem Gummihuhn oder einem lustigen Stofftier muss keiner der Spieler Angst vor dem harten Ball haben und es ist für alle gleich ungewohnt, ein Gummihuhn zu werfen bzw. zu fangen.

Ort:
Größere ebene Fläche (Wiese oder Halle)

Dauer:
10–20 Minuten

Gruppe:
12–30 Spieler

Hilfsmittel:
Gummihuhn, halb so viele Markierungen wie Spieler

Zombieball

Ort:
Größere ebene Fläche (Wiese, Hof oder Halle)

Dauer:
10–20 Minuten

Gruppe:
12–30 Spieler

Hilfsmittel:
Ball, Begrenzungslinien

Spielbeschreibung:
Zombieball ist ein Ballfangspiel, bei dem alle Spieler versuchen sich gegenseitig mit einem Ball abzuwerfen.

Dabei gelten folgende Regeln:

- Alle Spieler dürfen sich nur innerhalb einer klar begrenzten Spielfläche bewegen.
- Der Spieler, der den Ball hat, darf nach der Ballannahme maximal drei Schritte gehen, bevor er einen der anderen Spieler mit dem Ball abzuwerfen versucht.
- Der Wurf zählt nicht als Treffer, wenn ein Spieler einen geworfenen Ball fängt.
- Der Wurf gilt ebenfalls nicht als Treffer, wenn der Ball vor dem Kontakt mit einem Spieler den Boden berührt.
- Wird ein Spieler von einem geworfenen Ball getroffen, muss er sich hinsetzen und darf sich nicht mehr bewegen

Anders als bei anderen Spielen dieser Art hört dieses Spiel nie auf. Denn sobald ein Spieler erfolgreich abgeworfen wurde, können alle Mitspieler, die im Vorfeld von diesem Spieler getroffen wurden als Zombies aufstehen und wieder mitspielen, Zombieball hat begonnen …

Kommentar:
Dieses Spiel kann endlos weitergespielt werden und eignet sich besonders gut für Gruppen mit viel Bewegungsdrang und Energie.

Abenteuerspiele

Einführung

Definition

Der Begriff „Abenteuerspiele“ bezieht sich auf Aufgaben, die mit spielerischen Mitteln das gemeinsame Handeln einer Gruppe von Menschen mit herausfordernden Situationen verknüpfen. Durch ihre nicht alltäglichen Anforderungen und die Spannung, ob die Gruppe die Aufgabe meistern wird, verfügen Abenteuerspiele über einen großen Aufforderungscharakter und einen hohen Erlebniswert für die Teilnehmenden. Sie sind meist ohne großen Aufwand und fast überall einsetzbar. Oft genügen ein großer Raum oder eine Wiese und ein paar Spielmaterialien, um Aufgaben zu kreieren, die eine Gruppe vor einige Herausforderungen stellen können.

Eine Gruppe von 16 Personen steht im Kreis und hält sich an den Händen. Innerhalb von 90 Sekunden sollen alle Beteiligten durch einen Gymnastikreifen steigen, ohne diesen zu berühren und die Hände rechts und links loszulassen. Bei einem ersten Versuch benötigt die Gruppe über drei Minuten. Nach einigen Fehlversuchen hat die Gruppe eine Strategie entwickelt und diese nach und nach optimiert. Beim siebten Versuch herrscht eine konzentrierte Stille innerhalb der Gruppe und die Teilnehmenden schaffen es, alle innerhalb von 78 Sekunden durch den Reifen zu steigen, ohne diesen ein einziges Mal zu berühren. Nachdem die Spielleitung der Gruppe ihre Zeit mitgeteilt hat, fangen mehrere Spielerinnen und Spieler spontan an zu klatschen.

Aufbau

Von einigen wenigen Ausnahmen abgesehen, sind alle Abenteuerspiele nach dem gleichen Muster aufgebaut, das aus folgenden aufeinander aufbauenden Elementen besteht:

Aufgabenstellung

Zunächst wird eine Aufgabe formuliert, die sich an die ganze Gruppe richtet und nur gelöst werden kann, wenn alle Gruppenmitglieder zusammenarbeiten und sich gegenseitig helfen.

Von ihrer Grundstruktur her lassen sich (fast) alle Aufgaben einer der folgenden Spielkategorien zuordnen:

- Die Gruppe muss von A nach B (Blindflug, Die gläsernen Schuhe)
- Die Gruppe muss ein Hindernis überwinden (Das Netz, Reifentor)
- Die Gruppe muss etwas bergen (Die Alarmanlage, Die Bombenentschärfung)
- Die Gruppe muss etwas transportieren (Die Feuerwehr, Wasser marsch!)
- Die Gruppe muss etwas konstruieren (Die Holzscheibe, Ein Stift für alle)
- Die Gruppe muss etwas einsammeln (Flugzeugabsturz, Die Höhlenkristalle)
- Die Gruppe muss sich neu strukturieren (Platzwechsel, Einer geht noch!)

Anhand dieser Spielkategorien lassen sich für alle Gruppen und Ziele geeignete Aufgaben auswählen. Wenn einzelne Spielerinnen und Spieler ihre Schwierigkeiten mit zu engem Körperkontakt haben oder aufgrund ihres Körperbaus nicht in der Lage sind, ein Hindernis zu überwinden, kann die Spielleitung dies berücksichtigen, indem sie bewusst Aufgaben wählt, bei denen die Körperlichkeit der Teilnehmenden nur eine geringe Rolle spielt, etwa „Die Gruppe muss etwas konstruieren bzw. transportieren" oder je nach Spielvariante „Die Gruppe muss von A nach B".

Wenn die Spielleitung den Schwerpunkt auf die Themenbereiche Koordination und Planung legen möchte, bieten sich Aufgaben an, bei denen die Gruppe etwas bergen oder konstruieren muss. Aufgaben wie „Von A nach B" oder „Hindernis überwinden" führen oft zu Themen wie „Kooperation" oder „Helfen" und „sich helfen lassen".

Einschränkung/Handicaps

Aufbauend auf diesen Spielkategorien können bestimmte Einschränkungen formuliert werden, die während der Aufgabe zu beachten sind:

- Einschränkung der Bewegung: Die Gruppe oder einzelne Personen können sich nicht frei, sondern nur unter Auflagen bewegen.
- Einschränkung der Wahrnehmung: Die Gruppe oder einzelne Personen können nichts mehr sehen.
- Einschränkung der Kommunikation: Die Spielerinnen und Spieler dürfen nur nonverbal oder unter bestimmten Bedingungen miteinander kommunizieren.
- Einschränkung der Interaktion: Die Spielerinnen und Spieler werden räumlich getrennt oder dürfen sich nicht gegenseitig berühren.
- Einschränkung der örtlichen Gegebenheiten: Die Gruppe darf bestimmte Flächen nicht betreten oder berühren.
- Einschränkung der Zeit: Die Gruppe bekommt zur Lösung einer Aufgabe ein bestimmtes Zeitkontingent, das mehr oder weniger knapp bemessen ist.

Durch die Wahl der Einschränkungen kann die Schwierigkeit einer Aufgabe künstlich erhöht bzw. gesenkt und damit an das Niveau der jeweiligen Gruppe angepasst werden.

Bei der Kombination von mehreren Handicaps ist es wichtig, dass die Spielerinnen und Spieler trotz Einschränkungen die Chance haben, die Aufgabe zu lösen und ein Erfolg im Bereich des Möglichen bleibt.

Beim „Mausefallen-Parcours“ werden mehrere Einschränkungen miteinander kombiniert. Einzelne Personen aus der Gruppe sollen blind eine Strecke zurücklegen und werden dabei von den anderen Gruppenmitgliedern gelotst. Diese Lotsen dürfen nicht sprechen, die Blinden nicht berühren und sich selbst nicht von ihrem Platz bewegen. Die so entstandene Herausforderung ist äußerst komplex und kann nur gelöst werden, wenn die Gruppe sich intensiv beraten und präzise Absprachen zur Kommunikation verabreden kann.

Eine Begrenzung der Planungszeit durch die Spielleitung würde dies zusätzlich erschweren und könnte bedeuten, dass die Gruppe nur deswegen scheitert, weil sie zu Beginn zu wenig Zeit hatte, sich auf die Aufgabe einzustellen.

Darüber hinaus sollten alle Spielerinnen und Spieler trotz Einschränkungen in der Lage sein, sich jederzeit ins Spielgeschehen einzubringen, und die Möglichkeit haben, konstruktiv zur Lösung beizutragen. Wenn einzelne Teilnehmende zu viele Handicaps bekommen, führt dies zwar zu einer Erhöhung des allgemeinen Schwierigkeitsgrades, aber das Lernpotenzial der betroffenen Spielerinnen und Spieler reduziert sich rein auf den Umgang mit der eigenen Frustrationstoleranz.

Die Spielleitung erhöht den Schwierigkeitsgrad von „Drunter und drüber“, indem sie die Einschränkung einführt, dass die ganze Gruppe den Parcours schweigend durchqueren muss. Zusätzlich gilt die Regel, dass jede Person, die eine der Schnüre berührt, für den Rest der Aufgabe blind wird.

Durch die Kombination der beiden Einschränkungen „stumm“ und „blind“ haben die blinden Gruppenmitglieder kaum eine Möglichkeit mehr, zur Lösung der Aufgabe beizutragen, und die Mitspielenden haben wenig Optionen, diesen zu helfen bzw. sie aktiv an der weiteren Durchführung zu beteiligen. Wenn einzelne Spielerinnen und Spieler sich also allein oder hilflos fühlen, liegt dies nicht mehr nur allein an der Art und Weise, wie die Gruppe sich verhalten hat, sondern auch an der Aufgabenstellung und damit in der Verantwortung der Spielleitung.

Konsequenz/Umgang mit Regelverstößen

Alle Einschränkungen und Regeln einer Aufgabe müssen zusätzlich mit Konsequenzen kombiniert werden, die festlegen, was passiert, wenn die Gruppe oder einzelne Personen sich nicht an diese Regeln halten oder diese versehentlich brechen. Durch diesen Zusatz bekommt die Einhaltung dieser Spielregeln für die Teilnehmenden eine höhere Bedeutung und sie werden eher motiviert sein, sich an die bestehenden Regeln zu halten – auch wenn dies eine erhebliche Einschränkung bedeutet und die Lösung einer Aufgabe deutlich erschwert.

Um den Eindruck der Willkür zu vermeiden, ist es wichtig, der Gruppe alle möglichen Konsequenzen zu Beginn eines Spiels mitzuteilen. Dies ermöglicht der Gruppe, sich Strategien zu überlegen, und erleichtert es den Spielenden, diese Konsequenzen während des Spielverlaufs zu akzeptieren.

Mögliche Konsequenzen auf einen Regelbruch sind z. B.:
- Die gesamte Gruppe muss wieder von vorn beginnen.
- Einzelne Personen müssen wieder von vorn beginnen.
- Ab einer bestimmten Anzahl von Regelbrüchen müssen alle Beteiligten wieder von vorn beginnen.
- Die gesamte Gruppe bekommt ein zusätzliches Handicap.
- Einzelne Personen bekommen ein zusätzliches Handicap.
- Ab einer bestimmten Anzahl von Regelbrüchen bekommen alle Beteiligten ein zusätzliches Handicap.
- Vorhandene Ressourcen (Zeit, Material) werden verringert.
- Die vorhandenen Einschränkungen werden erweitert.
- Pro Regelverstoß kommt es zu einem Punktabzug bzw. gibt es einen Minuspunkt für die Gruppe.

Die verschiedenen Möglichkeiten haben ganz unterschiedliche Auswirkungen auf das Spielgeschehen und sind abhängig von Rahmen und Zielsetzung des jeweiligen Abenteuerspiels. Ist es für einen möglichen Lerneffekt wichtig, dass die Gruppe es schafft, die gesamte Aufgabe ohne Regelverstoß zu lösen, kann es sinnvoll sein, diese jedes Mal von vorn beginnen zu lassen, sobald eine der vorhandenen Regeln gebrochen wurde. Dies bedeutet aber auch, dass die Spielenden frustriert sein können, falls sie zum wiederholten Mal scheitern, und dass die Lösung der Aufgabe einige Zeit in Anspruch nehmen kann. Steht dagegen der Spaß der Teilnehmenden im Vordergrund bietet sich als Konsequenz entweder die Sanktionierung einzelner Personen oder das Zählen von Minuspunkten an. Der Zusatz von Handicaps oder die Reduzierung von Ressourcen erhöht den Schwierigkeitsgrad einer Aufgabe und eignet sich gut, um die Qualität der Interaktionen zu beeinflussen. Die Spielerinnen und Spieler werden dazu angeregt, sich besser zu konzentrieren bzw. sorgfältiger oder effektiver zusammenzuarbeiten.

Hilfsmittel

Zur Lösung einer Aufgabe bekommt die Gruppe dann meist noch verschiedene Hilfsmittel zur Verfügung gestellt:

- Material (Seile, Teppichfliesen, Kordel etc.)
- Ausnahmeregelungen (eine Person darf sehen, mehrere Spielende dürfen den Boden berühren, Joker etc.)
- Informationen (Wegbeschreibung, Hinweise zur Lösung)

Diese Hilfsmittel haben insbesondere Einfluss auf das Erscheinungsbild eines Spiels. Durch den gezielten Einsatz attraktiver Materialien kann z. B. eine auf den ersten Blick unscheinbare Aufgabe deutlich an Attraktivität gewinnen und von den Spielenden als besonders auffordernd erlebt werden.

Das Abenteuerspiel „Am seidenen Faden" ist vom Spielaufbau eine sehr bekannte Aufgabe. Eine Gruppe darf eine bestimmte Fläche nicht berühren und soll einen Gegenstand bergen, der in deren Mitte liegt. Normalerweise bekommt die Gruppe zur Lösung dieser Aufgabe ein Kletterseil zur Verfügung gestellt, bei dieser Variante sind es nur einige Rollen Toilettenpapier. Dadurch verändert sich das ganze Spiel. Die Spielerinnen und Spieler müssen sich überlegen, wie sie aus dem Toilettenpapier eine oder mehrere reißfeste Schnüre basteln, und sich mit ganz speziellen Problemen auseinandersetzen, die sich durch das eingesetzte Material ergeben.

Neben dieser gestalterischen Frage hat der Einsatz bestimmter Materialien häufig auch Einfluss auf das Spielgeschehen und den Schwierigkeitsgrad einer Aufgabe.

Bei dem Spiel „Fliesen mit Zahlen" dürfen die Spielenden sich ausschließlich auf Teppichfliesen aufhalten und nicht den Boden berühren. Werden statt der Teppichfliesen Papierblätter verwendet, können die Spielenden aufgrund des fehlenden Höhenunterschieds von Blatt und Boden nicht mehr spüren, ob sie bereits den Boden berühren oder nicht. Dadurch verliert diese Regel ihren Reiz und das gesamte Spiel wird in diesem Fall bedeutungslos.

Bei dem Spiel „Die Holzscheibe" verwendet die Spielleitung statt einer Schraube mit einem Zentimeter Durchmesser eine leere Wasserflasche mit knapp zwei Zentimeter Durchmesser als Sockel für die Scheibe. Diese liegt stabil auf und die Spielenden haben trotz geringer Planung und Absprache keinerlei Probleme, alle Bauklötze abzustellen.

Zusammenfassung

Die Elemente „Aufgabe", „Einschränkung" „Konsequenz" und „Hilfsmittel" finden sich in fast allen Abenteuerspielen wieder. Aus ihrem Zusammenspiel lassen die Abenteuerspiele sich herleiten und verändern.

„Wasser marsch!": Die Gruppe soll mindestens zwei Liter Wasser von einem Eimer in einen anderen befördern, ohne die Eimer zu bewegen (Aufgabe). Sobald ein Spieler Kontakt zu dem Wasser hat, darf dieser sich nicht mehr bewegen (Einschränkung). Falls ein Spieler sich dennoch bewegt, darf er für den Rest des Spiels nur noch einen Arm benutzen (Konsequenz). Als Hilfsmittel bekommt die Gruppe mehrere Bogen Din-A4-Papier oder eine Rolle Frischhaltefolie (Material).

„Blindflug": Alle Spieler sollen als Gruppe zu einem bestimmten Punkt gehen (Aufgabe). Der Weg dorthin ist der ganzen Gruppe unbekannt (Einschränkung 1) und alle Spieler sind für die gesamte Dauer des Spiels blind (Einschränkung 2). Sobald ein Spieler die Augenbinde abnimmt, ist das Spiel für die gesamte Gruppe beendet (Konsequenz). Vor dem eigentlichen Beginn bekommt die Gruppe eine detaillierte Skizze von der ausgewählten Strecke inklusive Beschreibung des Untergrunds und aller markanten Wegpunkte (Hilfsmittel 1). Zusätzlich bekommt die Gruppe einen Joker, das heißt, falls sie sich verläuft, kann sie die Spielleitung einmal bitten, sie wieder zu dem letzten ihr bekannten Orientierungspunkt zurückzuführen (Hilfsmittel 2).

Zusätzlich können die so entstandenen Abenteuerspiele in eine fantasievolle Spielgeschichte eingebettet werden. Diese betonen den spielerischen Aspekt der Aufgaben und erhöhen damit den Spaß der Teilnehmenden. Die Spielerinnen und Spieler tauchen ein in eine eigene Welt und werden z. B. zu Teilnehmenden einer Fachtagung für Sozialpsychologie, zu Piratinnen und Piraten auf einer Schatzsuche quer über die sieben Weltmeere oder sind als fahrendes Volk auf der Flucht vor einem Furcht erregenden Drachen. Besonders zur Geltung kommen diese Geschichten, wenn die Spielleitung sie mit kleinen Requisiten innerhalb der Spielaufbauten untermalt.

Die Gruppe steht vor einer markierten Fläche, die nicht betreten werden darf. Anstatt viel zu erzählen, warum diese Fläche nicht berührt werden darf, hebt die Spielleitung nur warnend die Arme und zeigt auf einen kleinen Plastikfisch mit überdimensionalen Zähnen, der innerhalb dieser Fläche liegt.

Spielerische Rahmengeschichten ermöglichen so einen fließenden Übergang von Lernen und Spielen. Dies gelingt allerdings nur, wenn die gewählte Geschichte der jeweiligen Zielgruppe entspricht und die Spieler Lust haben, sich darauf einzulassen. Ansonsten kann der Einsatz von Spielgeschichten auch zu einer Abwehrreaktion bei den Teilnehmenden führen und den Einstieg in eine Spieleinheit deutlich erschweren.

Einsatzmöglichkeiten

Abenteuerspiele sind ideal geeignet, um soziales Lernen in Gruppen zu ermöglichen. Sie konfrontieren die Beteiligten auf spielerische Art und Weise mit herausfordernden Aufgaben, für die es keine eindeutigen Lösungen gibt, und entwickeln während des Spielverlaufs eine „Dynamik der unfertigen Situation", das heißt, die Aufgabenstellung ist klar, aber die Lösung ist nicht eindeutig und die Gruppe muss selbst entscheiden, wie sie vorgehen möchte. Diese offene Ausgangsposition wird verknüpft mit Regeln, die eine Zusammenarbeit der Spielerinnen und Spieler im Sinne einer erfolgreichen Lösung notwendig machen und alle Beteiligten anregen, sich konstruktiv miteinander auseinanderzusetzen.

Diese Verbindung von Gruppenprozess und Kooperation ermöglicht in Kombination mit dem spielerischen Charakter dieser Aufgaben einen sehr intensiven und praxisnahen Lernprozess, der ideal geeignet ist, um z. B.

- gemeinsam Spaß zu haben und etwas Neues zu erleben.
- sich besser und intensiver kennen zu lernen.
- das Gemeinschaftsgefühl zu fördern.
- gegenseitige Vorstellungen und Erwartungen zu thematisieren und zu klären.
- mögliche Konfliktpotenziale offen und erfahrbar zu machen.
- vorhandene Störungen zu konkretisieren und zu bearbeiten.
- für eine Gruppe bedeutsame Situationen und Themen spielerisch umzusetzen.
- Themen wie z. B. Kommunikationsmuster, Verteilung von Rollen oder Hintergründe gruppendynamischer Prozesse praxisorientiert zu vermitteln.
- eingeschliffene Verhaltens- und Rollenmuster für alle Beteiligten transparent und erfahrbar zu machen.
- neue Handlungsmöglichkeiten und Verhaltensweisen spielerisch auszuprobieren.
- gruppenspezifische Vereinbarungen zum gemeinsamen Miteinander zu entwickeln.
- Vereinbarungen und Vorsätze umzusetzen und zu trainieren.
- …

Weitere Aspekte bei der Gestaltung von Abenteuerspielen

Unabhängig von dem jeweiligen Kontext, in dem diese Spiele eingesetzt werden, basiert der Lernprozess immer auf der Initiierung und Begleitung einer Dynamik innerhalb der Gruppe. Damit dieser sein pädagogisches Potenzial entfalten kann und die Teilnehmenden die Möglichkeit haben, aus dem Erlebten zu lernen, sollten folgende Aspekte berücksichtigt und umgesetzt werden:

Herausforderung

Ein entscheidender Faktor für die Begeisterung und die Motivation der Teilnehmenden ist der Schwierigkeitsgrad einer Aufgabe. Nur wenn ein Abenteuerspiel von einer Gruppe als Herausforderung erlebt wird, ist die Bewältigung der Aufgabe für alle Beteiligten reizvoll und spannend. Ansonsten ist es entweder zu leicht und damit langweilig oder frustrierend und demotivierend, da die Spielenden mit der Aufgabenstellung überfordert sind. Deshalb sollten Abenteuerspiele immer so gewählt und an die jeweilige Gruppe angepasst werden, dass diese Anforderungen an die Spielenden stellen, die deren aktuelle Kompetenzen ganz fordern und an bestimmten Punkten ein wenig übersteigen. So können sich die Fähigkeiten und der Handlungsspielraum einer Gruppe mit jeder Aufgabe Stück für Stück vergrößern. Jede gelöste Aufgabe ist ein Erfolgserlebnis für die Gruppe und kann deren Selbstbewusstsein deutlich stärken.

Trotz ihres scheinbar rein spielerischen Charakters können Abenteuerspiele eine enorme Auswirkung auf die jeweilige Gruppe haben. Obwohl es sich bei den Aufgaben nur um rein spielerische Herausforderungen handelt, werden sie von den Spielenden als durchaus bedeutsam und die Lösung als erstrebenswert angesehen. Das zeigt sich unter anderem daran, dass viele Spielerinnen und Spieler anfangen zu klatschen, sobald ihre Gruppe eine Aufgabe gemeistert hat. Dieser Applaus ist absolut spontan und zeigt, wie stolz die Beteiligten auf ihre Leistung sind. Auf der anderen Seite kann ein Misserfolg einer Gruppe schwer zu schaffen machen und einen tiefen Eindruck bei den Beteiligten hinterlassen.

Eine Gruppe hat die Aufgabe, blind einen bestimmten Punkt auf einer großen Wiese anzusteuern und sich dort zu versammeln. Aufgrund mangelnder Absprachen und einer nicht gut funktionierenden Kommunikation verliert die Gruppe im Lauf des Spiels sämtliche Orientierungspunkte und entscheidet sich nach einer geraumen Zeit des Umherirrens dafür, das Spiel abzubrechen. Obwohl es sich nur um ein einstündiges Spiel auf einer Wiese handelte, war diese Aufgabe das eindrücklichste Erlebnis des ganzen Seminars und die Spielerinnen und Spieler mussten immer daran denken, sobald sie wieder in diese Art der Kommunikation verfielen oder an dieser Wiese vorbeigingen.

Die Anforderungen eines Abenteuerspiels ergeben sich dabei nicht nur aus dem Zusammenspiel von Aufgabe und Regeln, sondern sind auch abhängig von der Größe und der Konstellation einer Gruppe.

Wenn es darum geht, eine bestimmte Strecke, die nicht berührt werden darf, nur mithilfe von mehreren Teppichfliesen zu überqueren, ist die Lösung klar: Eine Person legt vorn die Teppichfliesen aus, alle gehen über die Fliesen, hinten sammelt eine Person die Fliesen wieder ein und gibt sie nach vorn weiter. Wenn alle Beteiligten nacheinander oder mehrere kleine Gruppen von zwei bis vier Personen die Aufgabe lösen sollten, würden wahrscheinlich alle problemlos diese Lösung aufgreifen und anstandslos die Strecke absolvieren. Schwierig wird es erst, wenn diese Aufgabe an eine Gruppe von zwölf oder mehr Spielenden gestellt wird, die sich erst vor Kurzem kennen gelernt hat oder an eine Klasse von 30 Jugendlichen. Nun ergeben sich für die einzelnen Schülerinnen und Schüler eine Vielzahl von kleineren Aufgaben und Momenten, die von diesen als durchaus herausfordernd wahrgenommen werden können: Was denken die anderen über diese Aufgabe? Wie kommen wir zu einer gemeinsamen Herangehensweise? Wer ergreift das Wort und formuliert einen Lösungsvorschlag für die ganze Gruppe? Wie reagieren die anderen, wenn ich das Wort ergreife? Wer übernimmt welche Aufgabe? Was mache ich, wenn ich Hilfe brauche oder nicht weiß, was die anderen gerade vorhaben?

Freiwilligkeit

Freiwilligkeit ist ein zentraler Aspekt in der pädagogischen Arbeit mit kooperativen Abenteuerspielen. Nur wenn die Teilnehmenden freiwillig mitmachen, werden sie sich dauerhaft mit den an sie gestellten Herausforderungen beschäftigen und sich bereitwillig auf eine Auseinandersetzung mit dem Erlebten einlassen. Deshalb sollten sie in jeder Phase des Lernprozesses einen Entscheidungsspielraum zur Art und Intensität ihrer Teilnahme haben und sich dieses Spielraums bewusst sein. Im Idealfall sind die Aufgabenstellungen sogar so gestaltet, dass sie die Spielenden nicht zu einer Entweder-oder-Entscheidung zwingen, sondern diesen ein Spektrum an Möglichkeiten eröffnen, bei dem sie sich selbst mehr oder weniger herausfordern können.

Bei dem Spiel „Das verwunschene Wäldchen“ werden überall im Wald Tücher verteilt, die die Spielerinnen und Spieler mit verbundenen Augen einsammeln sollen. Manche Tücher liegen ganz nah an den gespannten Seilen, an denen die Spielenden sehen können, andere sind weit entfernt von dem nächsten Seil. Alle Spielerinnen und Spieler können für sich entscheiden, welches Tuch sie holen möchten und so ihren persönlichen Schwierigkeitsgrad selbst wählen.

Sollte ein Abenteuerspiel keine eigene Einflussnahme auf den persönlichen Schwierigkeitsgrad ermöglichen, die Spielenden aber eventuell dennoch vor große Herausforderungen stellen, empfiehlt sich der Einsatz von spielinternen Wahlmöglichkeiten (Joker), um den Aspekt der Freiwilligkeit zu gewährleisten.

Bei dem Spiel „Mausefallen-Parcours“ bietet die Spielleitung den „Blinden“ die Möglichkeit an, ihre Schuhe während des Spiels mitzunehmen. Sobald diese das Gefühl habe, nicht sicher durch den Parcours geleitet zu werden, können sie jederzeit ihre Schuhe wieder anziehen und dann weitergehen.

Vor der „Gratwanderung“ übergibt die Spielleitung der Gruppe noch ein silbern glänzendes Tuch. Mit diesem Tuch ist es einer Person aus der Gruppe möglich, die Schlucht abseits der Slackline zu überqueren. Der Einsatz des Tuchs muss allerdings vorher in der Gruppe besprochen werden.

Sobald jemand bei dem Spiel „Drunter und drüber“ eine Schnur berührt, darf eine Person aus der Gruppe für den Rest des Spiels ihren Arm nicht mehr benutzen. Dies muss aber nicht automatisch die Person sein, die die Schnur berührt hat. Die Gruppe kann frei darüber abstimmen, wer dieses Handicap übernimmt und alle Spielenden entscheiden für sich.

Indem die Spielleitung den Teilnehmenden das Bewusstsein vermittelt, jederzeit entscheiden zu können, eröffnet sie vielen Spielerinnen und Spielern erst die Möglichkeit, schwere Herausforderungen anzunehmen. Erst durch diese persönliche Gestaltungsfreiheit und der Wertschätzung der anderen ist es den Einzelnen möglich, sich auszuprobieren und subjektiv groß erscheinende Herausforderungen zu bewältigen. Andernfalls kommt es bei vielen Teilnehmenden zu einer Art Verweigerungshaltung. Bei Entweder-oder-Abstimmungen entscheiden sie sich dementsprechend häufiger für „Nein“ und nehmen die ihnen dargebotene Lernchance möglicherweise nicht an.

Freiwilligkeit darf allerdings nicht verwechselt werden mit Beliebigkeit. Wenn die Spielerinnen und Spieler sich einmal dafür entschieden haben, bei einem Spiel mitzumachen, kann die Spielleitung sie an dieser Stelle auch ernst nehmen. Grundlage für eine solche Entscheidung der Teilnehmenden ist allerdings eine transparente und ehrliche Vorstellung der Spielleitung zu den vorbereiteten Inhalten und Herausforderungen. Diese darf nicht versuchen, die vorbereiteten Aufgaben zu bagatellisieren oder diese als reine Spaßspiele präsentieren.

Wenn die Teilnehmenden die Möglichkeit hatten, sich im Vorfeld zu entscheiden, ist es auch eine Form der Wertschätzung, wenn die Spielleitung die Spielerinnen und Spieler an dieser Stelle ernst nimmt – selbst wenn dies beinhaltet, dass die Spielenden zu gewissen Zeitpunkten innerhalb der Einheit keinen Spaß haben. Denn bei der Arbeit mit Abenteuerspielen geht es nicht um eine Art Animation, bei der die Teilnehmenden immer bei guter Laune gehalten werden und ein Höhepunkterlebnis das nächste zu übertreffen versucht.

Selbstverantwortung

Der besondere Reiz der Abenteuerspiele liegt in der Selbstverantwortung der Gruppe. Die Spielleitung konfrontiert die Spielerinnen und Spieler mit einer Aufgabe. Nachdem die Gruppe alle für das Spiel nötigen Informationen und Regeln erhalten hat, übergibt die Spielleitung den weiteren Verlauf in die Hände der Teilnehmerinnen und Teilnehmer, sodass diese eigenständig und selbstverantwortlich eine Lösung finden können. Durch diese möglichst umfassende Eigenverantwortung der Gruppe ist es möglich, alle Konsequenzen aus dem Spielgeschehen mit dem Handeln der Spielenden in Verbindung zu bringen.

Bei dem Spiel „Einer geht noch!" muss die gesamte Gruppe auf immer weniger Klötzen stehen, ohne dabei den Boden zu berühren. Nach jedem erfolgreichen Durchgang fordert die Spielleitung ein Stimmungsbild aller Spielerinnen und Spieler ein. Diese sollen ohne Absprache mit den anderen per Handzeichen angeben, ob sie der Meinung sind, dass die Gruppe die Aufgabe auch mit einem Holzklotz weniger schaffen kann oder nicht. Nachdem alle ihr Votum abgegeben haben, muss die Gruppe entscheiden, wie sie mit dem so entstandenen Stimmungsbild umgehen möchte. Ob das Spiel fortgesetzt oder beendet wird, liegt ausschließlich in der Verantwortung der Gruppe.
Die Spielerinnen und Spieler stellen sich also selbst vor Herausforderungen und müssen eigenständig Lösungen entwickeln.

Durch die weitestgehende Eigenständigkeit der Gruppe können alle im Spielverlauf auftauchenden Gefühle und Reaktionen direkt auf die Handlungen und Verhaltensweisen der Spielenden bezogen werden. Es liegt in der Verantwortung der Gruppe, eigene Kriterien für die Entscheidungsfindung zu entwickeln und darauf zu achten, dass alle Beteiligten mit der Gruppe, dem Prozess und dem Ergebnis zufrieden sind.

Durch das Prinzip der Selbstverantwortung erhöht sich das Lernpotenzial der Spiele, da die Teilnehmenden kaum Anlass haben, negative Spielentwicklungen oder Gruppenprozesse mit der Art und Weise der Spielleitung bzw. dem Spielaufbau zu begründen. Bedingung für eine solche enge Verknüpfung von Spielgeschehen und Gruppenprozess ist allerdings Transparenz. Die Teilnehmenden müssen bereits im Vorfeld alle wichtigen Informationen zum Spielaufbau, den Regeln und möglichen Konsequenzen von Regelüberschreitungen erfahren. Darüber hinaus muss die Spielleitung zu Beginn einer Spieleinheit gegenüber der Gruppe klar ihre Rolle definieren. Denn die Spielerinnen und Spieler werden nur dann Verantwortung übernehmen, wenn sie wissen, dass dies nicht in den Aufgabenbereich der Spielleitung fällt und diese die Verantwortung explizit der Gruppe übergibt.

Möglicherweise sind einige Gruppen mit diesem Lernverständnis zunächst überfordert und brauchen klare Ansagen von außen. In diesen Fällen kann es sinnvoll sein, den Spielerinnen und Spielern durch einen festen Rahmen Sicherheit zu geben. Dieser Rahmen kann sich im Lauf der Einheit immer weiter vergrößern, sodass die Gruppe schrittweise lernt, eigenständig über ihr Handeln zu entscheiden.

Selbstverantwortung darf nicht bedeuten, dass einzelne Spielerinnen und Spieler von der Spielleitung alleingelassen werden oder die Spielleitung tatenlos zusieht, wenn eine Situation zu eskalieren droht. In diesen Fällen kann es sinnvoll und notwendig sein, bewusst in das Spielgeschehen einzugreifen und der Gruppe durch eine gezielte Intervention zu helfen, sich konstruktiv mit dem aktuellen Gruppenprozess auseinanderzusetzen.

Während des Spiels „Minen von Moria" kommt es zu einem heftigen Streit zwischen zwei Teilnehmenden. Der Konflikt endet damit, dass einer der Beteiligten weggeht und sich in einiger Entfernung zum Spielgeschehen auf den Boden setzt. Der Rest der Gruppe nimmt dies nur beiläufig zur Kenntnis und beschäftigt sich weiter mit der Lösung der Aufgabe. Die Spielleitung wartet einen Moment ab, wie die Situation sich weiterhin entwickelt. Nachdem klar ist, dass niemand aus der Gruppe versucht, den bestehenden Konflikt zu lösen, beschließt sie zu intervenieren. Sie unterbricht das Spiel und fragt die anwesenden Spielerinnen und Spieler, wie sie mit der aktuellen Situation weiter vorgehen möchten. Da die Aufgabe nur gelöst werden kann, wenn alle Spielerinnen und Spieler auf die andere Seite gelangen, steht die Gruppe nun vor zwei Problemen. Zum einen muss sie die Aufgabe lösen und zum anderen muss sie den bestehenden Konflikt klären. Daraufhin kommt es zu einem Gespräch über die Ursachen und Hintergründe des Konflikts und ein Spieler wird zu dem weiterhin entfernt sitzenden Spieler geschickt, um mit ihm zu reden.

Interventionen in das Spielgeschehen sollten allerdings nur sehr dosiert eingesetzt werden. Im Rahmen eines selbstverantwortlichen Lernprozesses ist es nicht die Aufgabe der Spielleitung, aufkommende Probleme und Schwierigkeiten für die Gruppe zu lösen. Durch einen möglichen Eingriff der Spielleitung in das Spielgeschehen sollten die Spielerinnen und Spieler vielmehr angeregt werden, sich konstruktiv mit der aktuellen Situation auseinanderzusetzen und selbst Lösungen zu entwickeln.

Reflexion

Wenngleich Abenteuerspiele von den Spielenden oft als sehr eindrücklich und emotional erlebt werden, bleiben sie doch oberflächlich, wenn sie nicht innerlich zu gedanklichen Vorstellungen, Werten und persönlichen Zielen in Bezug gesetzt und verarbeitet werden. Daher ist das pädagogische Potenzial dieser Spiele sehr stark davon abhängig, ob und wie das Spielgeschehen in der Gruppe reflektiert wird.

Durch die Komplexität der Aufgaben und die Vielzahl der zwischenmenschlichen Interaktionen sind die individuellen Bewertungen der Erlebnisse bei Abenteuerspielen nicht eindeutig vorherzusagen. Erst durch eine strukturierte Auseinandersetzung mit den Eindrücken und Einschätzungen aller Teilnehmenden kann gewährleistet werden, dass die Beteiligten in der Lage sind, konkrete und konstruktive Erkenntnisse aus dem Spielgeschehen für sich und die Gruppe zu formulieren.

Am seidenen Faden

Ort:
Raum, Wiese

Dauer:
30–45 Minuten

Gruppe:
6–18 Spieler

Alter:
Ab 12 Jahren

Hilfsmittel:
4 Rollen Toilettenpapier, Seil als Markierungslinie, „Schatz"

Vorbereitung:
Spielfläche von 3x3 m markieren. Schatz in die Mitte legen.

Spielbeschreibung:
Nach langer Arbeit und unendlichen Mühen ist es dem Expeditionsteam endlich gelungen, zur Schatzkammer vorzudringen. Direkt vor ihnen liegt das lang ersehnte Ziel, das goldene Zepter! Wie zu befürchten war, ist es mit einer Falle gesichert, die es unmöglich macht, den Boden auf einer Fläche von 3x3 Metern um das Zepter herum zu betreten. Schon der geringste Kontakt würde die Falle zuschnappen lassen und das Zepter für immer zerstören.

Alle Versuche, es von außen zu bergen, sind zu riskant, da das Zepter jederzeit hinfallen und kaputtgehen könnte. Die einzige Möglichkeit, es wirklich sicher zu bergen, besteht darin, eine Person von außen über die markierte Fläche zu heben, damit diese das Zepter direkt mit der Hand aufnehmen kann.

Auf dem beschwerlichen Weg zur Schatzkammer hat die Gruppe fast ihre gesamte Ausrüstung verloren. Das Einzige, was dem Team für die Bergung des Zepters noch zur Verfügung steht, sind vier Rollen Toilettenpapier. Wenn das Team nicht unverrichteter Dinge umkehren möchte, hat es keine andere Wahl. Es muss versuchen, mit dem Toilettenpapier eine Konstruktion zu bauen, die es einer Person ermöglicht, das Zepter zu ergreifen, ohne dabei den Boden zu berühren. Der Erfolg der Expedition hängt damit am seidenen Faden …

Kommentar:
Mit der richtigen Zwirbeltechnik ist es problemlos möglich, aus vier Rollen Toilettenpapier zwei Schnüre herzustellen, die stark genug sind, um eine 60 Kilogramm schwere Person zu halten.

Autsch!

Ort:
Raum, Wiese

Dauer:
10–20 Minuten

Gruppe:
8–24 Spieler

Alter:
Ab 12 Jahren

Hilfsmittel:
Kurzes Seil

Spielbeschreibung:
Die Spielleitung bittet alle Spieler, sich so dicht wie irgendwie möglich zusammenzustellen. Dabei sollen alle Spieler mit beiden Füßen auf dem Boden stehen und sich an keiner Stelle gegenseitig berühren.

Wenn alle so eng beisammen stehen, dass kaum mehr Platz zwischen den Spielern ist, umrandet die Spielleitung die benötigte Grundfläche mit einem Seil. Das Seil verläuft genau an den Füßen der außen stehenden Spieler entlang und entspricht der Form, in der die Gruppe beisammensteht.

Auf ein Kommando sollen nun alle Spieler so schnell wie möglich aus dieser umrandeten Fläche heraus- und wieder hineintreten, ohne einen der anderen Spieler zu berühren. Die Spielleitung stoppt die dafür benötigte Zeit. Sobald es zu einem direkten Körperkontakt kommt, rufen die entsprechenden Spieler laut „autsch" und die Gesamtzeit wird um zusätzlich fünf Sekunden erhöht. Die Aufgabe wird so lange wiederholt, bis es zu keiner Berührung kommt und die Gruppe der Meinung ist, ihre benötigte Gesamtzeit nicht mehr verbessern zu können.

Variante:
Nach dem ersten Durchgang überlegt sich die Gruppe selbst eine ambitionierte Zeitvorgabe, in der sie diese Aufgabe schaffen möchte.

Kommentar:
Da die Spielleitung nicht alle Berührungen von außen sehen kann, ist es wichtig, dass die Spieler selbst „autsch!" rufen, sobald sie einen Körperkontakt spüren.

Die markierte Fläche muss so eng sein, dass die Spieler wirklich sehr dicht beisammenstehen und sich kaum bewegen können, ohne jemand anderen zu berühren.

Blindflug

Ort:
Abwechslungsreiches Außengelände

Dauer:
60–90 Minuten (Für eine Strecke von 500 m benötigt eine Gruppe ungefähr 1 Stunde)

Gruppe:
6–18 Spieler

Alter:
Ab 14 Jahren

Hilfsmittel:
Augenbinden, mehrere große Papierbogen, bunte Stifte, evtl. 1 Seil als Hilfsmittel

Spielbeschreibung:
Alle Spieler sollen mit verbundenen Augen einen Weg finden, den sie noch nie zuvor gegangen sind. Start- und Zielpunkt der Strecke sind der Gruppe ebenfalls unbekannt.

Einziger Anhaltspunkt für die Bewältigung dieser Aufgabe ist eine Skizze der bevorstehenden Strecke. Diese wurde im Vorfeld der Aufgabe von der Spielleitung angefertigt und wird den Spielern zu Beginn der Aufgabe detailliert vorgestellt. Dabei beschreibt die Spielleitung den Spielern auch die Beschaffenheit des Untergrunds und erklärt, wie und woran sie die jeweiligen Markierungspunkte erkennen können.

Anschließend hat die Gruppe genügend Zeit, sich den Weg einzuprägen und eine gemeinsame Strategie zur Bewältigung dieser Aufgabe zu entwickeln.

Neben der Wegbeschreibung bekommt die Gruppe einen Joker zur Verfügung gestellt. Sollten alle Spieler vollständig die Orientierung verlieren, kann die Gruppe sich einstimmig an die Spielleitung wenden. Diese führt die Gruppe dann wieder zurück an den Punkt des Weges, an dem die Gruppe die Orientierung verloren hat, und erklärt, an welchem Punkt des Weges sie sich befindet.

Sobald die Gruppe die Planung abgeschlossen hat und sich alle Spieler fertig gemacht haben, führt die Spielleitung die Spieler der Gruppe mit verbundenen Augen zum Startpunkt der Strecke. Ab diesem Punkt ist die Gruppe auf sich allein gestellt und muss eigenständig den Weg finden.

Variante:
Vor Beginn der Aufgabe übergibt die Spielleitung der Gruppe ein langes Seil. Inwieweit dies genutzt wird, liegt im Ermessen der Spieler.

Kommentar:
Die Spielleitung übernimmt während des Spielverlaufs die Verantwortung für die Sicherheit der Spieler: Sie beobachtet den Verlauf des Spiels und greift lediglich ein, wenn jemand in unmittelbare Nähe eines möglichen Gefahrenpunkts gerät. Wenn die Gruppe sich zu sehr verrannt hat (sowohl im übertragenen als auch im wortwörtlichen Sinn), kann es sinnvoll sein, kurz zu intervenieren und den Spielern die Möglichkeit zu geben, ihre aktuelle Gefühlslage zu artikulieren (z. B. durch die Reflexion „Sags mit drei Wörtern"). Anschließend kann die Gruppe selbst entscheiden, wie sie weiter vorgehen möchte.

Themen, die bei dem Blindflug auftauchen können, sind z. B.:
Teamstruktur – Wie teilen sich die Spieler die Streckenfindung? Wer übernimmt wann die Führung? Wie formiert sich die Gruppe (alle nebeneinander, Kleingruppen, Polonaise …)?
Kommunikation – Wie wird mit Informationen umgegangen? Wie werden Entscheidungen getroffen? Wie ist die Gesprächsatmosphäre?
Umgang mit Fehlern – Wie reagieren die Spieler, wenn eine Person sie in die Irre geführt hat? Wann setzt die Gruppe ihren Joker ein? Wie ehrgeizig ist die Gruppe? Welche Problemlösungsstrategien besitzt die Gruppe?

Vorbereitung:
Weg auswählen: Der Weg sollte möglichst viele markante Punkte beinhalten, die auch mit verbundenen Augen erkannt werden können, z. B. Laternenpfahl, Parkbank, Bordsteinkante, Baumstumpf etc. Weite ebene Flächen ohne Orientierungspunkte erhöhen den Schwierigkeitsgrad. Skizze vom Weg anfertigen.

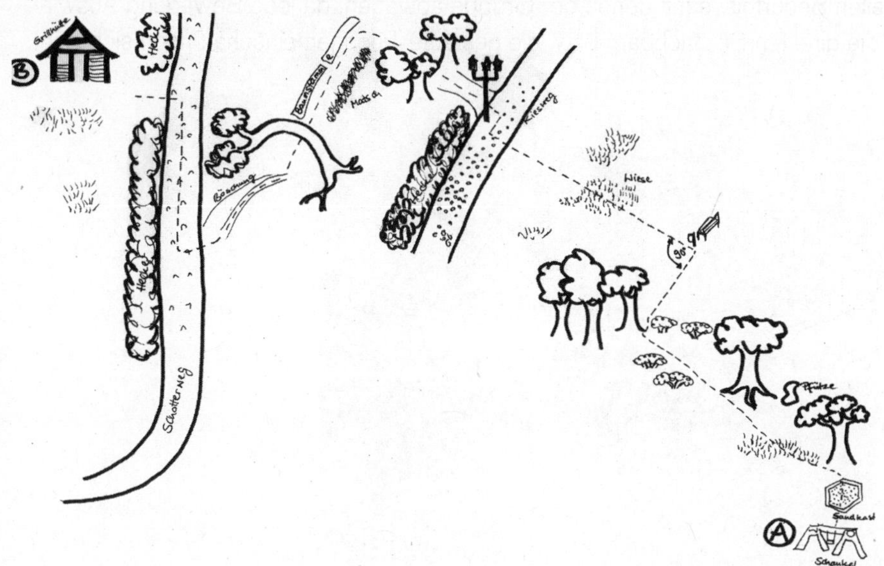

Das Gefangenenmahl

Ort:
Raum mit Tischen und Stühlen

Dauer:
20–30 Minuten

Gruppe:
8–24 Spieler

Alter:
Ab 10 Jahren

Hilfsmittel:
Tücher zum Verbinden der Handgelenke, Geschirr, Besteck, Essen

Vorbereitung:
Tische und Stühle so stellen, dass 4–8 Personen kreisförmig zusammensitzen können.

Spielbeschreibung:
Die Spieler sitzen in Gruppen von vier bis acht Personen um jeweils einen Tisch. Allen Spielern wird ihr linkes Handgelenk mit dem rechten Handgelenk des linken Sitznachbarn und das rechte Handgelenk mit dem linken Handgelenk des rechten Sitznachbarn fest zusammengebunden. So verbunden wird gemeinsam eine Mahlzeit eingenommen, ohne dass eine der Fesseln zwischenzeitlich gelöst werden darf. Erst wenn alle satt geworden sind und das Essen abgeräumt wurde, ist Spiel und Essen vorbei und die Spieler können wieder frei ihre Hände und Arme bewegen.

Kommentar:
Das Gefangenenmahl ist kein Spiel im eigentlichen Sinn – vielmehr wird das gemeinsame Essen in das Spielgeschehen integriert. Der Schwierigkeitsgrad dieser Aufgabe ist abhängig von dem Essen. Eine gemeinsame Suppe ist unter diesen Bedingungen leichter zu essen als eine abendliche Brotzeit. Eine besondere Herausforderung entsteht, wenn das Essen nicht auf die Tische verteilt, sondern in Buffetform serviert wird und alle aufstehen müssen, um sich das Essen zu holen.

Themen, die bei dieser Aufgabe im Vordergrund stehen, sind unter anderem die Kommunikation am Tisch, die gemeinsame Koordination, das Verhältnis von individuellen Interessen gegenüber den Interessen der Tischgruppe und der Bereitschaft der Einzelnen bzw. der Gruppe, auf die unterschiedlichen Bedürfnisse einzugehen. Da es nur während des Spiels Essen gibt, müssen die Spieler ihre eigenen Interessen in der Gruppe geltend machen und die individuellen Bedürfnisse mit denen der Gruppe abwägen, da jede Bewegung Auswirkungen auf die direkten Sitznachbarn bzw. die gesamte Tischgemeinschaft nach sich zieht.

Die Alarmanlage

Spielbeschreibung:
In der Mitte eines Kreises von ca. fünf Metern Durchmesser befindet sich eine Waage mit zwei Wiegeflächen (die Alarmanlage). Auf der einen Wiegefläche liegt der Schatz, auf der anderen ein Gegenstand mit exakt dem gleichen Gewicht, sodass beide Wiegeflächen im Gleichgewicht sind.

Die Aufgabe der Gruppe besteht darin, den Schatz mit einem Gegengewicht auszutauschen, ohne die Waage so aus dem Gleichgewicht zu bringen, dass eine der Wiegeflächen den Boden berührt.

Als Hilfsmittel stehen der Gruppe lediglich 25 Meter Kordel, eine Schere und ein Gegenstand mit dem gleichen Gewicht wie der Schatz zur Verfügung.

Während der Aktion darf niemand die Innenfläche des Kreises betreten bzw. hineingehoben werden und die Waage bzw. die Wiegeflächen dürfen nicht mit Schnüren fixiert oder gehalten werden.

Variante A:
Für den eigentlichen Austausch der Gewichte hat die Gruppe nur eine halbe Minute Zeit, da die Waage maximal 30 Sekunden völlig unbelastet bleiben darf.

Variante B:
Unterhalb der Wiegeflächen ist jeweils ein Luftballon auf dem Boden befestigt. Dieser droht zu zerplatzen, sobald eine der Wiegeflächen aus dem Gleichgewicht gerät, da auf der Unterseite der Wiegeflächen Nadeln befestigt sind, die direkt auf die Luftballons zeigen.

Ort:
Raum, Wiese

Dauer:
20–30 Minuten

Gruppe:
6–12 Spieler

Alter:
Ab 14 Jahren

Hilfsmittel:
Kippwaage, Markierungsseil, 25 m Kordel, Schere, 3 Gegenstände mit identischem Gewicht

Vorbereitung:
Kippwaage organisieren oder bauen. 3 Gegenstände mit identischem Gewicht vorbereiten. Kreisförmige Spielfläche (5 m Ø) markieren. „Alarmanlage“ in die Mitte stellen.

Das Netz

Ort:
Ebene Fläche mit weichem Untergrund und mehreren Befestigungsmöglichkeiten für Schnüre

Dauer:
30–45 Minuten

Gruppe:
6–18 Spieler

Alter:
Ab 14 Jahren

Hilfsmittel:
Schnüre und Seile in 2 verschiedenen Farben, 6 Befestigungspunkte

Spielbeschreibung:
Die Spieler stehen vor einem netzartigen Hindernis, das in einer Höhe von 60 bis 80 Zentimetern waagerecht über dem Boden befestigt ist, und von der gesamten Gruppe durchquert werden muss. Das Grundgerüst dieses Hindernisses bilden drei Schnüre die in einem Abstand von drei bis vier Metern hintereinandergespannt sind und das Netz in zwei Hälften unterteilen. Die erste und die letzte Schnur müssen von allen Spielern überquert werden, um das Hindernis zu überwinden. Die mittlere Schnur muss von allen Spielern unterquert werden.

Jede Netzhälfte ist mithilfe von mehreren anderen Schnüren in verschieden große Öffnungen unterteilt, deren Anzahl genau der Zahl der teilnehmenden Spieler entspricht, sodass in jeder Netzhälfte pro Spieler eine Öffnung vorhanden ist. Durch diese Öffnungen können die Spieler auf der einen Hälfte in das Netz hinein- und auf der anderen Hälfte wieder hinausgelangen. Sobald ein Spieler durch eine dieser Öffnungen einen Körperteil steckt, darf dieses von keinem anderen Spieler mehr verwendet werden.

Vorbereitung:
Ein Netz mit doppelt so vielen Öffnungen wie Spieler aufbauen.

Die Schnüre des Netzes dürfen während der ganzen Durchquerung nicht berührt werden. Bei der dritten Berührung müssen alle Spieler wieder an den Anfangspunkt zurück und erneut beginnen.

Kommentar

Der Schwierigkeitsgrad ergibt sich zum einen durch die Größe der Öffnungen und zum anderen durch die Anzahl der Felder, die direkt an die erste bzw. letzte Schnur angrenzen (nur diese können von den Spielern eventuell ohne fremde Hilfe genutzt werden).

Die Öffnungen müssen deutlich größer sein als bei dem herkömmlichen „Spinnennetz", da die Spieler hinein- und hinausgehoben werden müssen und eventuell selbst andere Spieler heben müssen.

Das verwunschene Wäldchen

Ort:
Waldstück mit wenig Unterholz (80 x 100 m)

Dauer:
30–45 Minuten

Gruppe:
8–24 Spieler

Alter:
Ab 10 Jahren

Hilfsmittel:
5–7 Schnüre oder Seile (insgesamt ca. 200 m), Augenbinden, 30 bunte Tücher, 3 x 3 m Plane oder Schwungtuch

Spielbeschreibung:
Der alte Zauberer Zimbaldin hat der holden Königin Isolde ihre 30 Lieblingstücher geklaut und in all seiner Bitternis im verwunschenen Finsterwäldchen verstreut. Die Spieler, edle Rittersleute, machen sich frohen Mutes auf, die Tücher der Königin zurückzuholen. Zimbaldin, der dies natürlich verhindern will, hat jeden Baum im Wäldchen mit Rhabarberohren versehen, die im unverzüglich jede Menschenstimme vermelden (die Spieler dürfen nicht miteinander sprechen). Außerdem hat er das Finsterwäldchen in tiefe Finsternis verzaubert, sodass selbst eine Fledermaus die Hand vor Augen nicht sehen kann (alle Spieler tragen Augenbinden).

Es gibt nur einige wenige Pfadreste (zwischen den Bäumen gespannte Schnüre, die nicht miteinander verbunden und über das gesamte Gebiet verteilt sind), die diesem Dunkelzauber widerstehen konnten. Solange man sich dort aufhält (eine der Schnüre in der Hand hält), ist es möglich zu sehen. Sobald eine Person einen Pfad verlässt (keinen direkten Kontakt mehr zu einer Schnur hat), wird es um diese Person jedoch wieder dunkel und sie muss eine Augenbinde aufsetzen.

Neben diesen Pfadresten gibt es irgendwo in diesem verwunschenen Wäldchen noch einen markierten Schutzkreis (Plane oder Schwungtuch). Dort kann man sehen und darf leise miteinander sprechen. Dies funktioniert allerdings nur, wenn alle menschlichen Wesen gemeinsam dort versammelt sind. Wenn eine Person aus der Gruppe fehlt, verliert dieser seine schützende Kraft und niemand darf ein Wort sagen.

Wenn die Spieler im Wald kommunizieren möchten, können sie sich in der Art von Nachttieren oder durch einen Windhauch unterhalten. So wird Zimbaldin nicht auf sie aufmerksam.

Sollte der Zauberer (die Spielleitung) mitbekommen, dass Menschen außerhalb dieses Schutzkreises miteinander reden oder bei einzelnen Menschen der Dunkelzauber nicht wirkt, fängt er zur Warnung finster an zu grollen. Sollte dies nicht ausreichen, um die Eindringlinge in die Flucht zu jagen und diese sprechen weiter, jagt er diese in alle Teile des verwunschenen Wäldchen und nimmt der gesamten Gruppe alle bislang eingesammelten Tücher ab.

Sollte es einer Gruppe trotz all dieser Widrigkeiten gelingen, die 30 Tücher wieder einzusammeln, so kann sie zum Zeichen ihres Sieges über den Zauberer dreimal lautstark „Hoch lebe Königin Isolde“ rufen und mit erhobenem Haupt und wehenden Fahnen diesen Ort des Grauens verlassen.

Kommentar:
Die Schnüre sollten so gespannt werden, dass von dem Ort der Spielpräsentation eine längere Schnur in das verwunschene Wäldchen hineinführt. Am Anfang dieser Schnur kann die Gruppe ihre Expedition in das verwunschene Wäldchen planen und anschließend gemeinsam hineingehen. Von dem Ende dieser Schnur aus, sind in mehrere Richtungen weitere Schnüre erkennbar, die sich kreuz und quer auf das gesamte Waldstück verteilen. Diese netzartige Struktur ist wichtig, damit die Tücher nicht nur von den vorderen Spielern eingesammelt werden und die Gruppe sich auf Wunsch in mehrere Kleingruppen aufteilen kann.

Die Tücher hängen oder liegen in unterschiedlicher Entfernung zu den Schnüren (5 bis 20 Meter) im Wald verteilt. Dadurch haben alle Spieler die Möglichkeit, ein Tuch anzupeilen, das dem persönlichen Risikogefühl entspricht.

Vorbereitung:
Alle Schnüre kreuz und quer zwischen den Bäumen spannen. Abseits dieser Schnüre die Tücher verteilen. An einer Stelle am Seil eine Plane ausbreiten.

Der königliche Auftrag

Ort:
Mindestens
4 separate Räume

Dauer:
60–90 Minuten

Gruppe:
8–24 Spieler

Alter:
Ab 14 Jahren

Spielbeschreibung:
Die Spieler sind Mitarbeiter eines großen Automobilkonzerns mit mehreren Produktionsstandorten. Das ambitionierte Unternehmen hat sich um einen Auftrag der britischen Königin beworben, die einen Teil ihres Fuhrparks zugunsten umweltfreundlicher Transportmittel umstellen möchte. Zuverlässigkeit und Präzision sind für die Queen immens wichtige Faktoren und sie möchte den Auftrag nur an ein Unternehmen vergeben, bei dem sie sich in sicheren Händen weiß. Daher verlangt sie von den Bewerbern, dass sie in mehreren Teams (drei bis fünf Kleingruppen) an den unterschiedlichen Produktionsstandorten (pro Kleingruppe ein separater Raum) jeweils einen identischen Prototypen des neuen Transportmittels bauen. Die Mitarbeiter des Unternehmens sehen sich herausgefordert und möchten den lukrativen und prestigeträchtigen Auftrag für ihr Unternehmen unbedingt an Land ziehen …

Auftrag:
Die Queen möchte bei repräsentativen Terminen zukünftig eine Sänfte nutzen – sie wird durch die Muskelkraft ihrer Bediensteten von A nach B transportiert.

Bei der Produktion ist Folgendes zu beachten:

- Jedes Team entwickelt und baut aus dem vorhandenen Material eine Sänfte (Prototyp), mit der die Königin würdevoll und sicher transportiert werden kann. Neben der Transportsicherheit geht es um höchstmögliche Präzision und kreatives Design.
- Alle Prototypen sollen möglichst bis ins letzte Detail genau gleich aussehen.
- An jedem Standort steht das gleiche Material zur Verfügung.
- Sämtliches Material muss beim Bau verwendet und aufgebraucht werden.
- Zusätzlich soll eine gemeinsame Werbestrategie entwickelt werden. Diese soll mindestens einen attraktiven Produktnamen sowie einen oder mehrere Slogans beinhalten. Weitere Marketingideen können ergänzt werden.

In einer anschließenden Präsentation werden der Königin alle Prototypen und die gemeinsame Werbestrategie vorgestellt.

Arbeitsbedingungen:
Die gesamte Produktionszeit ist auf 60 Minuten begrenzt. Anschließend findet die Präsentation statt.

In diesem Zeitraum werden von der Spielleitung fünf Termine für Absprachen gesetzt, an denen je eine Person pro Team teilnimmt. Die Personen müssen wechseln, sodass jeder mindestens einmal an einer Absprache teilnimmt. Die Reihenfolge bestimmt jedes Team selbst. Ort der Absprachen ist der zentrale Seminarraum.

Für die Absprachen stehen jeweils unterschiedliche Kommunikationsformen zur Verfügung: ein Planungstreffen, E-Mail, Telefon, SMS und ein informelles Treffen auf einer Betriebsfeier.

Zu den Absprachen:
Jede Absprachephase darf maximal fünf Minuten dauern. Außerhalb dieser Zeiten gibt es keinerlei Kommunikationsmöglichkeiten zwischen den Teams. Innerhalb der Teams ist Kommunikation natürlich erlaubt.

Während der Absprachezeiten dürfen die verbleibenden Teammitglieder an den Produktionsstandorten weiterarbeiten.

Die erste Absprache erfolgt nach fünf Minuten. Die folgenden vier dann nach je elf Minuten (also 5. Minute – 16. Minute – 27. Minute – 38. Minute – 49. Minute).

Die Spielleitung kündigt jede Absprache eine Minute vorher an. Auf ein weiteres Signal der Spielleitung hin beginnt die Absprache pünktlich, auch wenn noch nicht alle Teamvertreter anwesend sind. Die Spielleitung beendet die Absprache nach fünf Minuten durch ein Signal. Die Teamvertreter können die Absprache vorzeitig verlassen und in ihre Gruppe zurückkehren, dürfen dann aber nicht wiederkommen.

Die erste Absprache findet als Planungstreffen statt. Welche Kommunikationsformen bei den folgenden Terminen angewendet werden, ist der Gruppe überlassen. Jede Kommunikationsform darf nur einmal gewählt werden. Spätestens am Ende einer Absprache muss der Spielleitung mitgeteilt werden, welche Form als Nächstes folgen soll.

Hilfsmittel:
Mehrere identische Sets verschiedener Baumaterialien (z. B. leerer Bierkasten, Stuhl, Bretter, Müllbeutel, Luftballons, Krepppapier, Tücher, Pfeifenreiniger, Kabelbinder, Kordel, Klebeband, Schere, Papier, Stifte), mehrere Bogen Durchschlagpapier, mehrere SMS-Vorlagen (siehe Seite 79), Stifte

Vorbereitung:
Pro Team ein identisches Set an Baumaterialien zusammenstellen. Materialien für die verschiedenen Kommunikationsformen bereitlegen.

Der königliche Auftrag – Fortsetzung

Planungstreffen: Neben Tisch und Stühlen stehen den Spielern Papier und Stifte zur Verfügung. Das benutzte Papier kann anschließend mitgenommen werden.

E-Mail: Es darf nicht gesprochen werden – die Kommunikation läuft ausschließlich in Schriftform. Jeder Spieler steht in einer Raumecke und erhält mehrere Bogen Durchschlagpapier. Wer eine E-Mail versenden möchte, schreibt seinen Text auf sein Papier und gibt dieses sowie die Kopien an die anderen Teamvertreter weiter. Bevor der Sender selbst eine E-Mail erhalten kann, muss er wieder auf seinem Platz sein. Solange E-Mail-Papier vorhanden ist, können beliebig viele Nachrichten gesendet werden. Auch Zeichnungen sind möglich. E-Mails bzw. Kopien können ins Team mitgenommen werden.

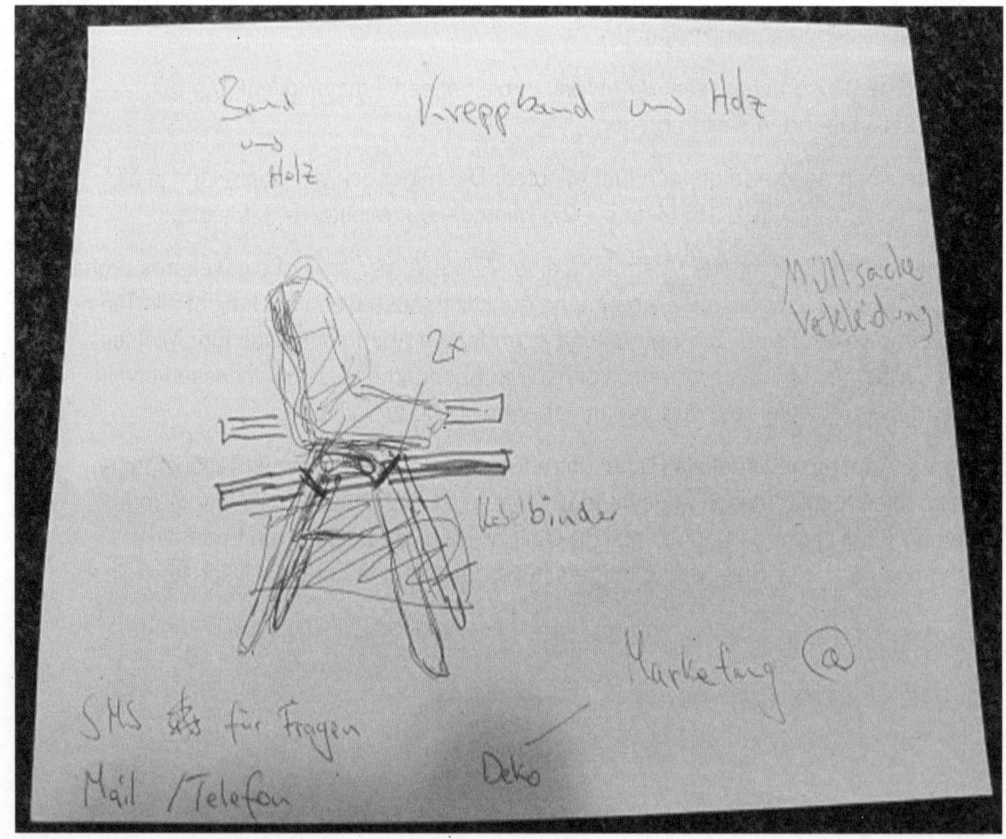

SMS: Alle Spieler bleiben an ihren Produktionsstandorten. Innerhalb der fünf Minuten haben alle Teams die Möglichkeit, SMS zu verschicken. Dazu erhält jedes Team mehrere Bogen „SMS-Papier". Pro SMS stehen 160 Zeichen zur Verfügung. Bis zu drei „SMS-Papiere" können zu einer Nachricht zusammengefügt werden. Um eine SMS zu versenden, wird das Papier mit einem Namen versehen und vor die Tür gelegt. Die Spielleitung leitet die Nachricht an den Adressaten weiter. Solange „SMS-Papier" vorhanden ist, können beliebig viele Nachrichten gesendet werden. Nach fünf Minuten endet diese Runde und mindestens ein Team muss der Spielleitung per SMS mitteilen, in welcher Form die nächste Absprache erfolgen soll. Bei mehreren verschiedenen Mitteilungen gilt die erste eingegangene SMS.

Informelles Treffen: Die Spieler stehen gemeinsam im Raum und dürfen miteinander reden. Die Spielleitung serviert währenddessen Getränke und Knabbereien. Es darf kein Material, Papier etc. genutzt oder ausgetauscht werden.

Telefonat: Jeder steht in einer Raumecke. Will jemand einen Anruf tätigen, signalisiert er per Handzeichen, mit wem er sprechen möchte. Die angerufene Person kommt in die Ecke des/der Anrufenden. Beide stellen sich Rücken an Rücken und können leise miteinander reden. Nach beendetem Telefonat nehmen sie wieder ihre Plätze ein.

An einem Telefonat können nur zwei Personen teilnehmen. Es dürfen mehrere Telefonate parallel laufen. Außerhalb der Telefonate darf nicht kommuniziert werden.

Der königliche Auftrag – Fortsetzung

Präsentation:
Nach Ablauf der Produktionszeit kommen alle Teams zusammen und stellen ihre angefertigten Prototypen vor. Die verschienen Modelle werden miteinander verglichen und alle auftretenden Abweichungen festgehalten.

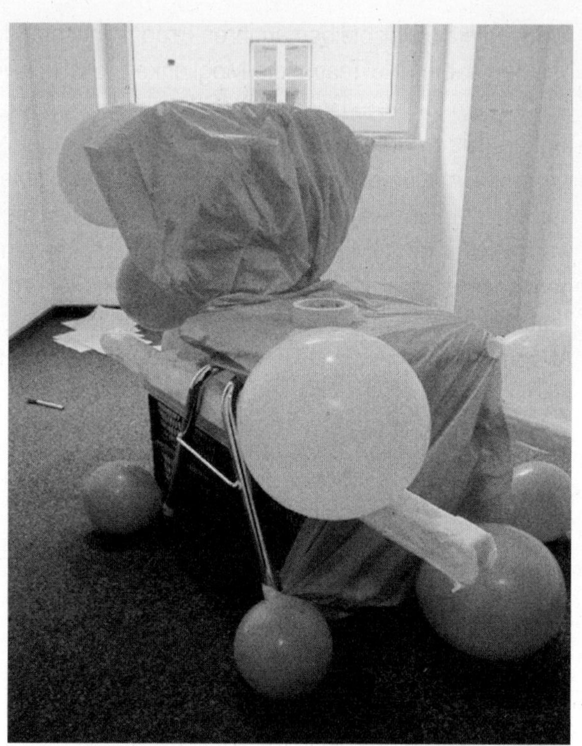

Eine Marketinggruppe präsentiert die gemeinsame Werbestrategie inklusive des gewählten Produktnamens und der weiteren Marketingideen.

Kommentar:
„Der königliche Auftrag" eignet sich gut, um mit einer Gruppe die Vor- und Nachteile der unterschiedlichen Kommunikationsformen zu thematisieren.

Mögliche Fragen für die Auswertung können sein:
- Wie zufrieden sind die Spieler mit dem Ergebnis?
- Wie ist es zu dem gemeinsamen Entwurf gekommen?
- Wie wurden Entscheidungen getroffen?
- Welchen Einfluss hatten die verschiedenen Kommunikationsformen auf die gemeinsamen Besprechungen?
- In welchen Situationen machen die verschiedenen Kommunikationsformen Sinn?

Aufgrund der gesammelten Erfahrungen kann die Gruppe anschließend überlegen, in welcher Form sie zukünftige Absprachen treffen möchte bzw. wie sie mit den verschiedenen Kommunikationsmöglichkeiten umgehen möchte.

Vorlage für SMS-Nachrichten

Die Bombenentschärfung

Ort:
Großer Raum oder Wiese

Dauer:
30–45 Minuten

Gruppe:
6–12 Spieler

Alter:
Ab 14 Jahren

Hilfsmittel:
Joghurtbecher mit Deckel, Backpulver, Sprudelwasser, kleines Glas, Kordel, Spiegelkacheln, Kleiderbügel, 1 großer Behälter, 2 Seile als Markierungslinien

Spielbeschreibung:
Die Spieler haben die Aufgabe, eine Bombe zu bergen und innerhalb eines markierten Sprenggebiets kontrolliert zur Sprengung zu bringen. Die Bombe befindet sich in einem hohen, nicht einsehbaren Behälter, um den aus Sicherheitsgründen eine ca. fünf bis sechs Meter große Sicherheitszone eingerichtet wurde, die unter keinen Umständen betreten werden darf.

Die Sprengstoffexperten haben herausgefunden, dass die Bombe selbst aus einem großen geschlossenen Behältnis mit Deckel besteht, die unbedenklich ist, solange sie nicht in Schräglage gerät oder umkippt. In diesem Fall bleibt der Gruppe nur wenig Zeit, sich in Sicherheit zu bringen, da die Bombe nach einigen Sekunden mit einem lauten Knall hochgehen wird.

Aufgabe der Spieler ist es, sich zu überlegen, wie sie die Bombe senkrecht und ohne sie zu kippen aus dem hohen Behälter bergen, sie ohne Berührung zu dem Sprenggebiet transportieren und dort kontrolliert umkippen lassen.

Für die Bergung steht der Gruppe eine Auswahl an Spezialwerkzeug zur Verfügung: mehrere Spiegel, Kleiderbügel, Kordel und Klebeband.

Kommentar:
Es gibt zahllose Varianten von Spielen, bei denen die Gruppe etwas bergen soll, das innerhalb einer nicht zu betretenen Fläche steht. Der Reiz dieser Variante besteht darin, dass das eigentliche Objekt nicht zu sehen ist. Dadurch ergeben sich zusätzliche Aufgaben, die es einer größeren Anzahl an Spielern ermöglicht, sich aktiv an der Lösung zu beteiligen.

Da es ein paar Sekunden dauert, bis es zu dem Knall kommt, muss der Sprengeimer, in dem es zur Explosion kommen soll, in einiger Entfernung platziert werden. Ansonsten kann es die Gruppe allein durch Schnelligkeit schaffen, die Aufgabe zu lösen, und muss keine Rücksicht darauf nehmen, ob der Becher in Schräglage kommt oder nicht.

Vorbereitung:
Kreisförmige Spielläche mit 5 m Ø markieren. In der Mitte einen großen Behälter aufstellen und die „Bombe" hineinstellen. Mindestens 20 m von dem ersten Kreis eine zweite Spielfläche markieren. Die Bombe selbst ist ein kleines Glas mit Sprudelwasser, das in einem großen Joghurtbecher steht und um das 4–5 Päckchen Backpulver ausgeschüttet wurden. Wenn das Glas kippt und das Backpulver nass wird, entsteht ein Gas, das sich durch den geschlossenen Deckel in dem Joghurtbecher sammelt und diesen nach einer Weile mit einem lauten Knall von dem Becher fliegen lässt.

Die Feuerwehr

Ort:
Wald, Wiese

Dauer:
10–20 Minuten

Gruppe:
6–18 Spieler

Alter:
Ab 10 Jahren

Hilfsmittel:
Leiter (mindestens 4 m lang), Wegmarkierungen

Spielbeschreibung:
Eine Katze ist auf einen Baum geklettert und kommt nicht mehr herunter. Der verzweifelte Besitzer hat zur Rettung seines Lieblings die Feuerwehr gerufen, die natürlich sofort ausrückt, um so schnell wie möglich mit ihrem Leiterwagen zu Hilfe zu eilen. Der Gruppe stehen jedoch nur noch zwei Minuten zur Verfügung, um das Kätzchen zu retten, bevor dieses aus Erschöpfung vom Baum fällt.

Sobald die Alarmglocken ertönen, rennt die gesamte Gruppe aus der Feuerwache (Startlinie) zu ihrem Leiterwagen (lange Leiter), der in ca. zehn Meter Entfernung geparkt steht. Sobald alle ihre Plätze eingenommen haben (die Leiter mit mindestens einer Hand berühren) kann die Fahrt beginnen.

Der Weg führt mitten durch die Altstadt mit ihren engen Gassen und verwinkelten Ecken: Die zu absolvierende Strecke wird mit zwei parallel verlaufenden Seilen oder Absperrband markiert und führt zwischen Bäumen und Wandvorsprüngen mit scharfen Kurven und Slalompassagen hindurch. Der Leiterwagen darf die Straße natürlich nicht verlassen und alle Spieler müssen innerhalb der beiden Markierungslinien bleiben.

Vorbereitung:
Parcours auswählen und markieren. Stofftier auf einen hohen Ast legen.

Zu allem Überfluss gibt es noch zusätzliche Hindernisse, die sich dem Rettungskommando in den Weg stellen und erfolgreich überwunden werden müssen, um rechtzeitig am Einsatzort anzukommen (Bierbänke, Tische etc.).

Berührt die Gruppe mit ihrem Leiterwagen eines der Hindernisse oder eine Wegmarkierung, kostet dies Zeit und der Gruppe werden 30 Sekunden abgezogen.

Verliert eine der Einsatzkräfte während der Fahrt den direkten Kontakt zu dem Leiterwagen, muss die gesamte Gruppe sofort zurück zur Feuerwache, um Bericht zu erstatten, und erneut vollzählig ausrücken.

Am Einsatzort angekommen, muss die Gruppe die Leiter aufstellen und ein Spieler klettert hinauf, um das hilflose Kätzchen, das auf dem Baum liegt, in die ausgebreitete Rettungsdecke zu werfen, die vom Rest der Gruppe unterhalb des Baumes aufgespannt wurde. Erst wenn das Stofftier in der Decke liegt, ist die Rettung geglückt und die Zeit wird gestoppt.

Benötigt die Gruppe mehr als zwei Minuten, muss sie ins Feuerwehr-Trainingsprogramm und den Einsatz so lange wiederholen, bis es ihr gelingt, eine Stoffkatze innerhalb von zwei Minuten zu retten.

Variante:
Die Sirenen des Leiterwagens sind so laut, dass sich die Gruppe während der Fahrt nicht mehr verständigen kann und alle nur noch „tatütata!“ rufen und hören können.

Kommentar:
Die Schwierigkeit dieser Aufgabe ergibt sich durch den gewählten Parcours. Die Wegstrecke soll so eng und die Kurven sollen so steil sein, dass die Gruppe mit der Leiter richtig rangieren muss, um weiterfahren zu können.

Die gläsernen Schuhe

Ort:
Raum, Wiese

Dauer:
20–30 Minuten

Gruppe:
6–18 Spieler

Alter:
Ab 12 Jahren

Hilfsmittel:
2 Tücher, Wäscheklammern (2 pro Spieler), 2 Seile als Markierungslinien

Vorbereitung:
Mit beiden Seilen eine Fläche von ca. 10 m Breite markieren.

Spielbeschreibung:
Die ganze Gruppe muss eine etwa zehn Meter breite Strecke überqueren, die durch zwei Linen markiert ist. Der Boden zwischen den Linien darf nur mit einem Paar gläserner Schuhe betreten werden. Diese sind unsichtbar, passen sich aber automatisch jedem beliebigen Fuß an. Um zu erkennen, welcher Spieler einen dieser Schuhe gerade anhat, bindet sich der jeweilige Träger für diese Zeit ein Tuch um das entsprechende Bein.

Leider sind die Schuhe echte Einwegmodelle und jeder Schuh kann von jedem Spieler an jedem Fuß nur für eine Strecke einmal genutzt werden. Ein Spieler könnte also mit einem Schuh auf einem Bein einmal hinhüpfen und mit dem anderen Schuh an dem anderen Bein einmal zurückhüpfen. Das Betreten oder Berühren der markierten Fläche ohne gläsernen Schuh ist absolut verboten und hat zur Folge, dass die gesamte Gruppe wieder zurück zur Startlinie muss. Da es sich um gläserne Schuhe handelt, dürfen diese bzw. die Tücher nur direkt übergeben und nicht geworfen werden.

Variante:
Der Gruppe steht zur Lösung der Aufgabe nur eine bestimmte Zeit zur Verfügung – pro Spieler eine Minute plus fünf Minuten Planungszeit.

Kommentar:
Um zu erkennen, welcher Spieler an welchem Bein schon einen Schuh getragen hat, klammert sich jeder Spieler anschließend eine Wäscheklammer an das entsprechende Bein.

Die Gratwanderung

Spielbeschreibung:
Die Gruppe befindet sich auf einer hochalpinen Bergtour und muss einen schmalen ungesicherten Grat überqueren. Der Grat besteht aus einer Slackline oder einem mit Flaschenzug gespannten Statikseil, das in einer Höhe von 50 bis 60 Zentimetern zwischen zwei Bäumen, die ca. zehn Meter voneinander entfernt stehen, befestigt ist.

Jeweils ein bis zwei Meter von den beiden Bäumen entfernt quert im rechten Winkel eine Markierungslinie das gespannte Seil. Diese beiden Linien markieren den Anfangs- und Endpunkt des Grates. Vor bzw. hinter diesen beiden Linien können sich alle Spieler frei bewegen. Für die Überquerung steht der Gruppe ein langes Kletterseil zur Verfügung, das aufgrund der schlechten Eisqualität nirgendwo befestigt werden kann und nur von den Spielern selbst gehalten werden darf.

Für die Überquerung gelten folgende Regeln:

- Der gesamte Bereich zwischen den beiden parallel laufenden Markierungslinien darf nicht berührt werden.
- Aus Sicherheitsgründen darf immer nur eine Person auf dem Grat stehen.
- Das Seil darf nicht an Bäumen oder sonstigen Gegenständen verknotet, befestigt oder um sie herumgelegt werden.
- Berührt ein Spieler bei dem Versuch, den Grat zu überqueren, den Boden, muss er wieder zurück zum Ausgangspunkt.
- Sobald die dritte Person oder der letzte Spieler den Boden berührt, muss die gesamte Gruppe wieder von vorn beginnen.

Variante:
Für jeden gescheiterten Versuch bekommt ein Spieler aus der Gruppe einen Arm an den Körper gebunden, da dieser sich bei der Rettung der abgestürzten Person verletzt hat. Wer dies ist, entscheidet die Gruppe selbst.

Ort:
2 stabile Bäume mit ungefährlichem Untergrund (lichter Wald, Obstwiese)

Dauer:
30–45 Minuten

Gruppe:
6–18 Spieler

Alter:
Ab 12 Jahren

Hilfsmittel:
Slackline oder Seilzug, altes Kletterseil (mindestens doppelt so lang wie die Slackline), 2 Markierungslinien

Vorbereitung:
Slackline spannen, mit 2 Seilen den Grat markieren.

Die Höhlenkristalle

Ort:
Großer Raum, freie ebene Fläche (ca. 10x10 m)

Dauer:
20–30 Minuten

Gruppe:
6–18 Spieler

Alter:
Ab 14 Jahren

Hilfsmittel:
Mausefallen, verschiedenfarbige Kärtchen, Augenbinden, Spiegelkacheln, mehrere Eimer oder hohe Töpfe, Seile als Markierungslinien, Stühle und Tische als Hindernisse

Spielbeschreibung:
Die Spieler befinden sich auf einer kostspieligen Expedition und nur ein klarer Erfolg kann ihren Ruf und ihre finanzielle Zukunft sichern. Dazu müssen sie möglichst viele der seltenen und fragilen Höhlenkristalle (gespannte Mausefallen) sammeln, die es nur in einer bestimmten Höhle in dieser Region gibt. Diese verfügen allerdings nur über einen finanziellen Wert, wenn sie möglichst unversehrt eingesammelt werden können (es zählen nur gespannte Mausefallen).

Die Höhle, in der sich diese Kristalle befinden (umrandete Fläche von 10x10 Metern), verfügt über mehrere Eingänge (die vier Eckpunkte), von denen aus das Höhlensystem betreten werden kann. Zur besseren Orientierung wird jedem Eingang im Vorfeld eine Farbe zugeordnet.

Die Höhlenkristalle sind in den verschiedenen Gängen verteilt (überall innerhalb der Fläche) bzw. in den verschiedenen Ecken und Nischen (mehrere Eimer mit gespannten Mausefallen sind innerhalb des Feldes aufgestellt). Ansonsten gibt es in der Höhle noch verschiedene Hindernisse, die die Fortbewegung und die Sicht von außen erschweren (Tische, Stühle etc.). Alle Kristalle sind farbig markiert und können nur von den Spielern aufgenommen werden, die das Höhlensystem durch den entsprechenden farbigen Eingang betreten haben.

Da die Höhlenkristalle äußerst lichtempfindlich und fragil sind, müssen die Spieler ohne Licht in die Höhle (mit Augenbinde) und sind auf die Anweisungen ihrer Mitspieler angewiesen. Diese können allerdings nur von den Eingängen aus mit den Spielern in der Höhle kommunizieren. Um auch die Kristalle einsammeln zu können, die sich in den Nischen und versteckten Winkeln aufhalten, bekommen die Spieler mehrere Spiegelkacheln, die sie mit in die Höhle nehmen können.

Vorbereitung:
Spielfeld markieren. Mausefallen verteilen und farbig markieren. Hindernisse aufbauen. Eingänge den Farben zuordnen.

Variante:
Um die Expedition erfolgreich abzuschließen, muss die Gruppe von den insgesamt 30 vorhandenen Höhlenkristallen mindestens 25 unversehrt einsammeln.

Kommentar:
Zur Sicherheit sollte die Spielleitung den Spielern im Vorfeld noch zeigen, wie die gespannten Mausefallen völlig gefahrlos aufgenommen und getragen werden können: Wenn man die Mausefallen nur an den seitlichen Rändern anfasst und darauf achtet, die Fallen an der Seite mit dem gespannten Bügel zu berühren, kann nicht viel passieren.

Die Holzscheibe

Ort:
Raum

Dauer:
20–30 Minuten

Gruppe:
6–18 Spieler

Alter:
Ab 12 Jahren

Hilfsmittel:
Holzscheibe mit ca. 70 cm Ø, viele verschiedene Bauklötze, Ständer mit ca. 1 cm Ø (z. B. eine 10 cm lange umgedrehte Schraube M10), Tisch, Seil als Markierungslinie

Vorbereitung:
Kreisförmige Spielfläche mit 5 m Ø markieren. In die Mitte einen Tisch stellen und darauf die Holzscheibe auf dem Pfeiler ausbalancieren.

Spielbeschreibung:
Innerhalb eines markierten Kreises von ca. fünf Metern Durchmesser befindet sich eine Holzscheibe, die auf einem schmalen Mittelpfeiler (umgedrehte Schraube) ausbalanciert ist. Neben dem markierten Kreis liegen 30 verschiedene Bauklötze bereit, die alle auf diese Holzscheibe gelegt werden sollen. In einem ersten Schritt werden die Bauklötze innerhalb der Gruppe aufgeteilt. Dabei gelten folgende Regeln:

- Alle Bauklötze müssen aufgeteilt werden.
- Jeder Spieler kann beliebig viele Bauklötze nehmen.
- Die Bauklötze dürfen nur direkt genommen werden, sie können nicht innerhalb der Gruppe weitergegeben oder verteilt werden.
- Vor und während der Aufteilung dürfen sich die Spieler nicht beraten oder miteinander sprechen.

Nachdem alle Bauklötze aufgeteilt wurden, beginnt die eigentliche Aufgabe. Alle Bauklötze müssen auf die Holzscheibe gelegt werden, ohne dass diese kippt. Während des Abstellens gelten folgende Regeln:

- Die Gruppe entscheidet selbst, wie viele Personen gleichzeitig den Innenkreis betreten und einen Bauklotz auf die Holzscheibe stellen (entweder einzeln, zu zweit, zu dritt usw.).
- Innerhalb der markierten Fläche darf nicht gesprochen werden.
- Die Bauklötze müssen gleichzeitig losgelassen werden.
- Die Holzscheibe darf nicht fixiert werden.

Sobald ein Spieler innerhalb der markierten Fläche redet, die Scheibe fixiert wird oder mehrere Bauklötze nicht gleichzeitig abgestellt werden, bekommt die Gruppe vier zusätzliche Bauklötze, die sie auf die Holzscheibe stellen muss.

Die Treppe

Spielbeschreibung:
Die gesamte Gruppe soll eine Treppe hinaufsteigen. Einzige Regel: Jede Stufe darf während der Aktion von maximal zwei Personen direkt betreten werden. Wird eine Stufe von einer dritten Person berührt, muss die gesamte Gruppe wieder zurück auf den untersten Treppenabsatz. Zur besseren Orientierung bekommen die Spieler zweimal so viele kleine Gegenstände (Streichhölzer, Wäscheklammer etc.) wie Stufen, um markieren zu können, wie oft welche Stufe schon betreten wurde.

Variante:
Die Aufgabe kann erschwert werden, indem das Betreten der Stufe nicht auf Personen, sondern auf einzelne Körperteile bezogen wird, das heißt jeder Fuß zählt.

Kommentar:
Bei der Lösung dieser Aufgabe kann es vorkommen, dass sich die Spieler buchstäblich auf die Füße treten. Ein Aspekt, der neben den Themen Kooperation und Koordination reflektiert werden kann.

Ort:
Treppe mit mindestens 10 Stufen

Dauer:
20–30 Minuten

Gruppe:
8–24 Spieler

Alter:
Ab 12 Jahren

Hilfsmittel:
Kleine Gegenstände zum Markieren der Treppenstufen (doppelt so viele wie Spieler)

Drüber, drunter, durch

Ort:
Raum oder Wiese, Möglichkeit, mehrere Seile bis in einer Höhe von 130 cm zu spannen, möglichst weicher Untergrund

Dauer:
20–30 Minuten

Gruppe:
6–18 Spieler

Alter:
Ab 12 Jahren

Hilfsmittel:
4 Seile, Plane als Unterlage, Stoppuhr

Spielbeschreibung:
Die Aufgabe der Gruppe besteht darin, so schnell wie möglich das vor ihr liegende Hindernis zu überwinden. Dieses Hindernis besteht aus den vier parallel übereinandergespannten Seilen und bietet den Spielern drei Möglichkeiten, um auf die andere Seite zu gelangen:
Drunter: Vom Boden bis zum ersten Seil (0 bis 40 Zentimeter Höhe)
Durch: Zwischen dem zweiten und dem dritten Seil (50 bis 90 Zentimeter Höhe)
Drüber: Zwischen dem dritten und dem vierten Seil (90 bis 130 Zentimeter Höhe)

Alle drei Möglichkeiten können abwechselnd von den Spielern genutzt werden. Bei der Überwindung des Hindernisses gelten folgende Regeln:

- Vor Beginn der Aufgabe muss die Gruppe sich entscheiden, in welcher Reihenfolge die Spieler die Hindernisse überwinden (z. B. drüber, drunter, durch oder drunter, durch, drüber oder …).
- Die von der Gruppe gewählte Reihenfolge gilt für den gesamten Spielverlauf und muss immer eingehalten werden.
- Ist die Anzahl der Spieler nicht durch drei teilbar, müssen ein bzw. zwei Spieler das Hindernis zweimal passieren. In diesem Fall müssen sie sofort, nachdem sie das Hindernis das erste Mal überwunden haben, wieder auf die andere Seite wechseln.
- Berührt einer der Spieler ein Seil, muss die gesamte Gruppe wieder von vorn beginnen.

Vorbereitung:
4 Seile parallel übereinanderspannen. Das unterste Seil wird in 40 cm Höhe befestigt, das zweite Seil in 50 cm Höhe, das dritte in 90 cm Höhe und das oberste Seil in 130 cm Höhe.

Vor Beginn der Aufgabe muss die Gruppe entscheiden, wie viel Zeit für diese Aufgabe zur Verfügung stehen soll. Die Zeitvorgabe sollte möglichst ambitioniert sein und von allen Spielern als angemessene Herausforderung eingeschätzt werden.

Kommentar:
Mögliche Fragen für die Auswertung können sein:

- Wie herausfordernd war die Zeitvorgabe?
- Hätte die Gruppe es auch noch schneller schaffen können?
- Wie ist es zu einer Entscheidung in der Gruppe gekommen?
- Wer hat diskutiert und wer hat zugehört?
- Wer hat welche Möglichkeit genutzt und warum?
- Wie und wann haben die Spieler sich unterstützt?

Drunter und drüber

Ort:
Raum, Flur, Wald

Dauer:
20–30 Minuten

Gruppe:
8–24 Spieler

Alter:
Ab 12 Jahren

Hilfsmittel:
8–16 Schnüre, Plane, Tücher zum Zusammenbinden von Armen oder Beinen

Vorbereitung:
Auf einer bestimmten Wegstrecke hintereinander 8–14 Schnüre in unterschiedlicher Höhe befestigen.

Spielbeschreibung:
Die Spielleitung spannt entlang eines von der Gruppe nicht einsehbaren Wegabschnitts 8 bis 14 Schnüre in unterschiedlicher Höhe über den Weg. Die niedrigsten Schnüre sind so tief, dass eine Person liegend gerade noch hindurchpasst (ca. 30 Zentimeter). Die höchsten Schnüre sind so hoch, dass sie von einer einzelnen Person ohne Hilfestellung nicht mehr überwunden werden können (maximal 1,40 Meter).

Die gesamte Gruppe muss gemeinsam diesen Parcours durchqueren, ohne eine der Schnüre zu berühren. Als Material steht der Gruppe nur eine Plane zum Schutz der Kleidung beim darunter Durchkriechen zur Verfügung.

Ob die Spieler die Schnüre über- oder unterqueren, entscheiden sie zu Beginn der Aufgabe selbst. Die von ihnen getroffene Entscheidung (drunter oder drüber) bezieht sich allerdings auf alle gespannten Schnüre und kann während des Spiels nicht mehr verändert werden. Wird bei der Durchquerung eine der Schnüre berührt, bekommt ein Spieler die Beine an den Knöcheln zusammengebunden. Wer dies ist, entscheidet die Gruppe selbst. Dies muss nicht die Person sein, die die Berührung verursacht hat.

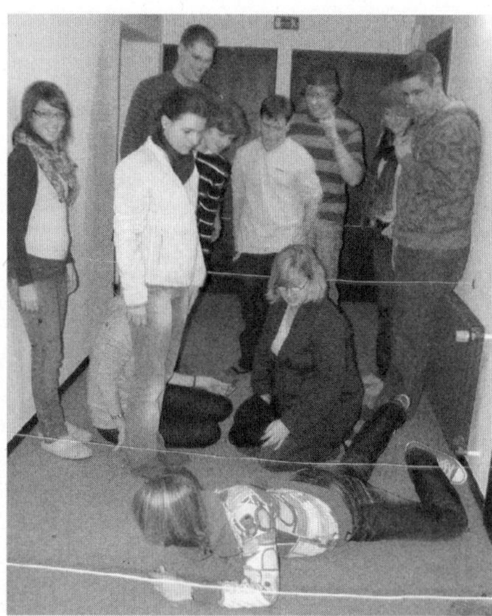

Variante 1:
Die Gruppe darf während der gesamten Aufgabe nicht sprechen.

Variante 2:
Vor Spielbeginn entscheiden sich die Spieler geheim für drunter oder drüber. Dazu schließen am besten alle Spieler die Augen und geben mit ihrer Hand ein Zeichen, ob sie alle Schnüre drüber oder drunter passieren wollen. Wenn alle sich entschieden haben, gibt die Spielleitung ein Zeichen, dass alle die Augen wieder öffnen können. Sobald sich mindestens ein Drittel der Spieler für eine der beiden Möglichkeiten entschieden hat, kann die Aufgabe beginnen.

Kommentar
Der Reiz der geheimen Entscheidung liegt darin, dass die Gruppe unabhängig von Aspekten wie Effizienz oder Gruppenwunsch die Entscheidung des Einzelnen mittragen muss – und dies kann durchaus wörtlich gemeint sein. Dies funktioniert allerdings nur, wenn die Spieler nicht durch die anderen Spieler beeinflusst werden.

Ein Stift für alle

Spielbeschreibung:
„Ein Stift für alle" besteht aus einer Holzscheibe, an deren seitlichem Rand rundherum zwölf Schraubhaken befestigt sind. Die Haken sind so angebracht, dass die offene Seite immer nach unten zeigt. In der Mitte der Scheibe befindet sich ein Loch, in dem ein Edding steckt.

Alle Spieler bekommen ein Seilstück mit zwei Schlaufen. Mit der einen Schlaufe wird das Seil an der Holzscheibe eingehakt, die andere Schlaufe dient als Griff für den Spieler. Aufgabe der Gruppe ist es, mit dem Stift ein bestimmtes Symbol, Logo oder einen Spruch auf ein großes Blatt Papier zu malen. Dabei darf der Stift nur mithilfe der Seile und der Holzscheibe bewegt werden. Für jedes Seil, das aus einem der Schraubhaken fällt, muss ein Spieler den Rest des Spiels mit verbundenen Augen weitermalen.

Variante A:
Während der gesamten Aktion darf nicht gesprochen werden.

Variante B:
Die Gruppe überlegt sich selbst ein Zeichen – oder einen Spruch – das die Gruppe symbolisiert, und malt dieses gemeinsam auf.

Ort:
Großer Raum

Dauer:
10–20 Minuten

Gruppe:
6–18 Spieler

Alter:
Ab 8 Jahren

Hilfsmittel:
Holzscheibe mit Schraubhaken (siehe Foto), Edding, großes Blatt, Malunterlage, pro Spieler 1 Seilstück (2–2,5 m lang)

Vorbereitung:
Stifthalter mit Schraubhaken bauen. Malunterlage und Blatt auf dem Boden auslegen.

Einer geht noch!

Ort:
Raum, Wiese mit ebenem Untergrund

Dauer:
20–30 Minuten

Gruppe:
8–24 Spieler

Alter:
Ab 12 Jahren

Hilfsmittel:
Viele verschieden große Holzklötze mit 9x9 cm Fläche und unterschiedlicher Höhe (5–30 cm)

Spielbeschreibung:
Die Spieler sind alle Teilnehmer eines interaktiven Erlebnisseminars zu dem Thema „Meine Rente ist sicher". Bei der folgenden Übung sollen sich die Spieler vorstellen, sie seien Rentner und die auf dem Boden liegenden Holzklötze (fast genauso viele Klötze wie Spieler) seien die Arbeitnehmer. Alle Rentner sollen sich so auf die vorhandenen Arbeitnehmer verteilen, dass für drei Sekunden niemand mehr den harten Boden der Arbeitswelt berührt. Gegenseitiges Helfen ist dabei ausdrücklich erwünscht und unter Rentnern gern gesehen.

Nachdem die Gruppe dies geschafft hat, bittet die Spielleitung die Spieler, sich wieder im Kreis aufzustellen. Leider bezog sich das vorhandene Verhältnis von Arbeitnehmern und Rentnern auf das Jahr 1960. In der Zwischenzeit hat sich die Lebenserwartung erhöht und das Gesundheitssystem wurde verbessert. Deshalb werden zwei Holzklötze entfernt und die Gruppe wird gebeten, sich wieder komplett für drei Sekunden auf die verbliebenen Klötze zu stellen.

In einer dritten Runde wird wieder ein Holzklotz entfernt, da sich das Verhältnis aufgrund der sinkenden Geburtenzahlen in den letzten Jahrzehnten nochmals verschlechtert hat.

Nachdem die Gruppe es erneut geschafft hat, sich gemeinsam auf den verbliebenen Klötzen zu verteilen, entfernt die Spielleitung einen weiteren Klotz. Das so entstandene Verhältnis bezieht sich auf die Gegenwart. Nun lädt die Leitung die Spieler ein, neue Strategien für die Zukunft zu entwickeln, um zu verhindern, dass trotz geringer werdender Arbeitnehmerzahlen einzelne Rentner durch das soziale Netz fallen. Nach jedem erfolgreichen Durchgang stellt die Spielleitung die Spieler per „Cäsar-Daumen" (siehe Seite 162) vor die Frage, ob sie meinen, es auch mit noch einem Holzklotz weniger zu schaffen. Sobald alle Spieler sich entschieden haben, übergibt die Spielleitung die Aufgabe wieder an die Gruppe. Diese muss gemeinsam entscheiden, wie sie weiter vorgehen möchte und wann das Spiel für sie beendet ist.

Kommentar:
Die Spielgeschichte ist etwas ungewöhnlich, stellt aber eine Abwechslung zu den erlebnispädagogischen Klassikern wie Lavasee oder Amazonasdschungel dar.

Durch die langsame Heranführung wächst die Gruppe buchstäblich zusammen und der Ehrgeiz steigert sich mit jedem erfolgreichen Versuch. Inwieweit dieser immer positiv ist oder damit auch unbewusst Druck auf einzelne Gruppenmitglieder ausgeübt wird, die lieber aufhören möchten, kann eine lohnende Frage für die anschließende Reflexion sein.

Fliesen mit Zahlen

Ort:
Größere ebene Fläche (Wiese oder Halle)

Dauer:
30–45 Minuten

Gruppe:
6–18 Spieler

Alter:
Ab 12 Jahren

Hilfsmittel:
dreimal so viele Unterlagen wie Spieler (z. B. Teppichfliesen oder dicke Pappen, 30 x 40 cm groß), evtl. mehrere Stühle und Holzklötze

Spielbeschreibung:
Auf einer Strecke von 20 bis 30 Metern liegen dreimal so viele Teppichfliesen wie Spieler auf dem Boden verteilt. Die Aufgabe der Gruppe besteht darin, nur auf diesen Fliesen vom Start- zum Zielpunkt zu gelangen, ohne den Boden zu berühren. Vor dem eigentlichen Spiel wird die Gruppe durchnummeriert und jedem Spieler eine bestimmte Zahl zugeordnet. Die gleichen Zahlen finden sich auf den Fliesen wieder, die auch von 1 bis X (Gesamtzahl der Spieler) durchnummeriert sind und scheinbar wahllos verteilt auf dem Boden liegen.

Bei der Durchquerung gelten folgende Regeln:

- Alle Spieler müssen gemeinsam zum Ziel gelangen.
- Bei der Überquerung dürfen nur die Teppichfliesen genutzt werden.
- Jeder Kontakt zum Boden ist verboten.
- Die Fliesen dürfen nicht verschoben oder aufgenommen werden.
- Jede Fliese darf nur betreten werden, wenn der Spieler mit der entsprechenden Zahl auf der Fliese anwesend ist.
- Ist der Spieler mit der entsprechenden Zahl anwesend, kann er den anderen Spielern erlauben, die Fliese zu betreten bzw. dort zu verweilen.
- Bevor der Spieler mit der entsprechenden Zahl die eigene Fliese verlässt, müssen alle anderen Spieler seine Fliese verlassen haben.
- Sobald eine Person den Boden oder eine Fliese in Abwesenheit des zugehörigen Besitzers betritt, muss die gesamte Gruppe wieder zurück zum Startpunkt

Variante:
Nachdem die Gruppe knapp zwei Drittel der Wegstrecke geschafft hat, führt die Spielleitung wie bei der Spielerklärung angekündigt, die Regel ein, dass ab sofort nicht mehr gesprochen werden darf. Jedes gesprochene Wort zählt als Regelverstoß und führt dazu, dass die gesamte Gruppe wieder zurück zum Startpunkt muss.

Kommentar:
Das Spiel wirkt zunächst sehr komplex, ist im Prinzip aber ganz einfach: Bei der Spielvorbereitung muss die Spielleitung nur darauf achten, dass jede Zahl dreimal vorkommt und zwischen zwei gleichen Zahlen immer mindestens so viele Fliesen liegen, dass alle Spieler irgendwie einen Platz finden können, ohne den Boden berühren zu müssen.

Der Schwierigkeitsgrad lässt sich erhöhen, indem einzelne Fliesen durch Stühle oder Holzklötze ersetzt werden.

Die Variante „Alle sind stumm" hilft der Gruppe dabei, die Spannung bzw. die Konzentration zu halten, nachdem das Prinzip des Spiels verstanden wurde, und führt zu einer sehr intensiven kooperativen Stimmung in der Gruppe.

Vorbereitung:
Unterlagen auf dem Boden auslegen und mit Nummern versehen.

Flugzeugabsturz

Ort:
Größeres verwinkeltes Gelände (auch innerhalb eines Gebäudes möglich)

Dauer:
45–60 Minuten

Gruppe:
8–24 Spieler

Alter:
Ab 14 Jahren

Hilfsmittel:
Augenbinden, Stühle, Decken, markanter Gegenstand

Spielbeschreibung:
Diese Aufgabe setzt direkt mit der Simulation eines Linienflugs nach Palma de Mallorca ein. Alle Spieler sitzen in Zweierreihen hintereinander auf Stühlen, in der ersten Reihe, dem Cockpit, sitzt die Spielleitung. Diese begrüßt alle anwesenden Passagiere und stimmt diese auf den bevorstehenden Flug ein. Nachdem das Flugzeug gestartet ist, kommt es zu unerwarteten Turbulenzen, die immer heftiger werden.

Der Pilot weist für den Fall eines Absturzes auf folgende Sicherheitsvorschriften hin:

1. Die wichtigste und dringlichste Aufgabe aller Überlebenden einer Notlandung besteht darin, sich als gesamte Gruppe wieder zusammenzufinden, da es gut möglich sein kann, dass alle Passagiere über ein gewisses Gelände hin verstreut werden.
2. Wenn die Gruppe wieder komplett ist, sollen sich alle auf die Suche nach dem Flugschreiber begeben (markanter Gegenstand, der allen Passagieren im Rahmen der Sicherheitseinweisung gezeigt wird). Dieser sendet permanent Signale aus und ermöglicht es so dem Rettungsteam, die Passagiere zu finden.
3. Da der Flugschreiber nicht berührt werden darf, müssen sich alle gemeinsam zu dem Gerät bewegen und dort auf Rettung warten.

Während der Turbulenzen werden alle Passagiere gebeten, Sicherheitsbrillen (Augenbinden) anzuziehen und sich ruhig zu verhalten. Auf einmal kommt es zu einem großen Knall und der Pilot erzählt hektisch, dass mehrere Turbinen ausgefallen sind und die Maschine außer Kontrolle geraten ist. Er wird nun eine Notlandung versuchen, aber es sieht nicht gut aus …

Erläuterung der Spielleitung an die Gruppe:
Die Notlandung ist leider missglückt und alle Spieler finden sich nach einer kurzen Zeit der Bewusstlosigkeit auf dem Gelände verteilt wieder. Alle Spieler sollen sich bitte ruhig verhalten und erst wieder aktiv werden, wenn sie den Pfiff einer Signalpfeife hören …

Nun werden die blinden Spieler von der Spielleitung auf dem ausgesuchten Gelände verteilt und bekommen geheim ihre Handicaps zugewiesen. Es gibt drei Arten von Verletzungen:

- Die Gelähmten – sitzen auf einem bereitstehenden Stuhl und können nur auf diesem sitzend transportiert werden.
- Die Blinden – müssen ihre Augenbinden aufbehalten und können für die Dauer der Rettungsaktion nicht sehen.
- Die Stummen – dürfen nicht reden und haben nur einen Arm zur Verfügung. Der andere muss unter dem Oberteil hindurch in die Hosentasche gesteckt werden.

Nachdem die Spielleitung alle Spieler auf dem Gelände in einem Umkreis von ca. 200 bis 300 Metern verteilt hat, gibt sie das Signal für alle Spieler – außer den Blinden –, die Augenbinde abzunehmen und zu starten.

Vorbereitung:
Gelände auswählen und mehrere Stühle für die „Gelähmten" bereitstellen. Evtl. allen Spielern bewusst eine bestimmte Rolle zuordnen.

Kommentar:
Die Besonderheit dieser Aufgabe besteht darin, dass alle Spieler zu Beginn der Aufgabe auf sich allein gestellt sind und niemand weiß, wo die anderen sind bzw. welche Handicaps diese haben.

Um dies zu erreichen, sind die Übergänge von Spielanleitung und Spielbeginn in dieser Aufgabe bewusst ineinander verwoben. Innerhalb der Spielgeschichte werden alle wichtigen Regeln und Ziele der Aufgabe erklärt und die einzelnen Spieler unvermittelt mit einer komplexen Problemstellung konfrontiert, die es gemeinschaftlich zu lösen gilt.

Für einen Gelähmten sollten vier bis sechs andere Spieler zur Verfügung stehen, da dieser eventuell über eine größere Entfernung getragen werden muss. Die Anzahl der Blinden und Stummen kann in etwa gleich groß sein.

Die Handicaps sind so gewählt, dass alle Spieler zur Lösung dieser Aufgabe beitragen können bzw. müssen. Die Gelähmten eignen sich aufgrund ihrer Fähigkeiten besonders gut zur Koordination, die Blinden können gut heben und tragen und die Stummen können das Gelände auskundschaften, Blinde führen oder Botengänge übernehmen. Die Aufteilung funktioniert allerdings nur, wenn die Stummen wirklich nur einen Arm benutzen dürfen und nicht mit beiden Händen mit anfassen können, da ansonsten die Blinden nicht mehr zur Lösung benötigt werden.

Bei der Verteilung der Handicaps kann es reizvoll sein, diese bewusst den einzelnen Spielern zuzuordnen und dies nicht dem Zufall zu überlassen. So kann z. B. verhindert werden, dass ausgerechnet die schwersten Spieler gelähmt sind.

Geheime Verschwörung

Ort:
Raum, Wiese

Dauer:
5–10 Minuten

Gruppe:
8–24 Spieler

Alter:
Ab 12 Jahren

Hilfsmittel:
Keine

Spielbeschreibung:
Die Gruppe sitzt in einem Stuhlkreis. Jeder muss jeden gut sehen können. Alle Spieler senken ihre Köpfe und schauen auf den Boden. Auf ein Zeichen der Spielleitung heben alle ihre Köpfe wieder und schauen eine beliebige Person aus der Runde an.

Die Aufgabe lautet nun, dass die ganze Gruppe gleichzeitig einen einzigen Spieler anschauen soll. Dabei gelten folgende Regeln:

- Die Spieler dürfen während des gesamten Spiels nicht miteinander sprechen oder sich gegenseitig Zeichen geben.
- Nach jedem gescheiterten Versuch senken alle ihre Köpfe wieder und versuchen es auf ein Zeichen hin erneut.

Kommentar:
Mögliche Fragen für die Auswertung können sein:

- Nach welchen Kriterien haben die einzelnen Spieler entschieden, welche Person sie ansehen?
- Wann und aus welchem Grund gab es die ersten Strategiewechsel bei den einzelnen Spielern?
- Wie ist es zu einer Einigung gekommen?
- Wie wurde miteinander kommuniziert?
- Was ist wichtig, um bei einer solchen Aufgabe zu einer Lösung zu kommen?

Große Aufgaben – kleine Gruppen

Spielbeschreibung:
Die Spieler bilden mehrere Kleingruppen mit je drei bis fünf Personen. Jede Kleingruppe bekommt eine Digitalkamera und ein rohes Ei. Sie soll innerhalb von zwei Stunden die folgenden Aufgaben lösen und dokumentieren:

1. Große Worte
Die Spieler sollen mehrere bestimmte Buchstaben (ein Wort?) fotografieren, die von Menschen gebildet, geformt oder gelegt werden (mindestens drei Personen pro Buchstabe). Die abgebildeten Personen dürfen nicht zu der eigenen oder einer der anderen Gruppen gehören.

2. Fensterbild
Die Spieler sollen ein Foto von ihrer Kleingruppe machen, bei dem alle Spieler aus dem Fenster einer privaten Wohnung oder eines Privathauses schauen. Das Gebäude, in dem sich das Fenster befindet, darf nicht öffentlich zugänglich sein.

3. Bitte hart gekocht
Die Spieler sollen das rohe Ei hart gekocht zurückbringen. Es ist nicht erlaubt, die hauseigene Küche zu nutzen oder Bekannte zu bitten. Damit die Spieler das Ei nicht austauschen können, muss dieses vorher eindeutig markiert werden.

Kommentar:
Dieses Spiel ist eine gute Vorbereitung für „Mach dein Ding“. Die Spieler können sich in Kleingruppen versuchen und erste Erfahrungen im Ansprechen von fremden Menschen sammeln, ohne völlig auf sich allein gestellt zu sein.

Ort:
Dorf, Stadtteil mit vielen Menschen

Dauer:
2 Stunden

Gruppe:
8–24 Spieler

Alter:
Ab 12 Jahren

Hilfsmittel:
1 Digitalkamera pro Kleingruppe, mehrere rohe Eier

Lost in Space

Ort:
Große Wiese mit einem Baum oder Pfosten in der Mitte

Dauer:
10–20 Minuten

Gruppe:
8–24 Spieler

Alter:
Ab 12 Jahren

Hilfsmittel:
Langes Seil zum Abmessen der Entfernung, Seilstück zum Markieren der Raumstation, 8–12 Holzklötze, 3 kurze Schnüre, 3 bunte Steine als Urangestein, 10 undurchsichtige Boxen (z. B. schwarze Filmdosen, Ü-Eier-Dosen o. Ä.)

Spielbeschreibung:
Die Spieler sind Astronauten und befinden sich auf einer Raumstation (mit einem Seil markierter Kreis von drei Metern Durchmesser und einem Pfosten oder Baum in der Mitte). Um die Raumstation herum befinden sich in unterschiedlicher Entfernung Teile einer zerstörten Satellitenantenne (acht bis zwölf Holzklötze) sowie mehrere nicht identifizierbare Objekte (zehn Döschen). Bei diesen Objekten handelt es sich um Boxen mit unterschiedlichem Inhalt:

- In drei Boxen befinden sich kurze Kabelreste (Schnüre), die von der Gruppe zur Bergung der übrigen Gegenstände verwendet werden können.
- Drei andere Boxen beinhalten Überreste von angereichertem Urangestein, was dazu führt, dass die gesamte Besatzung verstrahlt wird. Die daraufhin notwendige Behandlung der Crew verkürzt die zur Verfügung stehende Zeit um zwei Minuten.
- Die übrigen vier Boxen sind leer.

Die Astronauten haben die Aufgabe, innerhalb von 15 Minuten alle Teile der Satellitenantenne einzusammeln und innerhalb der Raumstation übereinanderzustapeln. Danach wird die Mission aus Sicherheitsgründen beendet bzw. abgebrochen. Die Gruppe entscheidet selbst, ob und wenn ja, welche nicht identifizierbaren Objekte sie zusätzlich zu den Teilen der Satellitenantenne bergen möchte.

Die Zeit beginnt, sobald alle Verständnisfragen geklärt sind.

Für diese Außeneinsätze gelten folgende Regeln:

- Alle Gegenstände müssen separat geborgen und zur Raumstation gebracht werden.
- Während der Außeneinsätze darf niemand den Kontakt (durch andere Spieler) zur Raumstation verlieren.
- Geschieht dies trotzdem und die gebildete Menschenkette reißt an einer Stelle, müssen alle Astronauten sofort wieder zur Raumstation. Alle bereits geborgenen Gegenstände verbleiben im Weltall und werden durch die entstandenen Turbulenzen noch weiter von der Raumstation weggetrieben.
- Nach spätestens 30 Sekunden im Weltraum müssen alle Astronautinnen und Astronauten wieder zurück in der Raumstation sein, um ihre Sauerstoffreserven aufzufüllen.
- Ist dies nicht der Fall, reduziert sich aufgrund der notwendigen Sauerstoffbehandlung die Gesamtzeit um eine Minute.

Kommentar:
Mögliche Fragen für die Auswertung können sein:

- Wie hat die Gruppe die zeitliche Begrenzung während des Spiels erlebt?
- Wie wurde entschieden, welche Gegenstände wann geborgen werden?
- Wie hat sich die Gruppe auf eine gemeinsame Strategie verständigt?
- Hat die Gruppe mehr auf Sicherheit oder mehr auf Risiko gesetzt?
- Welche Überlegungen waren bei dieser Entscheidung ausschlaggebend?
- Wie haben die Spieler die Kommunikation während des Spiels wahrgenommen?

Vorbereitung:
Mit einem Seil um einen Pfosten oder Baum die Raumstation markieren. Gegenstände in der Umgebung verteilen – einige Holzklötze und Filmdöschen sollten innerhalb der Reichweite der Gruppe liegen, andere sollten so weit entfernt liegen, dass die Gruppe sie nur mit weiteren Hilfsmitteln erreichen kann.
Die mögliche Reichweite der Gruppe lässt sich abschätzen, indem die Spielleitung ein langes Seil an dem Pfosten der Raumstation befestigt. Pro Spieler nimmt die Spielleitung eine Armspanne des Seils. Mit der so abgemessenen Seillänge kann sie den möglichen Radius der Gruppe simulieren und dementsprechend die Gegenstände innerhalb bzw. außerhalb dieses Radius verteilen. Vor Spielbeginn wird das Seil entfernt.

Mach dein Ding!

Ort:
Innenstadt, Zentrum einer größeren Stadt

Dauer:
2–3 Stunden

Gruppe:
8–24 Spieler

Alter:
Ab 14 Jahren

Hilfsmittel:
Mehrere Digitalkameras

Vorbereitung:
Aufgaben auf Kärtchen schreiben.

Spielbeschreibung:
Die Spielleitung stellt der Gruppe mehrere unterschiedliche Herausforderungen vor, die alle höchst ungewöhnlich erscheinen und in der näheren Umgebung umgesetzt werden können. Die Spieler haben zunächst die Aufgabe, sich aus der Fülle der vorgestellten Ideen ihre ganz persönliche Herausforderung auszuwählen und diese innerhalb von zwei Stunden umzusetzen und entsprechend zu dokumentieren. Anschließend versammelt sich die Gruppe an einem zentralen, ruhigen Punkt in der Stadt und alle haben die Möglichkeit, ihre verschiedenen Abenteuer und Erlebnisse untereinander auszutauschen.

Kommentar:
Der Erlebniswert dieses Spiels kann von Spieler zu Spieler und von Aufgabe zu Aufgabe ganz unterschiedlich ausfallen und ist von sehr vielen verschiedenen Faktoren abhängig. Je nachdem, wie motiviert die einzelnen Spieler sind, wie sie auf fremde Personen zugehen und wen sie gerade als Ansprechpartner antreffen, kann die gewählte Aufgabe zu einem echten Erlebnis, aber auch zu einem frustrierenden Flop werden.

Bei der Reflexion sollte die Spielleitung deshalb jede Form der Bewertung oder des Vergleichs vermeiden und den Fokus darauf setzen, wie die Spieler versucht haben, die jeweilige Aufgabe zu lösen, bzw. wie sie mit den unterschiedlichen Reaktionen umgegangen sind.

Da alle Spieler in der Stadt verteilt unterwegs sind, sollte die Spielleitung die Mobilnummern aller Beteiligten wissen und im Vorfeld mit den Spielern absprechen, wie diese sich im Notfall zu verhalten haben und wie bzw. wo sie die Spielleitung innerhalb der zwei Stunden erreichen können.

Ideen für mögliche Paar- und Einzelaufgaben

Lebendige Schaufensterpuppen
Stell dich mit Kleidung aus dem hauseigenen Angebot eines Modegeschäfts in deren Schaufenster und lass dich fotografieren.

Luxus pur
Geh in ein Luxushotel und lass dir deren teuerste Suite zeigen. Mach Fotos davon.

Money, Money, Money …
Versuche auf legalem Weg so viel Geld wie möglich zu verdienen/zu erarbeiten. Von dem Erlös kannst du dann eine Überraschung für die Gruppe kaufen.

Stadttour ganz privat
Sammle so viele Informationen wie möglich zu einer städtischen Sehenswürdigkeit und zeige einer fremden Person deine Stadt. Veranstalte eine private Führung.

Traumhaus gesucht
Suche dein ganz persönliches Traumhaus in der Stadt, fotografiere es und versuche, so viele Informationen wie möglich dazu herauszufinden.

Hauptbahnhof einmal anders
Erforsche die Arbeitsprozesse hinter den Fassaden und lass dir z. B. zeigen, was mit dem Gepäck in der Gepäckaufbewahrung am Hauptbahnhof geschieht, wie die Bahnhofspolizei arbeitet oder wie der Alltag in einer Bahnhofsmission aussieht.

Wie geht es dir?
Lade einen bedürftigen Menschen zum Kaffee ein und unterhalte dich mit ihm.

Huckepack unterwegs
Umrunde den Dom oder ein anderes Bauwerk, ohne den Boden zu berühren.

There's no business like show business
Überlege dir eine kleine Performance und versuche dich als Straßenkünstler.

Organisiere ein Abschlussdinner!
Suche für die Gruppe ein Etablissement, in dem sie an einem bestimmten Termin in festlicher Atmosphäre ein Abschlussessen mit Vorspeise, Hauptgericht und Dessert – inklusive eines Getränks bekommt. Sieben Euro pro Person stehen zur Verfügung.

Mausefallen-Parcours

Ort:
Langer Flur,
großer Raum

Dauer:
30–45 Minuten

Gruppe:
6–18 Spieler

Alter:
Ab 14 Jahren

Hilfsmittel:
Augenbinden,
Mausefallen

Vorbereitung:
Klar umrandete Strecke von 20–30 m markieren. Mausefallen spannen und auslegen.

Spielbeschreibung:
Auf einer klar umrandeten, barrierefreien Strecke von 20 bis 30 Metern werden gespannte Mausefallen ausgelegt (bei 30 Metern ca. 30 Mausefallen). Die Spieler wissen um die gespannten Mausefallen, können die Wegstrecke aber nicht einsehen. Sie müssen sich im Vorfeld der Durchquerung entscheiden, welche Aufgabe sie übernehmen wollen: Entweder mit verbundenen Augen durch den Parcours gehen (Läufer) oder die blinden Spieler durch den Mausefallen-Parcours lotsen (Lotse). Jeder Spieler entscheidet für sich. Wichtig ist nur, dass auf jeden Fall genügend Lotsen für die gesamte Wegstrecke bereitstehen.

Für die Durchquerung gelten folgende Regeln:

- Alle Läufer gehen einzeln durch den Parcours.
- Die Läufer sind blind, dürfen aber sprechen.
- Die Lotsen können sehen, dürfen aber nicht sprechen.
- Die Lotsen dürfen sich während der Durchquerung nicht bewegen.
- Die Lotsen dürfen die Läufer nicht berühren.

Bevor die Lotsen ihre Plätze einnehmen und der erste Läufer losgeht, hat die Gruppe Gelegenheit, sich eine gemeinsame Strategie zu überlegen und Absprachen zu treffen. Erst wenn die Planung beendet ist und alle Spieler bereit sind, ihre Aufgabe zu übernehmen, betreten die Lotsen den Parcours und verteilen sich so, dass die Läufer während der gesamten Strecke von einem Lotsen dirigiert werden können. Anschließend werden die Läufer nacheinander von der Spielleitung losgeschickt. Sobald der erste Läufer von dem zweiten Lotsen dirigiert wird, kann der nächste Läufer starten.

Variante A:
Der Parcours ist allen Spielern im Vorfeld bekannt.

Variante B:
Nach dem ersten Durchlauf haben alle Lotsen die Möglichkeit, für sich zu entscheiden, ob sie den Parcours blind durchqueren möchten. Die übrigen Spieler übernehmen die Aufgabe der Lotsen.

Kommentar:
Der Mausefallen-Parcours ist kein Abenteuerspiel im klassischen Sinn, sondern eine kooperative Vertrauensübung. In einer Atmosphäre der Sicherheit und des Vertrauens können die Spieler diese Aufgabe als Chance nutzen, selbstverantwortlich ein Wagnis einzugehen und sich an einer herausfordernden Situation zu versuchen.

Diese Aufgabe ist für alle Spieler sehr herausfordernd und intensiv. Die Läufer gehen das Risiko ein, sich die Zehen zu quetschen, und die Lotsen übernehmen die Verantwortung dafür, ihre Mitspieler unversehrt durch den Parcours zu dirigieren. Deshalb ist es wichtig, dass die Spielleitung vor Beginn offen alle Risiken dieser Aufgabe benennt und die Spieler für sich entscheiden können, ob sie Läufer oder Lotse sein möchten bzw. ob sie als Läufer mit Schuhen oder barfuß durch den Parcours gehen wollen.

Das Risiko, sich eine Zehe in den Fallen zu quetschen, lässt sich minimieren, indem die Fallen so positioniert werden, dass die offene Fallenseite immer abgewandt zu den Spielern steht. Dann schnappt die Falle immer noch bei Berührung zu, allerdings ohne einen Körperteil dabei zu erwischen. Eine weitere Möglichkeit besteht darin, bei jeder Mausefalle die Spannfeder um eine Umdrehung zu lösen. Dadurch verliert die Feder an Spannung und an Schlagkraft.

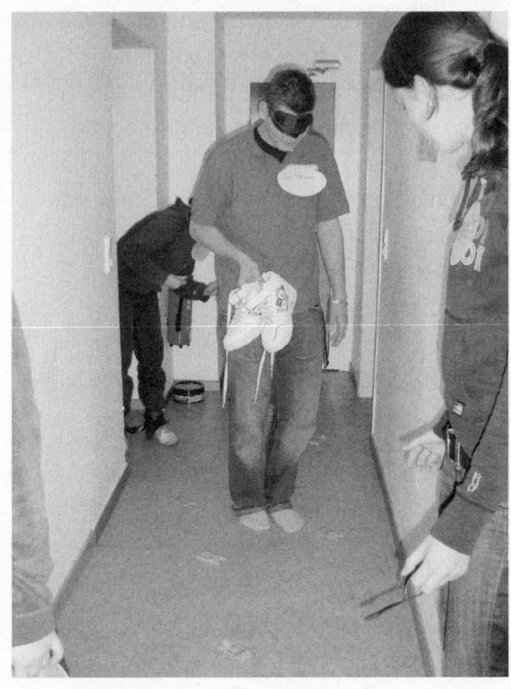

Momo

Ort:
Längliche Spielfläche mit angrenzendem Versammlungsort (z. B. Flur, Treppenhaus mit angrenzendem Zimmer)

Dauer:
20–30 Minuten

Gruppe:
6–18 Spieler

Alter:
Ab 12 Jahren

Hilfsmittel:
Mehrere Handspiegel oder Spiegelkacheln, viele Hindernisse in verschiedenen Größen, mehrere Schnüre

Spielbeschreibung:
Die Gruppe befindet sich direkt vor dem Eingang eines Zeittunnels, der von allen Spielern durchquert werden muss. In diesem Tunnel rast die Zeit mit unvorstellbarer Geschwindigkeit dahin und reißt alle mit, die es eilig haben oder versuchen, sich der dahinfliegenden Zeit entgegenzustellen.

Bei der Durchquerung sind deshalb folgende Aspekte von Bedeutung:

- Die einzige Möglichkeit, den Tunnel zu durchqueren, besteht darin, sich bedächtig rückwärts zu bewegen und sich nicht umzusehen. Sobald eine Person aus der Gruppe auch nur versucht, sich umzusehen, wird die gesamte Gruppe von der Zeit erfasst und wieder vor den Eingang des Tunnels geweht.
- Der Gruppe stehen mehrere Rückspiegel zur Verfügung (ca. vier Spieler pro Spiegel). Besonders ruhige und gelassene Personen können es eventuell wagen, mit einem dieser Spiegel einen Blick auf den Tunnel zu werfen, um zu sehen, wo es langgeht. Denn leider befinden sich in diesem Tunnel noch etliche Zeitrückstände und Zeitbarrieren (Gegenstände und gespannte Schnüre), die auf keinen Fall berührt werden dürfen. Geschieht dies dennoch, entstehen sofort Zeitturbulenzen und die gesamte Gruppe muss schleunigst wieder zurück vor den Eingang des Tunnels und von vorn beginnen.
- Innerhalb des Tunnels ist es zudem wichtig, dass alle Spieler miteinander in direktem Kontakt stehen und sich gegenseitig festhalten, um nicht fortgeweht zu werden. Ist der Kontakt auch nur an einer Stelle unterbrochen, verliert die gesamte Gruppe ihre Standfestigkeit und wird von den Zeitwinden wieder zurück zum Tunneleingang gewirbelt.
- Durch den enormen Wind entsteht ein unglaublicher Lärm, der nahezu alle Geräusche innerhalb des Tunnels übertönt. Eine Kommunikation mit Worten ist daher im Tunnel nicht möglich und führt nur zur Irritationen und einem Verlust der Konzentration, wodurch die gesamte Gruppe vom Wind erfasst und weggeweht wird.

Zur Planung dieser gefährlichen Durchquerung hat die Gruppe aber alle Zeit der Welt und kann unendlich viele Versuche unternehmen.

Vorbereitung:
Strecke auswählen. Schnüre in unterschiedlicher Höhe spannen. Verschiedene Gegenstände als Hindernisse auslegen.

Kommentar:
Es ist völlig ausreichend, die Schnüre in Knie- bzw. Brusthöhe zu spannen, da die besondere Schwierigkeit dieser Aufgabe darin besteht, die Schnüre durch die Spiegel zu erkennen und ohne Berührung zu übersteigen bzw. zu unterqueren. Die ausgelegten Gegenstände dienen vor allem der Abwechslung während des gesamten Streckenverlaufs.

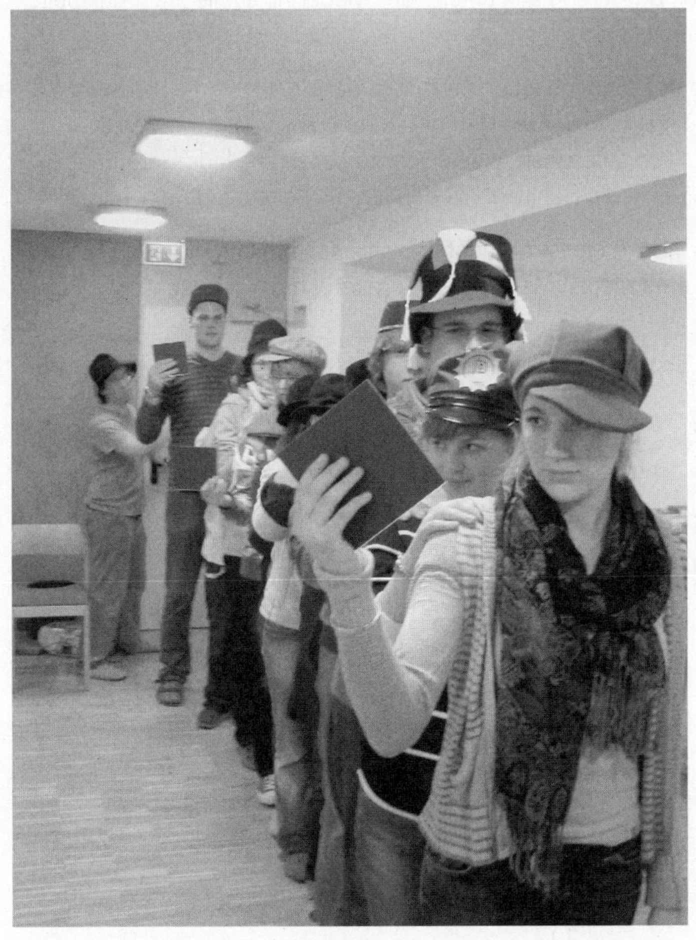

Minen von Moria

Ort:
Raum, Wiese

Dauer:
30–45 Minuten

Gruppe:
6–12 Spieler

Alter:
Ab 14 Jahren

Hilfsmittel:
1 Brett 4x20x240 cm, 1 Brett 4x20x150 cm, 2 Getränkekisten, 1 Rohr mit 10 cm Ø und 180 cm Länge, 4 Pfosten, 2 Seile

Vorbereitung:
Eine Spielfläche von exakt 240x260 cm abmessen und jede Ecke mit einem Pfosten markieren. Alle vier Pfosten mit einem Seil verbinden. Die Höhe dieses Seils sollte 5 cm niedriger sein als die Höhe der Getränkekisten. 60 cm über diesem ersten Seil wird ein zweites Seil an den Pfosten befestigt.

Spielbeschreibung:
Auf ihrem Weg durch die verwinkelten Minengänge von Moria stoßen die Gefährten auf einen tiefen Abgrund. Ehemals führte wohl eine Brücke über diese unterirdische Schlucht, von dieser sind aber nur noch spärliche Überreste vorhanden: Zwei Bretter, zwei Stützpfeiler und ein langes Rohr. Zu allem Überfluss neigen sich die Decken der Gänge an beiden Seiten des Abgrunds so tief Richtung Boden, dass alle Anwesenden nur geduckt an den jeweiligen Rand der Schlucht gelangen können. Trotz all dieser Widrigkeiten muss die Gruppe irgendwie eine Möglichkeit finden, mit den verbliebenen Überresten den Abgrund zu überqueren, denn für eine Umkehr ist es zu spät.

Sollte einer der Gefährten oder das zur Verfügung stehende Material in die Schlucht stürzen (den Boden innerhalb der abgesteckten Fläche berühren), ist er bzw. es zwar nicht für immer verloren, aber der einzige Weg nach unten oder wieder hinauf liegt auf der Seite, auf der die Gruppe sich zu Beginn befand.

Da der Boden und die Decke des Ganges an den Rändern der Schlucht (die beiden gespannten Schnüre) durch die aufsteigenden Dämpfe extrem glitschig geworden sind, müssen die Gefährten unglaublich aufpassen, diese nicht zu berühren. Jede Berührung führt automatisch zu einem Sturz in die Schlucht mit den allseits bekannten Folgen.

Da eine Umkehr aussichtslos ist und die Zeit drängt, beschließen die Gefährten, trotz all dieser Widrigkeiten mit den vorhandenen Mitteln die Überquerung der Schlucht zu wagen.

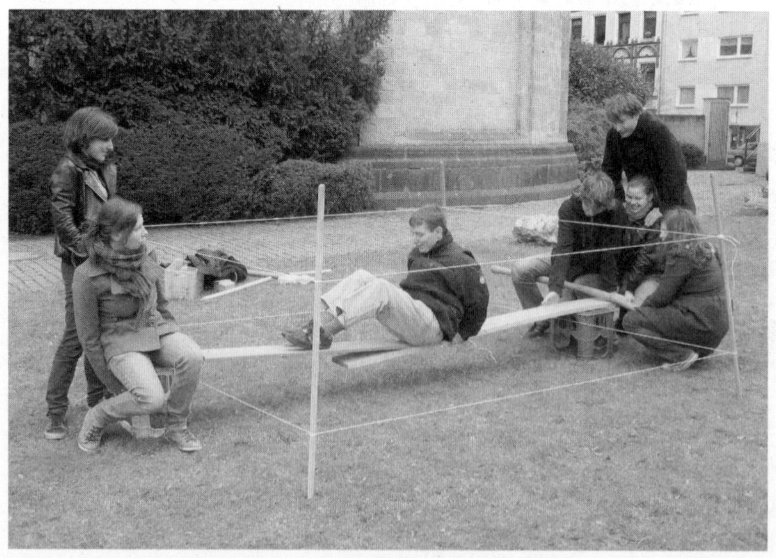

Planenrennen

Spielbeschreibung:
Die gesamte Gruppe steht auf einer ausgebreiteten Gewebeplane. Aufgabe der Gruppe ist es, innerhalb einer vorgegebenen Zeit (eine Minute pro fünf Meter) zu einer in ca. zehn Meter entfernten Ziellinie zu gelangen. Nur zwei Spieler dürfen dabei die Plane verlassen und sich frei bewegen, der Rest der Gruppe darf während der gesamten Aufgabe den Boden nicht berühren.

Berührt dennoch einer der Spieler auf der Plane den Boden, muss die gesamte Gruppe wieder von vorn beginnen. Im Vorfeld steht der Gruppe eine kurze Planungszeit zur Verfügung.

Kommentar:
Ihr eigentliches Potenzial entfaltet diese Aufgabe durch eine ambitionierte Zeitvorgabe oder als Wettkampfspiel, bei dem mehrere Teams gleichzeitig versuchen, als Erstes mit ihrer Plane ins Ziel zu gelangen. Dann wird diese eher einfache Aufgabe ein sehr dynamisches Aktionsspiel, bei dem alle Spieler gleichzeitig in Bewegung sind.

Besonders spannend wird es in Turnierform, wenn die Strecke relativ kurz ist und mehrere Durchgänge gespielt werden. Die beteiligten Teams können unterschiedliche Taktiken ausprobieren und ihre Leistung bei den verschiedenen Durchgängen immer weiter steigern.

Ort:
Großer Raum, Wiese

Dauer:
10–20 Minuten

Gruppe:
8–24 Spieler

Alter:
Ab 10 Jahren

Hilfsmittel:
Gewebeplane (2x3 m), Seil als Markierungslinie

Vorbereitung:
Mit einem Seil eine Ziellinie markieren. In einer Entfernung von ca. 10 m die Gewebeplane(n) auf dem Boden ausbreiten.

Platzwechsel

Ort:
Raum, Wiese

Dauer:
20–30 Minuten

Gruppe:
8–24 Spieler

Alter:
Ab 12 Jahren

Hilfsmittel:
Bierbänke, Augenbinden und Tücher zum Zusammenbinden von Armen oder Beinen

Vorbereitung:
Mehrere zusammengeklappte Bänke nebeneinander auf den Boden legen – alle Spieler müssen nebeneinander darauf stehen können. Die verschiedenen Handicaps auf Karten schreiben.

Spielbeschreibung:
Alle Spieler stellen sich in einer Reihe auf mehrere nebeneinanderliegende zusammengeklappte Bierbänke. Nachdem alle auf den Bänken stehen, bekommt jeder Spieler ein Handicap zugeteilt. Zur Auswahl stehen:

- Stumm
- Blind
- Rechter Arm am Oberkörper
- Linker Arm am Oberkörper
- Beine locker zusammengebunden

Wenn alle ihr Handicap gezogen und sich dementsprechend präpariert haben, kann die Aufgabe beginnen. Die Gruppe wird gebeten, sich dem Alter nach auf den Bänken zu sortieren, der älteste Spieler soll ganz links in der Reihe stehen, der jüngste ganz rechts. Während der Aufgabe darf allerdings niemand die Bänke verlassen. Sobald eine Person den Boden berührt, müssen alle Spieler wieder auf ihre Ausgangsposition zurück und von vorn beginnen.

Kommentar:
Die Handicaps sollten so verteilt sein, dass alle ungefähr gleich oft vertreten sind. Die Arme können am Oberkörper fixiert werden, indem die entsprechenden Spieler ihren Arm durch den Pullover direkt in die Hosentasche stecken.

Reifentor

Spielbeschreibung:
Alle Spieler stehen im Kreis und halten sich an den Händen fest. An einer Stelle ist der Kreis unterbrochen und die beiden Spieler halten an Stelle ihrer Hände gemeinsam einen Gymnastikreifen.

Alle Spieler sollen nun durch diesen Reifen steigen, ohne ihn zu berühren. Die Hände dürfen dabei nicht losgelassen werden.

Geschieht dies dennoch oder wird der Reifen berührt, ist der Versuch gescheitert und die gesamte Gruppe muss von vorn beginnen.

Kommentar:
Diese Aufgabe lässt sich vereinfachen, indem der Gruppe eine bestimmte Anzahl an Berührungen zugestanden wird. Um die Aufgabe zu verschärfen, kann zusätzlich ein Zeitlimit (z. B. bei 15 Personen 90 Sekunden) eingeführt werden.

Ort:
Raum, Wiese

Dauer:
10–20 Minuten

Gruppe:
8–24 Spieler

Alter:
Ab 10 Jahren

Hilfsmittel:
Gymnastikreifen, Stoppuhr

Reifen und Bretter

Ort:
Baum mit einem starken, überhängenden Ast, Wiese

Dauer:
30–45 Minuten

Gruppe:
6–18 Spieler

Alter:
Ab 12 Jahren

Hilfsmittel:
2 Autoreifen, Bierbank oder langes Brett (4x20x200 cm), kurzes Brett (4x20x100 cm), Bandschlingen, Karabiner zum Aufhängen der Reifen, 2 Spielseile als Markierungslinien

Spielbeschreibung:
Die Gruppe war im Rahmen einer Expedition in einem unwegsamen Gelände in Nicaragua unterwegs, als der große Regen einsetzte. Dieser hat alle mitgenommenen Vorräte ungenießbar gemacht und die Gruppe hungrig und völlig durchnässt zurückgelassen. Zu allem Unglück hat eine Schlammlawine die Hängebrücke weggespült, die die einzige Verbindung über den Fluss zur nächsten Stadt war. Nun muss die Gruppe versuchen, mithilfe von zwei Brettern und den verbliebenen Resten der Brücke über den Fluss zu gelangen.

Von der Brücke stehen geblieben sind nur noch zwei Hängeelemente. Diese bestehen aus zwei Autoreifen, die ca. einen Meter hoch in einem Abstand von 50 bis 80 Zentimeter nebeneinander frei hängend an einem Ast befestigt sind. Direkt unterhalb dieser Hängeelemente fließt ein Fluss entlang. Dieser ist an dieser Stelle ca. 3,5 Meter breit (das Ufer wird durch Spielseile markiert, die auf dem Boden ausliegen). Seine Strömung ist so reißend, dass alles, was in Kontakt mit dem Wasser gerät, fortgespült wird und der Gruppe nicht mehr zur Verfügung steht.

Sollte eines der Expeditionsmitglieder in die Fluten geraten (den Boden zwischen den Seilen berühren), sind folgende Konsequenzen denkbar:

- Alle Spieler geraten im Zug der durchgeführten Rettungsaktion wieder an das Ausgangsufer zurück und müssen die Überquerung von vorn beginnen.
- Nur der betroffene Spieler muss wieder zurück ans Ausgangsufer. Eventuell wurde durch die Strömung ein Arm verletzt. Dieser muss mit einem Dreieckstuch eng am Oberkörper fixiert werden. Weder Arm noch Hand dürfen im weiteren Spielverlauf zum Einsatz kommen. Muss die gleiche Person ein zweites Mal gerettet werden, müssen alle Spieler wieder zurück ans Ausgangsufer.
- Der betroffene Spieler muss wieder zurück ans Ausgangsufer. Die aufwändige Rettungsaktion hat aber so viel Zeit benötigt, dass bald die Nacht einbricht. Zwei Spieler, die die Brücke noch nicht überquert haben, können aufgrund der einsetzenden Dämmerung nichts mehr sehen und müssen eine Augenbinde tragen. Sollte einer von diesen das Wasser berühren, müssen alle Spieler zur Rettung in den Fluss springen und die Überquerung am nächsten Tag erneut versuchen.

Für die Überquerung des Flusses stehen der Gruppe nur die beiden Hängeelemente und zwei Bretter zur Verfügung, die durch den Fluss angespült wurden. Weder Baum noch sonstige Hilfsmittel dürfen verwendet bzw. festgehalten werden.

Variante:
Aufgrund des einsetzenden Regens beschließt das Team eine möglichst schnelle Überquerung. Die Gruppe teilt sich in Kleingruppen von vier bis sechs Personen auf. Innerhalb dieser Konstellationen darf der erste Spieler erst dann das rettende Ufer betreten, wenn alle anderen bereits unterwegs sind, also keiner aus dieser Kleingruppe mehr am Ausgangsufer steht. Sobald ein Spieler eine bestehende Regel bricht, beziehen sich die daraufhin geltenden Konsequenzen weiterhin auf die Gesamtgruppe.

Kommentar:
Die Wahl der Konsequenz ist davon abhängig, in welchem Rahmen das Spiel angeboten wird. Wenn der Gruppenprozess im Vordergrund stehen soll, macht es Sinn, alle Spieler von vorn beginnen zu lassen. Soll die Aufgabe nur dem Spaß und der Erholung dienen, bieten sich die beiden anderen Möglichkeiten an.

Vorbereitung:
Baum mit einem stabilen Ast auswählen. Die beiden Reifen nebeneinander aufhängen, 2 Seile als Begrenzungslinien auslegen.

Retourkutsche

Ort:
Raum, Wiese

Dauer:
20–30 Minuten

Gruppe:
8–24 Spieler

Alter:
Ab 12 Jahren

Hilfsmittel:
Kollektion von Gegenständen unterschiedlicher Größe, Form und Materialbeschaffenheit, 2 Tische oder Tücher (als Ablageflächen), Stoppuhr

Vorbereitung:
Kollektion aus vielen verschiedenen Gegenständen zusammenstellen.

Spielbeschreibung:
Bei diesem Spiel geht es darum, eine Anzahl von Gegenständen (z. B. einen Würfel, einen Blumenstrauß, eine Kiste …) in kürzester Zeit von A nach B zu transportieren. Die Gegenstände werden zunächst kunterbunt auf einem Tisch ausgebreitet. Die Gruppe stellt sich im Abstand von einer Armbreite in einer langen Reihe hintereinander auf. Am Ende der Reihe wird ein zweiter Tisch platziert.

Die Testphase: Die Spielleitung übergibt dem ersten Spieler nacheinander die einzelnen Gegenstände. Alle Gegenstände sollen so schnell wie möglich auf den anderen Tisch transportiert werden. Sie müssen dabei in der bestehenden Menschenkette über Kopf weitergereicht werden. Ein Spieler darf nie mehr als einen Gegenstand gleichzeitig berühren.

Die Herausforderung: Den Spielern steht nun die doppelte Zeit zur Verfügung, um die Gegenstände hin- und zurückzutransportieren. Auf dem Rückweg müssen sie zwischen den Beinen durchgereicht werden, ohne dabei den Boden zu berühren.

Außerdem: Nach einem Drittel der Zeit müssen alle die Augen schließen, nach einem weiteren Drittel darf nicht mehr gesprochen werden.

Kommentar:
Der Reiz dieses Spiels lebt in erheblichem Ausmaß von der Auswahl origineller Gegenstände, z. B. vom winzigen Radiergummi über den empfindlichen Luftballon bis zum sperrigen Pappkarton.

Schiefer Turm von Pisa

Spielbeschreibung:
Jeder Mitspieler aus der Gruppe erhält einen Holzklotz. Die Aufgabe der Gruppe besteht nun darin, aus diesen Holzklötzen einen Turm zu bauen. Dabei darf jeder Spieler seinen eigenen Klotz (in dieser Phase) nicht loslassen. Alle Holzklötze sollen hochkant aufeinandergestapelt werden. Erst auf ein von der Gruppe vereinbartes Signal lassen alle Spieler gleichzeitig ihren Stein los. Der Turm sollte jetzt drei bis fünf Sekunden stehen bleiben.

Variante:
Während der Aufgabe darf nicht miteinander gesprochen werden.

Kommentar:
Besonders anspruchsvoll wird diese Aufgabe, wenn die Holzklötze unterschiedliche Schnittkanten haben und keine rechten Winkel besitzen.

Bei größeren Gruppen dürfen mehrere Holzklötze waagerecht verbaut werden.

Ort:
Raum, Wiese

Dauer:
20–30 Minuten

Gruppe:
6–18 Spieler

Alter:
Ab 10 Jahren

Hilfsmittel:
1 Holzklotz pro Spieler (mindestens 6x6 cm groß)

Schlauchbootfahrt

Ort:
Haus mit Treppe, abwechslungsreiches Außengelände

Dauer:
20–30 Minuten

Gruppe:
6–18 Spieler

Alter:
Ab 10 Jahren

Hilfsmittel:
1 Luftballon pro Spieler, Spielseil, mehrere Schnüre

Spielbeschreibung:
Alle Spieler betreten gemeinsam das Schlauchboot: Dazu stellen sich alle Spieler hintereinander in einer Reihe auf und klemmen einen aufgeblasenen Luftballon zwischen sich und die Person vor ihnen.

Nachdem die Gruppe eine erste Proberunde unternommen hat, fühlt sie sich fit für die eigentliche Reise auf dem unbekannten Fluss.

Die Strömung (ausgelegtes Spielseil) führt die Gruppe durch verschiedene Windungen (Parcours mit engen Kurven, Treppenhaus) und über ein oder mehrere Wehre (Treppenstufen), die gemeinsam überwunden werden müssen. Dabei müssen alle Spieler aktiv mitpaddeln und dürfen sich auf keinen Fall an dem Schlauchboot festklammern (die Luftballons dürfen weder mit den Händen, noch mit den Armen berührt werden).

Zusätzlich warten noch mehrere Hindernisse auf die Gruppe:
Die Gruppe muss unter einer oder mehreren Brücken (gespannte Schnüre in 100 bis 140 Zentimeter Höhe) hindurch, ohne diese zu berühren.

An einigen Stellen des Flusses hat sich herumliegendes Treibholz aufgestaut (gespannte Schnüre in 30 bis 50 Zentimeter Höhe), das überwunden werden muss, ohne es zu berühren.

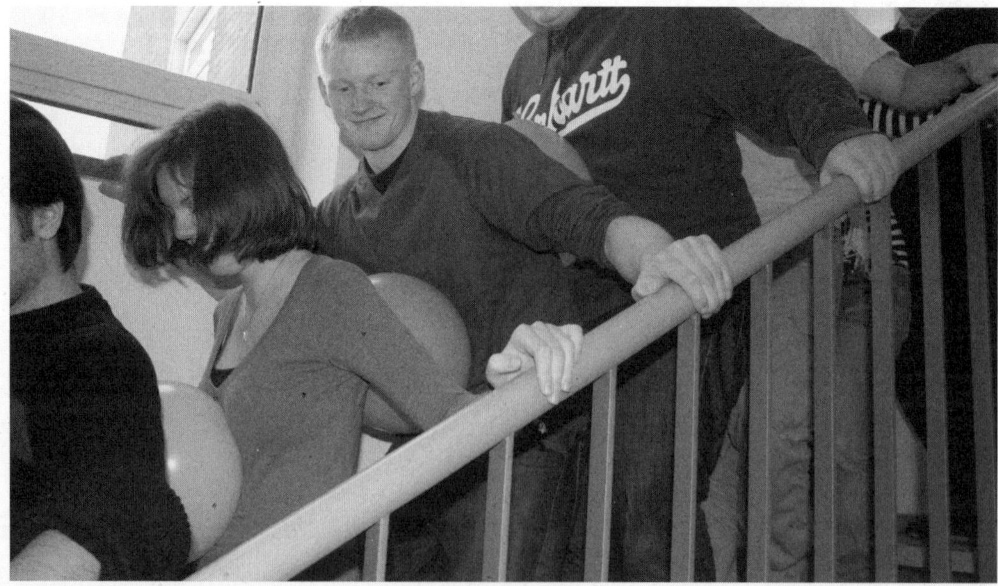

Vorbereitung:
Strecke auswählen und mit einem Spielseil markieren. Mehrere Schnüre als Hindernisse spannen.

Geht das Schlauchboot kaputt (einer der Luftballons geht verloren), kann die Fahrt nicht fortgesetzt werden und die Spieler müssen wieder von vorn beginnen.
Eckt das Schlauchboot an einem der Hindernisse an (einer der Spieler berührt eine Schnur), kommt es zu Komplikationen bei der Weiterfahrt:

1. Berührung: Alle Spieler müssen sich um 180 Grad drehen und die Fahrt rückwärts fortsetzen.
2. Berührung: Alle Spieler drehen sich um 180 Grad, fahren wieder vorwärts, dürfen aber nicht mehr miteinander sprechen.
3. Berührung: Die Spieler drehen sich ein drittes Mal, fahren wieder rückwärts und dürfen weiterhin nicht miteinander sprechen.
4. Berührung: Aus Sicherheitsgründen muss die Fahrt abgebrochen und wieder von vorn begonnen werden.

Zusatzvariante
Am Ende kommt die Gruppe in einen Strudel: Alle Spieler bilden einen Kreis, fangen an sich zu drehen und drücken sich so fest zusammen, bis mindestens ein Luftballon platzt.

Kommentar:
Die Strecke sollte möglichst abwechselungsreich gestaltet werden und nur wenige einfache Laufpassagen beinhalten.

Schuhtower

Ort:
Raum, Wiese

Dauer:
20–30 Minuten

Gruppe:
6–18 Spieler

Alter:
Ab 12 Jahren

Hilfsmittel:
Keine

Spielbeschreibung:
Die Spieler bekommen die Aufgabe, aus ihren Schuhen einen Turm zu bauen. Bei dem Bau dieses Schuhtowers gelten folgende Regeln:

- Die Spieler dürfen ihre Schuhe nicht ausziehen.
- Die Schuhe müssen hochkant aufeinandergestellt werden.
- Die Schuhe müssen sich immer abwechseln, das heißt, es ist nicht erlaubt, seine beiden Schuhe direkt übereinanderzustellen.
- Der Schuhtower muss mindestens drei Sekunden lang halten.
- Die Spieler dürfen sich gegenseitig stützen und die Schuhe festhalten.

Die Spieler müssen sich im Vorfeld überlegen, wie viele Schuhe sie maximal übereinanderstapeln können. Die genannte Zahl dient dann als Zielvorgabe.

Variante für Gruppen ab zehn Personen:
Die Gruppe soll mindestens zehn Schuhe übereinanderstapeln bzw. bei einer Deckenhöhe von 2,40 Meter mit dem obersten Schuh die Decke berühren.

Stuhlchaos

Spielbeschreibung:
Die Spieler werden feierlich von der Leitung begrüßt und eingeladen an einem Experiment teilzunehmen. Dann verteilt die Spielleitung an jeden Spieler ein zusammengefaltetes Aufgabenkärtchen.

Bevor die Spieler sich ihre Aufgabenbeschreibung ansehen dürfen, bekommen alle gemeinsam folgende Regeln erklärt:

- Alle Spieler versuchen ihre Aufgabe zu erfüllen.
- Während der Aktion darf kein Spieler sprechen.
- Kein Spieler darf den anderen seine Aufgabenkarte zeigen.
- Die Aufgabe beginnt, wenn alle ihre Aufgabenbeschreibungen lesen dürfen.

Insgesamt gibt es drei verschiedene Aufgabenbeschreibungen, die so verteilt sein sollten, dass es zu jeder Aufgabe ungefähr gleich viele Personen gibt.

Die Aufgaben lauten:
1. Alle Stühle stapeln. 2. Alle Stühle hinlegen. 3. Alle Stühle hinaustragen.

Wenn die Spieler keine weiteren Fragen haben, gibt die Leitung das Signal zum Öffnen der Aufgabenbeschreibungen und das Experiment beginnt.

Ort:
Raum mit angrenzendem Flur

Dauer:
20–30 Minuten

Gruppe:
8–24 Spieler

Alter:
Ab 14 Jahren

Hilfsmittel:
Stühle, Aufgabenkarten

Vorbereitung:
Die verschiedenen Aufgaben auf Karten schreiben.

Kommentar:
Die meisten Spieler sehen bei dieser Aufgabe nur den Konkurrenzaspekt und versuchen sofort, teilweise mit vollem Körpereinsatz, ihre Aufgabe zu erfüllen. Das kann mitunter zu turbulenten Szenen führen. Die Spielleitung sollte deshalb darauf gefasst sein, die Aufgabe eventuell abzubrechen, falls es zu wild wird. Da auf den ersten Blick kein gemeinsames Ziel existiert, unterscheidet sich diese Aufgabe von den meisten anderen bekannten Abenteuerspielen. Aber gerade dadurch bekommt der Aspekt der Kooperation eine neue Komponente. Wenn alle das gleiche Ziel haben, ist es naheliegend zusammenzuarbeiten, aber was bedeutet der Wunsch nach Kooperation, wenn alle Beteiligten Ziele verfolgen, die sich auf den ersten Blick widersprechen?

Teamtest

Ort:
Mehrere Räume, Möglichkeit, 1 Eimer in 2–3 m Höhe aufzuhängen

Dauer:
30–45 Minuten

Gruppe:
6–12 Spieler

Alter:
Ab 14 Jahren

Hilfsmittel:
Stoppuhr, Schnur, Stifte, Papier, Eimer, 20 Tennisbälle, große Menge an 1-, 5-, und 10-Cent-Münzen, Seil oder Gymnastikreifen als Markierungslinie, Papiertaschentücher, 4 Brettspielfiguren pro 4 Spieler

Spielbeschreibung:
Die Spieler haben genau 35 Minuten Zeit, als Gesamtgruppe mehrere Aufgaben zu bewältigen. Die einzelnen Aufgaben sind sehr vielfältig und richten sich an die gesamte Gruppe. Im Vorfeld des Team-Tests werden alle Aufgaben separat erklärt und die Spieler haben die Möglichkeit, Verständnisfragen zu stellen. Sobald allen Spielern die Aufgaben klar sind, wird die Zeit gestoppt und der Team-Test beginnt.

Die Gruppe kann die Reihenfolge der Aufgaben selbst bestimmen bzw. zwischen den verschiedenen Aufgaben hin- und herwechseln. Die Gruppe darf sich jedoch nicht aufteilen und alle Aufgaben müssen nach 35 Minuten erfolgreich gelöst sein.

Die Aufgaben entsprechen den alltäglichen Anforderungen, die an ein Team gestellt werden:
Gemeinsam bestehende Hürden überwinden – Alle Spieler müssen über eine in etwa 1,20 Meter Höhe gespannte Schnur, ohne diese zu berühren. Sobald ein Spieler die Schnur berührt, muss die gesamte Gruppe von vorn beginnen.

Auf Kommando kreativ sein – Die Gruppe verfasst ein Gedicht mit mindestens acht Zeilen. Es soll die Namen aller Spieler beinhalten und einen Einblick in das Zusammenleben der Gruppe geben

Über sich hinauswachsen – Die Spieler müssen 20 Tennisbälle in einen Eimer befördern, der in etwa 2,50 bis 3 Meter Höhe über dem Boden hängt.

Mit Geld umgehen – In einem Nebenraum ist mit einer Schnur oder einem Gymnastikreifen ein Kreis ausgelegt, der gerade so groß ist, dass alle Spieler darin stehen können. Innerhalb dieser Fläche liegen etwa 40 bis 60 verschiedene Cent-Münzen verteilt. Sobald die Spieler den Raum betreten, müssen sich alle in den markierten Kreis stellen und herausfinden, wie viel Geld (Summe der Cent-Münzen) insgesamt auf dem Boden liegen.

Die Spieler müssen dabei ihre Hände in den Hosentaschen halten, niemand darf die markierte Fläche verlassen und die Münzen dürfen weder verschoben noch aufgehoben werden. Die Gruppe hat maximal drei Versuche.

Die Aufgabe ist gelöst, wenn die genannte Summe innerhalb eines vorher definierten Toleranzbereichs liegt (plus/minus zehn Cent).

Vorbereitung:
Eimer in 2–3 m Höhe befestigen. Schnur spannen. Papiertaschentücher mit Spielfiguren auslegen. 40–60 Cent-Münzen zählen und auf dem Boden verteilen.

Verantwortlich etwas voranbringen – Ein oder mehrere auseinandergefaltete Papiertaschentücher mit jeweils vier aufgestellten Brettspielfiguren in der Mitte liegen auf einem Tisch (pro vier Spieler jeweils ein Taschentuch). Die Taschentücher müssen über eine Strecke von ca. sechs bis acht Meter transportiert und auf einem anderen Tisch abgesetzt werden, ohne dass eine der Spielfiguren dabei umkippt.

Während des Transports dürfen die Taschentücher nur mit jeweils einer Hand an einer der Ecken festgehalten werden (Wenn ein Taschentuch von weniger als vier Spielern transportiert wird, dürfen ein oder zwei Personen zwei Ecken halten). Die Spielfiguren müssen frei stehen und dürfen nicht berührt werden. Sobald eine Spielfigur auf einem Taschentuch kippt, müssen alle Spieler mit ihren Taschentüchern wieder von vorn beginnen und sich in einer neuen Konstellation auf die Taschentücher verteilen.

Kommentar:
Die Zusammenstellung der Aufgaben ist so gewählt, dass verschiedene Kenntnisse und Fertigkeiten von Bedeutung sind und möglichst alle Spieler zum Gesamterfolg beitragen können.

Mögliche Themen für die Auswertung können sein:
- Wer hat welche Rolle übernommen?
- Wer hat in welchem Maß zur Lösung der Aufgabe beigetragen?
- Gab es eine Führungsperson?
- Wie haben die einzelnen Spieler die Leitung wahrgenommen?
- Wie wurden Entscheidungen getroffen?
- Nach welchen Kriterien hat die Gruppe entschieden?
- Wie ist die Gruppe mit dem Faktor Zeit umgegangen?
- Wie zufrieden sind die Spieler mit dem Ergebnis?
- Wie zufrieden sind die Spieler mit dem Prozess?

Turmbau

Ort:
Waldgelände mit viel Unterholz

Dauer:
10–20 Minuten

Gruppe:
6–18 Spieler

Alter:
Ab 10 Jahren

Hilfsmittel:
Zollstock,
1 schwerer Stein,
abgestorbene/herumliegende Stöcke und Äste aus der Umgebung

Spielbeschreibung:
Die Gruppe soll an einer festgelegten Stelle im Wald einen Turm bauen, der nur aus abgestorbenen Stöcken und Ästen der Umgebung besteht. Dieser Turm soll mindestens 1,80 Meter hoch sein und so stabil sein, dass es möglich ist, einen Stein mit mindestens zwei Kilogramm Gewicht auf dessen Spitze abzulegen.

Bei der Lösung dieser Aufgabe gelten folgende Regeln:

- Vor und während des Turmbaus dürfen die Spieler nicht miteinander sprechen.
- Insgesamt stehen der Gruppe 15 Minuten Zeit zur Verfügung.
- Vor Ablauf der Zeit ist es nicht erlaubt, den Stein auf den Turm zu legen.

Nach Ablauf der 15 Minuten wird die Höhe des Turms gemessen und die Spieler legen den Stein auf seine Spitze.

Wasser marsch!

Spielbeschreibung:
Ein Eimer mit fünf Litern Wasser und einem Messbecher steht acht bis zehn Meter von einem leeren Eimer entfernt. Die Gruppe hat die Aufgabe, mindestens zwei Liter von dem vorhandenen Wasser in den leeren Eimer zu transportieren.

Dabei gelten folgende Regeln:
- Die Eimer dürfen nicht bewegt werden.
- Der Messbecher darf nur in unmittelbarer Nähe des Eimers zum Ausschütten des Wassers genutzt werden
- Solange ein Spieler Kontakt zu dem Wasser hat, darf er sich nicht von seinem Platz bewegen.

Als einziges Hilfsmittel stehen der Gruppe 40 Papierbogen zur Verfügung.
Das Spiel ist beendet, sobald die Gruppe es geschafft hat, die zwei Liter in den leeren Eimer zu befördern oder das vorhandene Wasser vollständig aufgebraucht ist.

Variante:
Anstatt Papier bekommt die Gruppe eine Rolle Klarsichtfolie

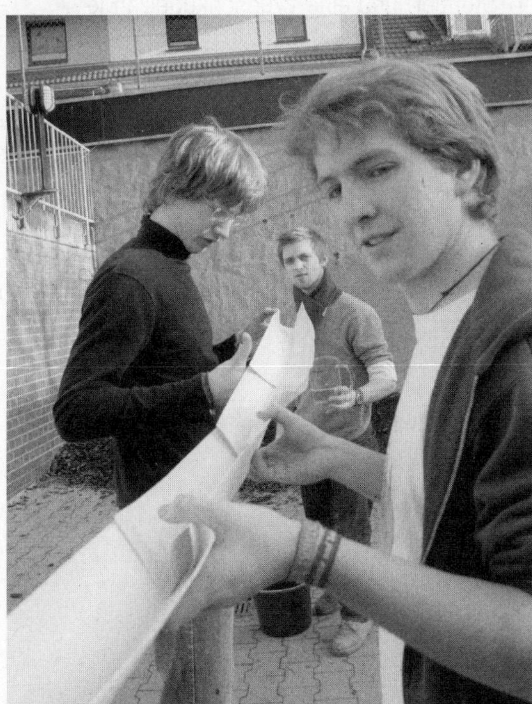

Kommentar:
Die Aufgabe wird schwieriger, wenn die Gruppe den leeren Eimer nicht durch die Bildung einer Menschenkette erreichen kann oder der leere Eimer höher steht als der Eimer mit dem Wasser.

Ort:
Wiese

Dauer:
20–30 Minuten

Gruppe:
8–24 Spieler

Alter:
Ab 10 Jahren

Hilfsmittel:
2 Eimer, Wasser,
1 Messbecher,
40 Bogen Papier
(DIN A3 oder DIN A4)

Vorbereitung:
2 Eimer in einer Entfernung von 8–10 m zueinander auf den Boden stellen.
1 Eimer mit Wasser füllen.

Wunschhausen

Ort:
Große ebene Fläche

Dauer:
20–30 Minuten

Gruppe:
6–18 Spieler

Alter:
Ab 10 Jahren

Hilfsmittel:
1 Packung Pralinen, 2–3 Grillzangen, 2–3 Stofftiere, Schlümpfe (alternativ: Ü-Eier-Figuren), Augenbinden, Seil als Markierungslinie, evtl. CD-Player mit stimmungsvoller Hintergrundmusik

Spielbeschreibung:
Bei dieser Aufgabe kommen die Spieler nach Wunschhausen und können dort in den Besitz der begehrten Wunschkugeln gelangen, mit deren Hilfe alle ihre Wünsche in Erfüllung gehen können.

Die goldenen Wunschkugeln (Pralinen) liegen auf einem Tisch und sind nur ein paar Meter von den Spielern entfernt. Sie scheinen zum Greifen nahe. Jedoch wird jeder Spieler automatisch blind, sobald er sich diesem Tisch nähert und die Linie übertritt, die in einem Radius von drei bis vier Metern um den Tisch ausgelegt ist.

Doch diese letzten Meter zum Ziel bergen einige Probleme. Denn leider befindet sich Wunschhausen mitten in Schlumpfhausen und rundum die begehrten Wunschkugeln stehen unzählige Schlümpfe, die natürlich nicht umgestoßen werden dürfen. Geschieht dies dennoch, muss der jeweilige Spieler sofort wieder zurück und darf Schlumpfhausen erst wieder betreten, wenn er einem anderen geholfen hat, sicher durch Schlumpfhausen zu gehen.

Die Wunschkugeln selbst sind außerdem äußerst fragil und dürfen nur einzeln aufgenommen werden. Für den Transport der Wunschkugel durch Schlumpfhausen benötigt die wünschende Person einen Glücksbringer (Stofftier) und eine Wunschkugelzange (Grillzange).

Beides finden die Spieler in mehrfacher Ausführung in Schlumpfhausen und sie können auf dem Weg nach Wunschhauen eingesammelt werden. Hat ein Spieler eine Kugel sicher geborgen, wird sie an einem zentralen Ort gesammelt und die Zange und der Glücksbringer werden für den nächsten Spieler wieder in Schlumpfhausen ausgelegt.

Insgesamt stehen der Gruppe für diese Aufgabe 20 Minuten zur Verfügung.

Variante:
Im Anschluss an die Spielzeit werden die geborgenen Kugeln herumgegeben und jeder Spieler kann erzählen, wie er das Spiel erlebt hat und was er sich für das Miteinander in dieser Gruppe wünscht.

Kommentar:
Der besondere Reiz dieser Aufgabe liegt in ihrem Aufbau. Die Schlümpfe mit den goldenen Kugeln in der Mitte erzeugen eine sehr animierende Spielatmosphäre, die durch eine stimmungsvolle Hintergrundmusik noch zusätzlich gesteigert werden kann.

Die Schwierigkeit dieser Aufgabe ergibt sich durch die Anzahl der Schlümpfe. Es müssen so viele Schlümpfe auf dem Boden stehen, dass die Spieler nur mit Trippelschritten vorwärtsgehen können und durch die verschiedenen Richtungswechsel schnell die Orientierung verlieren.

Vorbereitung:
Kreisförmige Spielfläche (ca. 5 m Ø) markieren. In der Mitte 1 Tisch mit Pralinen aufstellen. Um den Tisch herum Schlümpfe, Grillzangen und Stofftiere auf dem Boden auslegen.

Zahl um Zahl

Ort:
Raum mit angrenzendem Flur, große Wiese

Dauer:
20–30 Minuten

Gruppe:
8–24 Spieler

Alter:
Ab 12 Jahren

Hilfsmittel:
Zahlenkärtchen (zwei- bis viermal so viele wie Spieler), Stoppuhr, evtl. Seile als Markierungslinien

Vorbereitung:
Kärtchen mit Zahlen beschriften und auf dem Boden verteilen.

Spielbeschreibung:
Alle Spieler stehen innerhalb einer markierten Fläche, dem „Planungsfeld" (Extraraum). Auf einer vom Planungsfeld nicht einsehbaren Fläche (anderer Raum oder 15 Meter entferntes Spielfeld) liegen zwei- bis viermal so viele Kärtchen wie Spieler auf dem Boden. Der Abstand zwischen den Kärtchen beträgt 50 bis 80 Zentimeter. Auf jedem steht sichtbar eine Zahl von 1 bis X (eine Zahl, die mindestens doppelt so hoch und maximal viermal so hoch ist wie die Zahl der Spieler). Die Zahlen sind zufällig verteilt und entsprechen keiner besonderen Anordnung oder Sortierung. Die Gruppe bekommt die Aufgabe, gemeinsam zum Zahlenfeld zu laufen und innerhalb einer bestimmten Zeit alle Zahlen auf der Spielfläche, bei 1 angefangen, in aufsteigender Reihenfolge (erst die 1, dann die 2, dann die 3 usw.) hintereinander zu berühren und diese so lange zu halten, bis die letzte Zahl berührt wurde.

Dabei gelten folgende Regeln:

- Der Gruppe stehen drei Versuche zur Verfügung, um die Aufgabe zu lösen.
- Jeder Versuch beträgt maximal X Sekunden (die Zeitbegrenzung ergibt sich aus der Anzahl der Zahlen plus 20 bis 50 Sekunden).
- Die Zeit wird gestoppt, sobald der erste Spieler das Planungsfeld verlässt (die Tür öffnet) und endet, wenn die letzte Zahl berührt wurde.
- Die Gruppe darf nur in dem Planungsfeld sprechen, bei der Durchführung müssen alle Spieler stumm sein.
- Die Zahlen müssen in aufsteigender Reihenfolge nacheinander betreten werden und dürfen danach nicht mehr verlassen werden, bis die letzte Zahl berührt wurde.
- Sobald eine Zahl übersprungen wurde, ein betretenes Kärtchen wieder verlassen wurde, ein Spieler gesprochen hat oder die Zeit abgelaufen ist, gilt der Versuch als gescheitert.
- Wenn ein Versuch scheitert, müssen alle Spieler unverzüglich wieder zum Planungsfeld laufen.

Kommentar:
Um zu verhindern, dass Spieler an der Spielfläche stehen bleiben, um sich die Zahlen und deren Lage einzuprägen, kann die Spielleitung die Regel hinzufügen, dass jegliche Verzögerung dazu führt, dass der Gruppe ein Versuch weniger zur Verfügung steht.

Reflexionen

Einführung

Immer, wenn Menschen etwas Nichtalltägliches erleben, wird das Erlebte innerlich verarbeitet und mit bestehenden Erfahrungen verglichen und abgespeichert. Man kann auch sagen, das Geschehene wird reflektiert.

Diese Erkenntnis ist zunächst sehr entlastend, da Reflexionen demnach bei kooperativen Abenteuerspielen immer stattfinden, ob mit oder ohne Anleitung. Und dies umso eher, je komplexer bzw. eindrücklicher das Geschehene erlebt wurde.

Sobald etwas passiert, was nicht auf den ersten Blick nachvollziehbar erscheint, haben alle Beteiligten ganz automatisch das Bedürfnis, das Geschehene zu verstehen und in einen persönlichen Sinnzusammenhang zu setzen. Sie fangen an zu reflektieren. Manche in Kleingruppen, andere unter vier Augen und wieder andere still für sich.

Inwieweit das Ergebnis dieser spontanen Reflexionen der ursprünglichen Intention der Aktion gerecht wird, lässt sich nur sehr schwer sagen, da es maßgeblich davon abhängig ist, wie differenziert diese von den einzelnen Spielerinnen und Spielern durchgeführt wird.

„Peter ist ein Vollidiot, mit dem mache ich nie wieder was" ist zunächst genauso eine Erkenntnis aus einer Aktion wie die Feststellung, dass die Gruppe nicht gut genug miteinander kommuniziert hat und nicht immer alle wussten, was der andere gerade vorhat.

Deshalb genügt für die Spielleitung nicht zu wissen, dass Reflexionen immer automatisch stattfinden, sobald es etwas zu reflektieren gibt, vielmehr ist es wichtig, den spontanen individuellen Auseinandersetzungen der Spielenden eine Struktur zu geben und deren Verarbeitungsprozess durch bestimmte Fragestellungen und Methoden zu leiten und zu konkretisieren. Geschieht dies nicht, bleibt das pädagogische Potenzial dieser Spiele weitgehend ungenutzt und es bleibt den Spielerinnen und Spielern selbst überlassen, welche Erkenntnis sie für sich mitnehmen.

Erst durch die Reflexion wird das Erlebnis zu einer Erfahrung

Wenn mehrere Personen eigenverantwortlich damit beschäftigt sind, eine Herausforderung zu meistern, die für alle neu und ungewohnt ist, ist der gemeinsame Prozess und sein Ergebnis oft alles andere als eindeutig.

War es nun purer Zufall, dass die Gruppe es geschafft hat, oder war die Herangehensweise der Gruppe der Grund für den Erfolg? Welche Eigenschaften und Verhaltensweisen haben der Gruppe geholfen, das anvisierte Ziel zu erreichen?

Dies gilt umso mehr, da es sich bei diesen Erlebnissen nicht um objektiv wahrnehmbare Ereignisse handelt, sondern immer um Geschehnisse, die sich aus der Interaktion von mehreren Menschen heraus ergeben und vielen verschiedenen subjektiven Perspektiven unterliegen.

Eine Gruppe spielt das Abenteuerspiel „Die Alarmanlage". Bei der Lösung der Aufgabe komm es zu unverständlichen Kommunikationsproblemen innerhalb der Gruppe. Die Spielenden teilen sich in zwei Kleingruppen auf, die separat versuchen, die Aufgabe zu lösen. Es entwickelt sich eine Art Wettkampf innerhalb der Gruppe, welche Kleingruppe die beste und schnellste Lösung findet.

Die Gründe für diesen Spielverlauf können ganz unterschiedlich sein. Vielleicht ist der Spielverlauf exemplarisch für diese Gruppe und spiegelt einen unterschwelligen Konflikt innerhalb der Gruppe wider. Es kann aber auch sein, dass die Gruppe einfach von der Aufgabenstellung genervt ist, das Spiel möglichst schnell und ohne große Diskussionen hinter sich bringen will und sich daraus die Teilung ergeben hat.

Solange die Spielerinnen und Spieler sich nicht darüber austauschen, was und warum etwas passiert ist, bleiben alle Erklärungsversuche dazu rein spekulativ. Erst durch eine strukturierte, gemeinsame Reflexion haben alle Beteiligten die Möglichkeit, die Hintergründe und Entstehungsgeschichte des Spielverlaufs zu verstehen und als konstruktive Lernerfahrung abzuspeichern. Ohne diese Reflexion bleibt ein solches Ereignis oft zusammenhanglos und isoliert stehen und die Spielerinnen und Spieler speichern die Aufgabe als „blödes Spiel" oder „komische Aktion" ab, ohne verstanden zu haben, worum es ging und was wirklich passiert ist.

Reflexionen dienen sowohl dem Rückblick als auch der Vorausschau

Reflexionen dienen nicht nur dem Rückblick auf das Erlebte, sondern sollten im Sinne einer Nutzung der formulierten Erfahrungen auch auf zukünftige Aufgaben gerichtet sein. Zum einen dienen sie der aktuellen Standortbestimmung, indem gemachte Erlebnisse zu Erkenntnissen formuliert werden. Zum anderen sind sie eine Art Kursbestimmung, in dem die Spielenden sich im Verlauf der Reflexion überlegen, worauf sie zukünftig achten wollen.

Eine Reflexion ist weder Feedback noch Evaluation

Eine Reflexion darf nicht mit einem Feedback verwechselt werden. „Der Weg war viel zu lang" oder „Die Aufgabe war zu leicht" – das sind oft die ersten Reaktionen, wenn die Spielerinnen und Spieler gefragt werden, wie es ihnen während der letzten Aktion ergangen ist. Inhaltlich können diese Aussagen durchaus zutreffend bzw. einleuchtend sein, aber sie sind keine Antwort auf die gestellte Frage.

Die Reaktion ist zunächst absolut nachvollziehbar. Es ist immer leichter, den erlebten Gruppenprozess mit dem Spielaufbau zu begründen. Aber der entscheidende Punkt der Reflexion ist nicht die Frage, wie die Aufgabe war, sondern wie die Gruppe mit der Aufgabe umgegangen ist. Wenn Reflexion und Feedback miteinander vermischt werden, kann jede Beobachtung auf die Aufgabe bezogen werden und statt der Gruppe wird die Spielleitung hauptverantwortlich für den Spielverlauf und den damit einhergehenden Gruppenprozess gemacht.

Um dies zu vermeiden, sollte die Spielleitung alle Rückmeldungen zur Aufgabenstellung hintanstellen und den Fokus der Gesprächsrunde auf die Selbstverantwortung der Gruppe konzentrieren. Wie seid ihr damit umgegangen? Wie habt ihr euch entschieden? Was gab es sonst noch für Möglichkeiten für euch?

Wenn diese Fragen abschließend besprochen wurden, kann die Spielleitung die Gruppe gegebenenfalls noch zu einer Feedbackrunde einladen und darauf eingehen, inwieweit die Aufgabe gut geplant und aufgebaut war oder nicht. Wichtig ist nur die klare Trennung dieser beiden Punkte und eventuell die Klärung der weiteren Vorgehensweise, damit die Spielerinnen und Spieler nicht den Eindruck bekommen, die Leitung möchte möglicher Kritik ausweichen.

Eine Gruppe sollte blind einen Park durchqueren. Als Hilfsmittel standen der Gruppe drei Fixpunkte zur Verfügung, an denen die Spielenden sich versammeln und die Augenbinden abnehmen konnten, sowie ein Joker. Dieser konnte jederzeit eingesetzt werden und bedeutete, dass alle Beteiligten sich an Ort und Stelle versammeln konnten und die Augenbinden abnehmen durften, um sich zu orientieren.

Bei der Durchführung der Aufgabe marschierte die Gruppe zügig von einem Fixpunkt zum nächsten. Nur einmal kam es zu leichten Irritationen, woraufhin die Gruppe nach kurzer Absprache ihren Joker einsetzte und schon nach 15 Minuten ihr Ziel erreicht hatte.

In der anschließenden Reflexion bemängelten einige Personen, dass die Aufgabe viel zu leicht war und für sie keine Herausforderung darstellte. Diese Rückmeldung war durchaus berechtigt, die Fixpunkte lagen in der Tat zu dicht aneinander. Allerdings stand dieser Einwand in einem Widerspruch zu der Art und Weise, wie die Gruppe die Aufgabe gelöst hat. Denn warum hat die Gruppe so schnell ihren Joker eingesetzt, wenn alle die Aufgabe als zu einfach empfanden?

Anstatt nur auf die Rückmeldung der Spielerinnen und Spieler einzugehen und die Aufgabenstellung zu diskutieren, machte die Spielleitung diesen scheinbaren Widerspruch zum Thema der Reflexion, woraus sich ein intensives Gespräch innerhalb der Gruppe entwickelte, welche Rolle die Gruppe bzw. die einzelnen Gruppenmitglieder bei der Gestaltung der Aufgaben übernehmen und in wessen Verantwortungsbereich es liegt, dass alle sich gefordert fühlen. Im Anschluss griff die Spielleitung die anfängliche Rückmeldung wieder auf.

Genauso lässt sich die Reflexion zur Evaluation abgrenzen. Ziel einer Reflexion ist die Bereicherung der Erfahrungen der Beteiligten und nicht die Bewertung von Personen oder Aufgaben. Viele Teilnehmerinnen und Teilnehmer wollen im Anschluss an eine Aufgabe unbedingt von der Spielleitung wissen, wie gut sie diese gelöst haben oder wie andere Gruppen bei dieser Aufgabe vorgegangen sind. Diese Fragen sind nachvollziehbar, bringen die Beteiligten aber nur bedingt weiter, da sie sich dadurch abhängig von einer externen Bewertung machen. Solange diese gut ausfällt und die Gruppe Lob erfährt, wird dies selten hinterfragt. Aber sobald die Gruppe sich nicht ideal verhalten hat, muss die Spielleitung innerhalb dieses Kontextes auch die Fehler ansprechen und die Gruppe kritisieren. Deshalb ist die viel spannendere Frage, wie zufrieden die Teilnehmerinnen und Teilnehmer selbst mit ihrer Vorgehensweise bzw. ihrem Ergebnis sind.

Eine Gruppe von Jugendlichen müht sich über eine halbe Stunde mit einer Aufgabe ab und schafft es gerade so, ihr Ziel zu erreichen. Während des Spiels gab es ein, zwei Momente, an denen die Gruppe laut der gestellten Regeln eigentlich von vorn hätte beginnen müssen, aber die Spielleitung hat die Konsequenzen dieser Regeln nicht eingefordert und so getan, als wäre nichts geschehen. In der anschließenden Reflexion zeigen sich alle Beteiligten zunächst glücklich, die Aufgabe hinter sich gebracht zu haben, aber niemand ist wirklich zufrieden mit dem Ergebnis.

In dieser Situation bringt es nicht viel, die Gruppe für ihr Durchhaltevermögen oder Ähnliches zu loben und sie aufzumuntern, da sie es doch geschafft habe. Die Beteiligten können ihre Leistung selbst sehr genau einschätzen und entwickeln ein Gefühl dafür, ob sie zufrieden sein können oder nicht. Eine externe Bewertung durch die Spielleitung kann dieses Empfinden bestätigen oder nicht, verändern kann es das eigene Gefühl der Spielerinnen und Spieler in der Regel nicht. Unabhängig von der Evaluation durch die Spielleitung ist deshalb die interessantere Frage innerhalb der Reflexion, wie die Teilnehmenden selbst das Ergebnis bewerten würden und warum niemand von sich aus reagiert hat, nachdem die Spielleitung die Einhaltung der Regeln nicht eingefordert hat. Aus dieser Frage heraus kann die Gruppe dann überlegen, wie sie sich in einer ähnlichen Situation in der Zukunft verhalten möchte und was ihnen bei der Lösung der gestellten Aufgaben wichtig ist.

Der Vergleich mit anderen Gruppen oder die Vorstellung alternativer Lösungsstrategien ist auch eine Form der externen Bewertung. Ist die Gruppe nicht auf die naheliegende Lösung gekommen, bekommt sie durch deren Vorstellung den Eindruck, unsinnig gehandelt zu haben. Ist eine Gruppe zunächst sehr zufrieden mit dem eigenen Ergebnis, kann dieses Gefühl sehr schnell infrage gestellt werden, wenn sie mitbekommt, dass andere Gruppen es schon viel besser geschafft haben. Natürlich kann die Spielleitung der Gruppe sagen, welche alternativen Lösungsstrategien sie schon bei anderen Gruppen miterlebt hat, falls die einzelnen Gruppenmitglieder dies unbedingt wissen wollen oder regelrecht einfordern. Sie sollte dabei allerdings darauf achten, dies nicht bewertend zu tun und jede Form des Vergleichs zu vermeiden.

Rahmenbedingungen

Eine Reflexion kann nur gelingen, wenn bestimmte Rahmenbedingungen gegeben sind. Dazu zählt zuallererst die Befriedigung aller dringlichen Grundbedürfnisse aufseiten der Teilnehmerinnen und Teilnehmer. Wenn diese müde oder hungrig sind, frieren oder dringend auf die Toilette müssen, werden sie nur in geringem Maße bereit sein, sich auf eine intensive Gesprächsrunde einzulassen, bei der absehbar ist, dass diese etwas länger dauern wird. Daher muss die Spielleitung neben der inhaltlichen Gestaltung der Reflexion erst einmal darauf achten, dass die Beteiligten in der Lage sind, sich auf diese einzulassen, ohne permanent abgelenkt zu werden. Das kann bedeuten, dass die Teilnehmenden nach Beendigung einer Aufgabe erst einmal fünf Minuten Pause brauchen. Diese Erholungspause sollte allerdings nicht zu lange ausgedehnt werden, da die Eindrücke der einzelnen Personen relativ schnell wieder verblassen und vieles, was während des Spiels noch als unheimlich wichtig und intensiv wahrgenommen wurde, im Nachhinein bei einer Tasse Kaffee und einem Stück Kuchen als nicht mehr der Rede wert erscheint.

Gesprächsrunde

Um eine Reflexion für die gesamte Gruppe interessant zu gestalten, ist es wichtig, dass alle Anwesenden aktiv beteiligt sind und die Möglichkeit haben, Wortbeiträge und Reaktionen der anderen mitzubekommen. Am besten ist dies in einem Gesprächskreis möglich, das heißt, alle Teilnehmenden sitzen so, dass sich alle gegenseitig sehen und hören können. Wenn die Reflexion im Stehen durchgeführt wird, bedeutet dies automatisch, dass sie nicht allzu lange dauern wird, da die Spielenden relativ schnell unruhig werden und sich hinsetzen möchten. Bei Aktionen im Wald oder unterwegs haben sich aus diesem Grund z. B. Sitzkissen bewährt. Diese ermöglichen es der Spielleitung, überall längere Reflexionen durchführen zu können, ohne dass die Beteiligten dabei stehen bleiben müssen oder damit beschäftigt sind, sich Sorgen um ihre Hosen zu machen. Darüber hinaus sollte der Platz möglichst ruhig sein und wenig ablenkende Anreize für die Gruppe bieten. Bei Kindern und Jugendlichen reicht manchmal schon ein sandiger Untergrund oder herumliegende Tannenzapfen, um sie von dem Verlauf der Reflexion abzulenken und sie davon abzuhalten, sich weiter zu beteiligen bzw. sich gegenseitig zuzuhören.

Gesprächsregeln

Eine Reflexion kann nur in einer angemessenen Atmosphäre gelingen. Diese ist geprägt durch eine entsprechende Redekultur, in der alle Beteiligten sich gegenseitig zuhören und sich mit Respekt und Wertschätzung begegnen. Das bedeutet nicht, dass die Beteiligten sich nicht kritisieren dürfen. Im Gegenteil – die Teilnehmerinnen und Teilnehmer sollen sich untereinander austauschen und sich gegenseitig ihre Meinung sagen. Aber es ist wichtig, dass sie dies wertschätzend und respektvoll tun. Möglich wird dies durch eine Gesprächskultur, in der die gängigen Feedbackregeln gelten.

Diese lauten in Kurzform:

Sei konkret!
Verallgemeinerungen und Pauschalaussagen verunsichern die anderen und helfen meist nicht weiter. Wörter wie „einige" oder „manche" vermitteln nur ein diffuses Bild der eigenen Meinung und dienen nicht der Klärung.

Äußere dich subjektiv!
Sprich in der Ichform, sodass klar ist, dass es sich um deine Wahrnehmung, Eindrücke und Beobachtungen handelt. Dadurch wird die Rückmeldung nicht weniger wichtig, erleichtert deinem Gegenüber aber, diese anzunehmen.

Gib sowohl positives als auch negatives Feedback!
Erst aus dem Zusammenspiel wird aus deiner Rückmeldung eine wertvolle Aussage für dein Gegenüber. Die negative Kritik macht deutlich, wo mögliche Lernchancen liegen, und die positive Kritik vermittelt eine wertschätzende Haltung.

Bleib immer konstruktiv!
Kritik sollte konstruktiv, das heißt für den anderen zumindest potenziell nützlich sein. Daher ist es immer sinnvoll, sie mit Ideen, Wünschen oder Anregungen zu verbinden. Ansonsten birgt die Rückmeldung die Gefahr, dass dein Gegenüber „dichtmacht" oder sich verletzt fühlt und in die Offensive geht.

Die Spielleitung kann diese Regeln innerhalb der Gruppe etablieren, indem sie durch ihr eigenes Auftreten verdeutlicht, welche Art von Redekultur ihr wichtig ist. Durch die Art und Weise, wie die Spielleitung das Gespräch leitet, Fragen stellt und einzelne Personen auffordert, ihre Meinung zu konkretisieren, bekommen die Teilnehmerinnen und Teilnehmer automatisch einen Eindruck von den dahinterstehenden Werten. Ansonsten kann es sinnvoll sein, die wichtigsten Gesprächsregeln zu Beginn der Reflexion kurz in der Runde vorzustellen. Wichtig ist nur, dass der Gruppe von Beginn an deutlich wird, dass Wertschätzung und gegenseitiger Respekt grundlegende Werte innerhalb der Reflexion sind, und die Spielleitung darauf achtet, dass diese von allen Beteiligten beachtet werden.

Schutz aller Beteiligten

Wertschätzung und Respekt gelten aber nicht nur für den Umgang der Teilnehmenden untereinander, sondern in noch größerem Maße für das Auftreten der Spielleitung gegenüber der Gruppe. Die Spielleitung darf niemanden zwingen, sich aktiv an dem Gespräch zu beteiligen, oder Einzelne gegen ihren Willen dazu bringen, laut ihre Meinung zu äußern. Nur wenn die Beteiligten allein entscheiden können, bis zu welchem Grad sie sich einbringen, werden sie bereit sein, sich zu öffnen, und sich auf den Prozess einlassen. Dies bedeutet aber nicht, dass die Spielleitung die Spielerinnen und Spieler nicht direkt ansprechen oder nachfragen darf, wenn sie etwas nicht verstanden hat. Sehr oft bekommt eine Reflexion nur dann die nötige Intensität, wenn die Spielleitung an den entscheidenden Stellen nachhakt oder durch Fragen versucht, Meinungen zu konkretisieren. Die Spielenden müssen nur selbst entscheiden können, ob sie sich auf einen solchen Prozess einlassen möchten oder nicht. Die Spielleitung muss es respektieren, wenn ein Spieler oder eine Spielerin bewusst eine Frage umgeht oder trotz eindeutiger Einladung bestimmte Dinge nicht anspricht.

Wenn innerhalb der Gruppe ein Thema besprochen wird, das die Beteiligten emotional berührt, ist es wichtig, dass die Spielerinnen und Spieler auch genügend Zeit haben, sich darüber auszutauschen und nicht mit Äußerungen, die im Raum stehen, alleingelassen werden.

Inhalt und Thema einer Reflexion

Spielende beteiligen sich nur an Reflexionen, wenn sie diese als sinnvoll erleben

Reflexionen sollten nicht einem Selbstzweck dienen, sondern sich immer auf die Bedürfnisse und Wünsche der Spielenden beziehen. Wenn eine vorangegangene Aktion sehr emotionsgeladen war, ist es nicht schwer, die Gruppe zu ermuntern, sich auf eine Reflexion einzulassen. Alle Beteiligten möchten von sich aus ihre Eindrücke austauschen und sich ihrer Erfahrungen bewusst werden.

Eine Gruppe spielt „Drunter und drüber". Schon während der Aufgabe beobachtet die Spielleitung, wie ein Spieler sich immer mehr darüber ärgert, dass eine andere Spielerin ihn herumkommandiert. Er sagt jedoch nichts und verdreht nur mehrmals die Augen. Auch andere aus der Gruppe scheinen unzufrieden mit der Art und Weise, wie einige aus der Gruppe die Führung übernehmen. Auch sie sagen nichts, verhalten sich aber nur noch passiv und werden immer wortkarger.

Die Spielleitung lässt das Spiel laufen und gibt allen Beteiligten in einer anschließenden Reflexion die Möglichkeit, mit drei Adjektiven zu beschreiben, wie sie die Gruppe während der Aufgabe erlebt haben. Die einen wählen überwiegend Wörter wie aggressiv, dominant, tyrannisch, die anderen gereizt, schweigsam, lustlos. Danach kommt es automatisch zu einem weiterführenden Gespräch, in dem die Spielerinnen und Spieler sich darüber austauschen, warum sie sich so verhalten haben und was ihnen bei der Art und Weise, wie miteinander geredet wird, wichtig ist.

Das Thema der Reflexion ist in diesem Fall die Kommunikation innerhalb der Gruppe. Aufgrund der aufgetretenen Konflikte haben die Spielenden ein großes Eigeninteresse daran, sich über die unterschiedlichen Wahrnehmungen auszutauschen, und die Spielleitung hat keine große Mühe, die Reflexion in Gang zu bringen.

Ein turbulenter Spielverlauf allein reicht jedoch nicht aus, um eine Gruppe von dem Sinn einer Reflexion zu überzeugen. Entscheidend ist die Wahl des richtigen Themas der Reflexion.

Eine Gruppe spielt den „Flugzeugabsturz". Bei der Lösung der Aufgabe wird ein Spieler, der etwas abseits saß, von der Gruppe vergessen und erst vermisst, nachdem die Gruppe das Ziel schon erreicht hatte und die Spielleitung keinerlei Anzeichen gab, das Spiel zu beenden. In der anschließenden Reflexion möchte die Spielleitung auf die Zusammenarbeit der Gruppe eingehen und macht dies zum Thema der Reflexion. Die Beteiligten zeigen sich nur mäßig interessiert und antworten sehr allgemein. Erst als die Spielleitung hinterfragt, wie es dazu kommen konnte, das ein Spieler vergessen wurde, steigt die Beteiligung der Gruppenmitglieder und es entsteht eine rege Diskussion über Eigenverantwortung und die Verantwortung der Gruppe.

Das Thema Kooperation war für diese Gruppe uninteressant, da alle Beteiligten mit der gezeigten Zusammenarbeit innerhalb der sich gebildeten Kleingruppen zufrieden waren und dies innerhalb des Spielgeschehens für die Spielenden nicht von großer Bedeutung war. Die Tatsache dagegen, dass die Gruppe einen Spieler vergessen hat, ohne dass dies einem der Anwesenden aufgefallen war, war für viele eine erschütternde Feststellung. Eigentlich waren alle davon ausgegangen, dass innerhalb ihrer Gruppe ein ausgeprägtes Gemeinschaftsgefühl vorhanden ist und sich alle gegenseitig wahrnehmen und aufeinander achten. Deshalb waren die Spielerinnen und Spieler sehr daran interessiert, sich über die Geschehnisse rund um diesen Punkt auszutauschen, das war das Thema der Gruppe.

Aber nicht alle Spiele verlaufen turbulent. Es kann auch passieren, dass eine Aktion sehr ausgeglichen verläuft und es überhaupt keine Probleme oder Irritationen beim Lösen der Aufgaben gibt. In diesem Fall sind weder irgendwelche Emotionen aufzuarbeiten, noch unterschiedliche Beweggründe zu klären.

Die Gruppe ist mit dem „Reifentor“ beschäftigt. Alle Spielerinnen und Spieler halten sich an den Händen fest und sollen durch einen Gymnastikreifen steigen, der von zwei Gruppenmitgliedern festgehalten wird. Nach einigen kurzen Überlegungen und Absprachen steigen alle nacheinander durch den Reifen, ohne diesen zu berühren. Die anschließende Reflexion verläuft sehr einsilbig. Alle sind mit dem Spielverlauf und dem Ergebnis zufrieden und keiner hat mehr dazu zu sagen.

Die Reaktion der Spielerinnen und Spieler in dem beschriebenen Beispiel ist absolut verständlich. Alles hat gut geklappt und außer der Betonung der positiven Aspekte gibt es nichts mehr zu sagen. Wenn die Gruppe kein spezielles Thema hat, das anhand der Aufgabe reflektiert werden könnte, endet die Reflexion an dieser Stelle.

Neben der Intensität des Erlebnisses ergibt sich der Sinn einer Reflexion vor allem aus deren Thema. Wenn dieses von allen Beteiligten als bedeutsam erlebt wird, kann auch ein sehr ausgeglichener Spielverlauf die Grundlage einer sinnvollen Reflexion bieten. Dies setzt jedoch ein Thema voraus, das als so relevant erlebt wird, dass die Spielenden von sich aus motiviert sind, sich damit auseinanderzusetzen.

Ein Team von Ehrenamtlichen hat sich entschieden, im Vorfeld der gemeinsamen Ferienfreizeit für Kinder ein Teamtraining zu machen, um die verschiedenen Erwartungen der Teammitglieder an das Team zu klären und Vereinbarungen für die gemeinsame Zusammenarbeit zu entwickeln. Innerhalb dieses Teamtrainings müssen alle Beteiligten gemeinsam mit einem „Stift für alle“ das Logo ihrer Einrichtung auf ein großes Blatt Papier malen. Die Aufgabe klappt gut und alle zeigen sich sichtlich zufrieden mit dem Ergebnis. In der Reflexion hinterfragt die Spielleitung, warum alles so gut funktioniert hat und was jeder Einzelne dazu beigetragen hat, damit die Gruppe nun zufrieden um ihr gemaltes Logo sitzen kann. Durch die gesammelten Wortbeiträge entwickelt die Gruppe schnell von sich aus Kriterien, die alle erfüllen müssen, wenn sie gemeinsam vor einer Aufgabe stehen. Diese Vereinbarungen bilden die Grundlage für den weiteren Verlauf des Trainings.

Die Ziele dieser Gruppe sind so klar, dass die Beteiligten gar keine aufwühlenden Gruppenprozesse benötigen, um sich für eine Reflexion des Geschehens zu interessieren. Im Prinzip war dieses Interesse schon vor dem Spiel vorhanden und die Aufgabe selbst bildete nur den Bezugspunkt für die Entwicklung von Vereinbarungen für das gemeinsame Arbeiten.

Entwicklung von gruppenspezifischen Reflexionsthemen

Nicht alle Gruppen verfügen schon von Anfang an über klare Zielvorstellungen. Oft ist eine Gruppe zu Beginn einer Spieleinheit gar nicht in der Lage, klare Erwartungen oder Ziele zu formulieren, oder den Spielenden fehlt die Motivation, sich darüber Gedanken zu machen.

Viele Gruppen haben einfach Spaß am Spielen und Lust an der Bewegung. Sie finden es reizvoll, sich spannenden Herausforderungen zu stellen, und sind motiviert, gemeinsam die an sie gestellten Aufgaben zu lösen. Das pädagogische Potenzial dieser Spiele ist für sie uninteressant, sie wollen einfach nur spielen.

Um diese Spiele sinnvoll reflektieren zu können, muss die Spielleitung mit der Gruppe in einem ersten Schritt Themen erarbeiten, die für die Gruppe von Bedeutung sind.

Der einfachste Weg, diese Themen zu finden, ist das Spiel selbst. Beim Spielen kooperativer Abenteuerspiele wird allen Beteiligten sehr schnell deutlich, welche die Stärken bzw. die Knackpunkte der Gruppe sind. Je nach Ziel und Zweck der jeweiligen Gruppe ergeben sich dadurch automatisch die Themen für den weiteren Verlauf.

Ein Team von jungen Erwachsenen spielt im Rahmen eines Teamtrainings mehrere kooperative Abenteuerspiele. Durch das Training soll das Gemeinschaftsgefühl innerhalb der Gruppe gestärkt werden. Während der ersten Aufgaben wirkt die Gruppe schon sehr homogen und alle Beteiligten arbeiten gut und wertschätzend zusammen. Doch sobald das Team auf Probleme stößt, teilt sich die Gruppe immer in mehrere kleine Untergruppen, die alle parallel versuchen, eine Lösung für die Gesamtgruppe zu finden. Sobald eine dieser Untergruppen eine Idee entwickelt hat, wird die Gruppe wieder zusammengerufen und alle Spielerinnen und Spieler schließen sich der Lösung der entsprechenden Kleingruppe an. Durch die Reflexionen wird den Gruppenmitgliedern dieses Lösungsverhalten bewusst und sie erkennen darin Parallelen zum Alltag. Der Gruppe wird auf einmal klar, warum sie sich manchmal nicht als Team erlebt, und einzelne Personen äußern den Wunsch, mehr miteinander zu kommunizieren, um gemeinsam zu einer Lösung zu kommen. Im Fokus des weiteren Trainings stehen deshalb die gemeinsame Planung von Aufgaben und die Kommunikation der unterschiedlichen Lösungsansätze.

Es kann durchaus sinnvoll sein, eine Spielsequenz anzuleiten, ohne eine klare Vorstellung über die möglichen Ziele zu besitzen. In diesem Fall eignet sich eine Kombination von Spaß- und Abenteuerspielen mit anschließenden Reflexionsangeboten besonders gut. Diese setzen direkt bei der Spielfreude der Beteiligten an und geben diesen in mehreren aufeinander aufbauenden Aufgaben die Möglichkeit, sich ein Bild von den Eigenheiten, Stärken und Schwächen ihrer Gruppe zu machen. In den begleitenden Reflexionsimpulsen können die Spielenden sich mit ihrem Ergebnis und dessen Zustandekommen auseinandersetzen und Ziele bzw. Themen entwickeln, die ihnen wichtig sind. Die Gruppe bestimmt durch ihr Verhalten selbst, worum es in den nächsten Aufgaben geht und was ihr Lernziel ist.

Eine Gruppe hatte sich innerhalb einer vorangegangenen Reflexion das Ziel gesetzt, erst mit dem Lösen von Aufgaben anzufangen, wenn alle den vorgeschlagenen Plan verstanden haben und damit einverstanden sind. In der Reflexion der anschließenden Aufgabe fragt die Spielleitung, ob die Gruppe es geschafft hat, das Ziel umzusetzen. Daraus ergibt sich eine Diskussion zwischen den Beteiligten, da einigen der genaue Plan zu Beginn nicht klar war, andere aber wieder einfach angefangen haben. In dem Gespräch wird deutlich, dass einige Spielerinnen und Spieler nicht bereit sind, alles im Vorfeld auszudiskutieren. Gemeinsam wird überlegt, wie das ursprüngliche Ziel modifiziert werden muss, um diesen Aspekt mit aufzunehmen.

Was bedeutet diese Erkenntnis für die nächste Aufgabe? Welche Erkenntnis kann aus dieser Aufgabe gezogen werden? Worauf sollte die Gruppe in Zukunft achten? Anhand dieser Fragestellungen können die Spielenden die Erkenntnisse aus der vorangegangenen Aufgabe für zukünftige Situationen verallgemeinern und im Sinne einer gemeinsamen Vereinbarung festhalten. Die Reflexionen geben der Spieleinheit eine klare Richtung und die Spielerinnen und Spieler haben selbst die Möglichkeit, sich Lernziele zu setzen und zu formulieren, woran sie arbeiten möchten. Die Themen der Reflexionen sind dabei abhängig von dem während der Durchführung der Aufgaben stattgefundenen Gruppenprozess.

Aus dem Spielverlauf resultierende Themen können z. B. sein:

- Kooperation – Wie arbeiten die Beteiligten zusammen?
- Gemeinschaft – Wie wird mit Fehlern umgegangen?
- Wahrnehmung – Wie nehmen die Teilnehmenden die eigenen und die Bedürfnisse der anderen wahr?
- Hilfe – Wie gut können die Teilnehmenden Hilfe annehmen bzw. wie bereit sind sie andere zu unterstützen?
- Planung – Wie geht die Gruppe an eine herausfordernde Aufgabe heran?
- Koordination – Wie werden die Aufgaben verteilt?
- Initiative – Wer übernimmt Verantwortung?
- Konflikte – Wie wird mit Meinungsverschiedenheiten umgegangen?
- Leistung – Wie wichtig ist Erfolg?
- Individuum und Gruppe – Wie werden die Interessen der einzelnen Mitspielerinnen und Mitspieler berücksichtigt?
- Leitung – Wie definiert die Gruppe Leitung?
- Entscheidungsfindung – Nach welchen Kriterien und in welchem Verfahren werden Entscheidungen getroffen?
- Vertrauen – Inwieweit sind die Spielenden bereit, ein subjektives Risiko einzugehen?
- Kommunikation – Wie reden die Spielerinnen und Spieler miteinander?
- Rollen – Wer übernimmt oder bekommt welche Rolle?
- Grenzen – Wann wird ein Spiel oder ein Versuch von der Gruppe abgebrochen?
- Motivation – Was braucht der Einzelne, um motiviert in der Gruppe zu arbeiten?

Oft ist es für die Spielleitung schon während des Spielverlaufs möglich, die Strukturen und informellen Regeln einer Gruppe nachzuvollziehen und mögliche Verbesserungspotenziale auszumachen. Durch die Verknüpfung dieser Beobachtungen mit den Bedürfnissen der Gruppe ergeben sich die möglichen Themen für die Reflexion.

Mehrere Jugendliche aus unterschiedlichen Gruppen und Zusammenhängen spielen im Rahmen eines eintägigen Spieleworkshops kooperative Abenteuerspiele. Da die Zusammenarbeit innerhalb der Gruppe während der Spiele an vielen Stellen ausbaufähig war, möchte die Spielleitung in den Reflexionen das Thema Kooperation bearbeiten. Die Beteiligten lassen sich aber nur oberflächlich und schleppend auf eine Auseinandersetzung mit diesem Thema ein.

Eine Auseinandersetzung über die gemeinsame Zusammenarbeit ist für die Anwesenden absolut uninteressant, da sie nie als Gruppe miteinander arbeiten werden. In diesem Fall macht eine Reflexion nur Sinn, wenn diese sich auf individuelle Themen bezieht bzw. den Fokus der Auseinandersetzung auf das Lernpotenzial für den Einzelnen konzentriert. Ergibt sich aus dem Spielverlauf kein Thema, das die Spielleitung beobachtet hat und mit der Gruppe sinnvoll hinterfragen könnte, entfällt auch die Notwendigkeit einer Reflexion und Spielleitung und Gruppe können mit ihrem Programm fortfahren.

Wenn Spielverlauf und Gruppe dagegen eine Fülle von Möglichkeiten für die Reflexion bieten, muss die Spielleitung sich entscheiden, auf welches Thema sie den Fokus richten möchte.

Eine Gruppe von jungen Erwachsenen spielt im Rahmen einer Vorbereitung auf ein gemeinsames Projekt das Abenteuerspiel „Die Gratwanderung“. Schon in der Planungsphase funktioniert die Kommunikation nicht richtig, alle reden durcheinander. Mehrere Personen fangen mit einer Lösung an, ohne sich vorher abgestimmt zu haben, und bestimmen nun, wer was zu tun hat. Bei der Durchführung von einem Lösungsvorschlag helfen sich die Spielerinnen und Spieler nur unzureichend, was dazu führt, dass die Gruppe schließlich frustriert scheitert.

Dieser Spielverlauf bietet zahlreiche Themen für eine Reflexion: Kommunikation, Kooperation, Helfen und sich helfen lassen, Umgang mit Misserfolgen … An dieser Stelle muss die Spielleitung überlegen, welches Thema wohl am ehesten den Bedürfnissen und Wünschen der Beteiligten entspricht.

Wenn die Spielleitung nicht sicher ist, welches das Thema der Gruppe ist, kann sie die Spielerinnen und Spieler auch fragen. Was ist eurer Meinung nach momentan Thema in der Gruppe? Worum ging es eigentlich gerade während des Spiels? Was ist euch aufgefallen? Durch diese Fragen bleibt die Reflexion automatisch an den Bedürfnissen der Spielerinnen und Spieler ausgerichtet. Spielleitung und Gruppe entscheiden gemeinsam, welche Richtung die Reflexion nehmen soll.

Diese Richtungsentscheidung ist wichtig, um der Reflexion die nötige Tiefe zu ermöglichen, da es unrealistisch ist, sich innerhalb einer Gesprächsrunde mit mehreren Themen gleichzeitig intensiv zu beschäftigen. Ohne einen klaren Fokus bekommt die Reflexion außerdem etwas Beliebiges und es entsteht schnell der Eindruck, die Spielleitung würde wahllos in den möglichen Themenfeldern „herumstochern" und hätte selbst keine klare Vorstellung von dem Verlauf des weiteren Gesprächs.

Reflexionsfragen

Reflexionen sind Angebote. Ob sie tiefer gehen, entscheidet die jeweilige Gruppe bzw. jeder Einzelne. Die beste Möglichkeit, diese Entscheidung mit zu beeinflussen, besteht darin, konkrete Fragen zu stellen. Fragen regen die Beteiligten an, das Erlebte gedanklich Revue passieren zu lassen, ohne ihnen die Interpretation der Ereignisse vorzuschreiben. Sie bieten allen Beteiligten eine Perspektive, ohne diese in eine bestimmte Richtung zu drängen, und sie eröffnen Lernchancen, ohne den Beteiligten vorzuschreiben, was sie für sich aus dem Erlebten mitnehmen sollten.

Fragen ermöglichen es der Spielleitung auch, einzelne Personen speziell anzusprechen und zur Teilnahme an der Reflexion zu ermutigen. In der Regel haben alle Teilnehmenden eine Meinung zu dem Spielgeschehen und können wichtige Wahrnehmungen und Einschätzungen zu dem Geschehenen beitragen. Inwieweit sie dies tun, hängt jedoch oft davon ab, ob sie auch gefragt werden. Viele Menschen verhalten sich zunächst zurückhaltend und haben Hemmungen, von sich aus ihre Meinung zu äußern. Die direkte Ansprache hilft ihnen, sich auf den Prozess einzulassen und aktiv daran teilzunehmen.

Andere äußern sich zwar zu dem Spielgeschehen, antworten aber nur sehr allgemein und ungenau. In diesem Fall sind es besonders die Zwischentöne, die entscheidend sind. In diesen Fällen empfiehlt es sich, nachzuhaken und zu fragen, was die entsprechende Person konkret meinte.

In der Reflexionsrunde beantworten die meisten die Frage nach der Zufriedenheit mit der Gruppe sehr positiv. Ein Spieler sagt: „Nach einigen Diskussionen zu Beginn fand ich unsere Gruppe auch gut."

Manchmal ist eine solche Äußerung das einzige Signal der Gruppe bzw. einzelner Personen an die Spielleitung, dass es etwas gibt, was sich zu reflektieren lohnt. Wenn diese bei diesem Wortbeitrag nicht nachhakt und fragt, was mit „Diskussionen zu Beginn" gemeint war, und die anderen aus der Gruppe fragt, wie diese die Situation erlebt haben, wird die Reflexion nur an der Oberfläche bleiben und die Gruppe sich nicht weiter mit ihrer Planung zu Beginn auseinandersetzen.

Aufgabe der Spielleitung ist es, aufmerksam zuzuhören und auf Zwischentöne zu achten. Sie muss die Spielerinnen und Spieler und die Gruppe über die richtigen Fragen anregen, sich mit dem Erlebten auseinanderzusetzen. Das kann auch bedeuten, die Anwesenden ab und an durch eine provokant formulierte Frage herauszufordern oder darauf zu drängen, bei einem Thema zu bleiben und nicht abzuschweifen.

Die Formulierung einer Frage und die nichtwissende Haltung der Spielleitung
Fragen sollten immer so formuliert sein, dass sie die Anwesenden zum Nachdenken anregen und ihnen eine große Bandbreite an Möglichkeiten zum Antworten bieten. Möglich wird dies durch Fragen, die mit was, wie oder warum beginnen. So genannte offene Fragen überlassen es dem Gefragten, in welche Richtung das Gespräch gehen wird. Die Spielleitung offenbart ihr Interesse an den individuellen Wahrnehmungen der Beteiligten und gibt der Reflexion einen Fokus, ohne die Richtung zu bestimmen. Dies ist aus zwei Gründen wichtig: Zum einen bleibt so gewährleistet, dass sich die Reflexion wirklich an den Interessen und Bedürfnissen der Teilnehmenden orientiert. Zum anderen ist die Bereitschaft zu antworten deutlich höher, wenn der Gefragte den Eindruck hat, die Frage ist wirklich offen und der Fragende ist an einer Antwort interessiert. Unterstützt wird diese offene Form des Fragens durch eine begleitende authentische Haltung des Nichtwissens. Wenn die Spielleitung den Teilnehmenden vermittelt, die Antwort nicht zu kennen, werden diese ermutigt, sich selbst auf eine Entdeckungsreise zu begeben und Antworten auf diese Fragen zu finden. Ein wichtiger Faktor ist in diesem Zusammenhang die Zeit. Manchmal benötigen die Spielenden einen gewissen Moment, um sich über ihre Gefühle und Meinungen klar zu werden und können die gestellten Fragen nicht direkt beantworten. Deshalb sollte die Spielleitung den Spielerinnen und Spielern immer genügend Zeit einräumen, eine eigene Antwort zu finden und gegebenenfalls einen Moment warten, bevor sie ihre nächste Frage stellt.

Ganz deutlich wird der Einsatz von offenen Fragen an dem Redeanteil von Gruppe und Spielleitung. Wenn die Spielleitung zu viele Fragen stellt, auf die die Beteiligten nur mit Ja, Nein oder einer konkreten Antwort reagieren können oder müssen, bleibt der Gesprächsimpuls ständig aufseiten der Spielleitung und die Spielerinnen und Spieler haben nur einen geringen Anteil an der Reflexion.

Der Zeitpunkt einer Frage
Eine konstruktive und differenzierte Auseinandersetzung mit Fragen wie „Wie fandet ihr die Zusammenarbeit innerhalb eurer Gruppe?" oder „Was hat euch dazu bewogen, diese Entscheidung zu treffen?" setzen voraus, dass die Teilnehmenden in der Lage sind, ihre Zusammenarbeit zu bewerten. Eventuell haben einige Personen gar nicht wahrgenommen, dass es neben ihrer Entscheidung noch andere Möglichkeiten gegeben hätte, oder ihnen war gar nicht klar, dass andere aus der Gruppe gern noch mehr abgesprochen hätten. Deshalb ist neben dem Inhalt einer Frage vor allem deren Zeitpunkt von Bedeutung.

Bei dem Abenteuerspiel „Stuhlchaos“ laufen alle Beteiligten schweigend durch den Raum, alle machen etwas anderes. Die einen stapeln wie wild Stühle aufeinander, andere werfen diese um und der Rest der Gruppe trägt alle Stühle aus dem Raum. Nachdem mehrere Personen versucht haben, einen anderen Spieler gegen seinen Willen von einem Stapel Stühle wegzuziehen und dabei aus Versehen ein Stuhl kaputtgegangen ist, bricht die Spielleitung das Spiel ab und steigt in die Reflexion ein. Die Gruppe kann zunächst nicht nachvollziehen, wie und warum das Spiel so verlaufen ist.

Bevor die Spielleitung mit der Gruppe reflektieren kann, wie es zu diesem Verlauf kommen konnte, muss zunächst gesammelt werden, wer denn überhaupt welche Aufgabe hatte, wann was passiert ist und wer an welchen Interaktionen beteiligt war. Erst wenn alle Beteiligten verstanden haben, was passiert ist, können sie sich Gedanken über die Hintergründe der Geschehnisse machen und eventuell Rückschlüsse über weitere Zusammenhänge ziehen oder sich Gedanken über den möglichen Nutzen des Erlebten machen.

Die Phasen einer Reflexion

Generell lassen sich alle Reflexionen in vier Phasen unterteilen:

1. Beobachtung von Fakten
2. Ausdruck von Gefühlen
3. Analyse von Zusammenhängen
4. Auseinandersetzung mit Zukunftsperspektiven/Transfermöglichkeiten

Diese Strukturierung hilft der Spielleitung, der Reflexion einen roten Faden zu geben, und ermöglicht es den Teilnehmenden, selbstständig Lernchancen aus dem Geschehenen zu ziehen und persönliche Erkenntnisse zu formulieren.

Beobachtung von Fakten

Was ist passiert? Welche Aufgabe hatte welches Gruppenmitglied? Wann hat wer mit was begonnen? Welche gemeinsamen Lösungsansätze gab es? Wer hat diese wann ins Spiel gebracht?

All dies sind Fragen, die sich auf die vermeintlichen Fakten und Tatsachen innerhalb des Spiels beziehen. Sie sind alle recht einfach zu beantworten und eignen sich daher gut als Einstieg in eine Reflexion. Die Teilnehmerinnen und Teilnehmer kommen miteinander ins Gespräch, tauschen sich untereinander aus und rekonstruieren so ein klares Bild vom Spielverlauf.

Weitere Fragen, die der gemeinsamen Sammlung der Geschehnisse während des Spiels dienen, sind z. B.:
Was war ganz zu Beginn der Aufgabe?
Wer hatte die Idee für diese Lösung?
Welche Lösungsvorschläge gab es sonst noch?
Wann und wie habt ihr euch für eure Vorgehensweise entschieden?
Wie habt ihr die Aufgabe letztendlich gelöst?
Worin bestand die eigentliche Schwierigkeit?
Wer war woran beteiligt?

Ansonsten empfiehlt es sich in dieser Phase, sich an den Fragen der Spielenden selbst zu orientieren und diesen nachzugehen. Oft haben die Spielerinnen und Spieler von sich aus das Bedürfnis, sich über den Spielverlauf auszutauschen, mögliche Lösungsansätze auszuprobieren oder noch einmal die absolvierte Strecke abzulaufen.

Wenn das Spiel sehr überschaubar war und die Gruppe die ganze Zeit über gemeinsam an der Lösung einer Aufgabe gearbeitet hat, kann es sein, dass sich die Antworten auf solche Fragen erübrigen und die Spielerinnen und Spieler von Anfang an ein klares gemeinsames Bild von dem Spielverlauf haben. Wenn dies so ist, kann die Spielleitung diese Phase überspringen und direkt in die zweite Phase einer Reflexion übergehen.

Ausdruck von Gefühlen

In dieser Phase können die Beteiligten sich darüber austauschen, wie sie das Spiel oder die Gruppe erlebt haben. Es geht nicht mehr um die „objektiven" Tatsachen, sondern um die „subjektiven" Empfindungen und Wahrnehmungen der Teilnehmenden. Diese werden angeregt, sich über ihre persönlichen Gefühle klar zu werden und diese innerhalb der Gruppe auszudrücken. Dies geschieht über Fragen, die die Tatsachen mit den Gefühlen der Spielerinnen und Spieler verknüpfen.

Fragen, die zu dieser Phase gehören, sind z. B.:
Wie war's?
Hat dir die Aufgabe Spaß gemacht?
Was hat dir besonders gut gefallen und was fandest du doof?
Wie ist es dir während des Spiels ergangen?
Wie hast du diese Situation erlebt?
Wie hast du dich gefühlt?
Was ist dir in diesem Moment durch den Kopf gegangen?
Wie hast du die Gruppe erlebt?

Überlege dir eine besonders bemerkenswerte Situation während des letzten Spiels und beschreibe, wie du diese erlebt hast!

Analyse von Zusammenhängen

Anschließend werden die gesammelten Beiträge der ersten beiden Phasen miteinander verknüpft und in Beziehung zueinander gesetzt.

Warum hat in dieser Situation niemand gesagt, dass er unzufrieden ist?
Wie bewertet ihr eure Zusammenarbeit im Nachhinein?
Wie ist es eurer Meinung nach dazu gekommen, dass die Gruppe es trotz Schwierigkeiten geschafft hat?
Was war der Grund für euren Durchhänger in dieser Situation?
Wieso hast du dich in dieser Situation so verhalten?
Was hat euch geholfen, die Aufgabe zu schaffen?

Durch die Verbindung von „objektivem" und „subjektivem" Erleben werden die Zusammenhänge der individuellen Wahrnehmungen und Handlungen deutlich. Die einzelnen Personen können die verschiedenen Verhaltenweisen nachvollziehen und erkennen, welche Automatismen sich auf welche Weise ergeben haben.

Eine Gruppe reflektiert den „Blindflug". Nachdem alle Spielerinnen und Spieler nacheinander anhand der Skizze den anderen erzählt haben, wie sie die einzelnen Phasen des Weges erlebt haben, stellt sich heraus, dass an einer Stelle des Weges fast alle Beteiligten sehr gereizt waren und die Stimmung in der Gruppe als sehr unangenehm empfanden. Die Spielleitung greift diesen Punkt auf und geht auf diese Phase des Spiels näher ein.

Fragen, die sich in dieser Situation anbieten, sind z. B.: „Was war der Grund für diese Stimmung?" – „Wie ist es dazu gekommen?" – „Wie seid ihr als Gruppe damit umgegangen?"

Wenn es innerhalb der Gruppe zu verschiedenen Einschätzungen kommt, macht es Sinn, diese Unterschiede zu thematisieren und nach deren Hintergründen zu fragen.

Bei der Reflexion von „Drunter und drüber" werden alle Beteiligten gebeten, anhand der „Wasserglas-Reflexion" den Spielverlauf zu bewerten. Alle Spielerinnen und Spieler bewerten diesen überwiegend positiv oder recht allgemein. Nur ein Spieler äußert sich etwas negativ.

Da ergibt sich die Frage nach dem Warum. Wie kommst du zu deiner Einschätzung? Warum sehen die restlichen Gruppenmitglieder das anders? Hat jemand mitbekommen, dass diese Person das Spiel anders erlebt hat? Welche Hinweise gab es dazu?

Bei der Verknüpfung der Tatsachen mit den Gefühlen darf die Spielleitung allerdings nicht ihrem „Jagdinstinkt" erliegen. Bei ihren Nachfragen sollte sie darauf achten, dass sie immer nur so sehr in die Tiefe geht, wie sie auch in der Lage ist, die jeweiligen Teilnehmerinnen und Teilnehmer bzw. die ganze Gruppe aufzufangen. Einzelne Teillnehmende dürfen sich nicht genötigt fühlen, Fragen zu beantworten, zu denen sie aufgrund ihrer Vorgeschichte oder ihrer Funktion in der Gruppe lieber nichts sagen möchten.

Bleiben die formulierten Gefühle in der zweiten Phase der Reflexion schon sehr oberflächlich und einheitlich, wird auch die Analyse der Zusammenhänge dieser Phase sehr allgemein verlaufen und bedeuten, dass die Reflexion an diesem Punkt endet.

Auseinandersetzung mit Zukunftsperspektiven/Transfermöglichkeiten
Bis zu diesem Punkt bezog sich die Reflexion ausschließlich auf das Spielgeschehen und die spielinternen Zusammenhänge. Konnte die Gruppe für sich Verbindungen zwischen den Handlungsmustern erkennen, kann es spannend sein, einen Bogen zum Alltag der Gruppe oder des Einzelnen zu schlagen.

Ist das alles rein spielspezifisch oder hat das durchaus etwas mit euch als Gruppe zu tun?
Könnt ihr für euch Parallelen zum Alltag entdecken oder hat das alles nur etwas mit der Aufgabenstellung zu tun?
Was kommt euch bei dem eben Gesagten aus anderen Situationen bekannt vor?

Ein solcher Bezug auf die Gruppe bzw. den Einzelnen und deren bzw. dessen Alltag geben der Reflexion eine besondere Tiefe und ermöglichen es den Teilnehmenden, Zusammenhänge zu entdecken, die weit über das Spiel hinausreichen. Eventuell kommt es im Gespräch an diesem Punkt zu einer Wende und die Teilnehmenden diskutieren gar nicht mehr über den Spielverlauf, sondern nur noch über ihre alltägliche Situation und wie es innerhalb der Gruppe immer wieder zu bestimmten Handlungsmustern kommt.

Darüber hinaus geht es in dieser Phase vornehmlich um eine Übertragung der Erkenntnisse auf zukünftige Situationen.

Welche Erkenntnis ziehst du aus dem letzten Spiel?
Was würdest du ganz persönlich anders machen, wenn wir das Spiel noch einmal spielen würden?
Was nehmt ihr mit für die nächste Aufgabe?
Worauf wollt ihr im weiteren Verlauf dieser Einheit achten?
Was ist euch wichtig für die weitere Zusammenarbeit?

All dies sind Fragen, die sich auf die Formulierung von Erkenntnissen beziehen und der Gruppe helfen, das Gelernte zu verallgemeinern und auf andere Situationen und Geschehnisse zu übertragen. Diese Übertragung bildet den Abschluss der Reflexion und ist gleichzeitig die Grundlage für weitere Aufgaben.

Einsatz von Reflexionsmethoden

Reflexionen müssen nicht zwangsläufig langatmige Gesprächsrunden sein, die den Spielfluss permanent unterbrechen und in denen mögliche Erlebnisse unnötig zerredet werden. Im Gegenteil, Reflexionen können auch witzig und nett sein. Möglich wird dies neben der Etablierung einer angenehmen Gesprächsatmosphäre durch den Einsatz von Reflexionsmethoden. Der Einsatz von Methoden hat mehrere gute Gründe:

Reflexionsmethoden schaffen Vielfalt und Abwechslung
Reflexionen sollten einen festen Platz innerhalb eines Programms haben und sowohl im Anschluss an ein Abenteuerspiel als auch spontan möglich sein. Dazu müssen sie jedoch dauerhaft für alle Beteiligten interessant bleiben. Dies ist nur möglich, wenn diese abwechslungsreich gestaltet sind und genauso vielfältig erscheinen wie die Spiele selbst. Wenn die Spielleitung nach jedem Spiel eine Runde macht, in der die Spielerinnen und Spieler sagen sollen, wie sie sich gefühlt haben, wird die Bereitschaft, sich auf eine solche Runde einzulassen, mit jeder weiteren Reflexion sinken. Durch den Einsatz von möglichst vielen verschiedenen Reflexionsmethoden reduziert sich dieses Gefühl der stetigen Wiederholung und die Teilnehmenden bleiben offen für die Auseinandersetzung.

Spielerische Reflexionsimpulse federn den Bruch zwischen Aktion und Reflexion ab
Im Idealfall steigern Reflexionsmethoden die Bereitschaft der Beteiligten sogar und motivieren diese zusätzlich. Möglich wird dies beispielsweise durch spielerische Reflexionsimpulse. Sie federn den Bruch zur eigentlichen Aktion ab und schaffen einen fließenden Übergang von der Aktion zur Reflexion.

Im Rahmen einer Spielgeschichte unternehmen die Beteiligten eine fiktive Reise. Nach der erfolgreichen Bewältigung einer Aufgabe verteilt die Spielleitung viele verschiedene Postkarten auf dem Boden und leitet die folgende Reflexionsmethode mit einer spielerischen Erklärung ein: Auf jeder Reise ist es üblich, Postkarten zu verschicken. Deshalb möchte ich euch nun bitten, euch an diesem Kiosk hier eine Postkarte auszusuchen, die euren Verwandten und Bekannten zu Hause einen Eindruck vermittelt, wie es euch auf dem letzten Reiseabschnitt ergangen ist. Zusätzlich könnt ihr euch einen kurzen Text überlegen, der das Bild auf eurer Postkarte näher erläutert.

Die Spielleitung moderiert die Reflexion genauso wie ein Spiel oder eine Aufgabe und überträgt die spielerische Rahmengeschichte auf die Reflexion. Dadurch werden Spiel und Ernst kombiniert und die Spielerinnen und Spieler werden animiert, sich mit ihren Eindrücken während der letzten Aufgabe auseinanderzusetzen, ohne die Spielgeschichte verlassen zu müssen.

Reflexionsmethoden vermitteln der Gruppe einen guten Überblick

Durch Reflexionsmethoden können viele langatmige Gesprächsrunden verkürzt werden. Sie vermitteln Gruppe und Spielleitung einen guten Überblick über die Stimmung innerhalb der Gruppe und ermöglichen es, verschiedene Themen anzusprechen, ohne diese zu zerreden. Dies trifft besonders auf nonverbale Reflexionsmethoden wie den „Cäsar-Daumen" oder kurze Gesprächsimpulse wie den „Themenwechsel" zu.

Reflexionsmethoden helfen sich auszudrücken

Die Frage „Wie hast du dich gefühlt?" ist oft gar nicht so einfach zu beantworten. Das eigene Gefühl wirkt zunächst sehr diffus und ist schwer in Worte zu fassen. Der Ausdruck dieser Gefühle über kreative Medien wie Gefühlskarten, Metaphern, Schlümpfe oder Ähnliches schafft einerseits klare Grenzen und bietet andererseits kreative Spielräume.

Durch die Auseinandersetzung mit der methodischen Präsentation findet automatisch eine Auseinandersetzung mit den eigenen Gefühlen statt und die Teilnehmenden können sich durch die Entscheidung für ein bestimmtes Medium klar werden, welche Punkte ihnen bezüglich ihrer Gefühle am wichtigsten sind. Einige Personen sind durch den Einsatz einer Methode möglicherweise überhaupt erst in der Lage, ihren Gefühlen durch die spielerische Leichtigkeit näherzukommen und diese dann auch adäquat auszudrücken.

Die Spielerinnen und Spieler sollen sich überlegen, wie sie die letzte Aufgabe erlebt haben und sich dementsprechend einen oder zwei Schlümpfe aussuchen, die dazu passen. Ein Spieler hat sich sehr wohl gefühlt und hatte immer das Gefühl, von der Gruppe getragen zu werden, falls er Hilfe benötigte. Er wählt einen Schlumpf, der eine Blume verschenkt. Ein anderer Spieler hätte gern noch eine andere Lösung ausprobiert und war in einer Situation von etwas genervt. Er entscheidet sich für einen kochenden Schlumpf, der einen Löffel in den Mund steckt, und einen Schlumpf mit einem dicken Holzhammer in der Hand. In der anschließenden Runde wird viel geschmunzelt und die Gruppe bekommt einen sehr anschaulichen Eindruck von den Gefühlen der einzelnen Spielerinnen und Spieler.

Im Prinzip lässt sich jede der vier oben beschriebenen Phasen einer Reflexion methodisch ausgestalten. Die Schlümpfe eignen sich sowohl zum Ausdruck der Gefühle als auch zur Analyse von Zusammenhängen, wenn es beispielsweise um die Rollenverteilung innerhalb der Gruppe geht. Aber Reflexionsmethoden können sich auch negativ auf den Verlauf einer Reflexion auswirken. Wenn die Teilnehmenden sich von einer Methode zu sehr eingeengt fühlen und nicht mehr zum Ausdruck bringen können, was ihnen wichtig ist, stößt eine Methode an ihre Grenzen. Auch können einzelne Spielerinnen und Spieler – im Glauben besonders kreativ sein zu müssen – regelrecht unter Stress geraten, und verschließen sich dadurch gegenüber der eigentlichen Reflexion.

Die Spielleitung sollte daher jederzeit in der Lage sein, eine Methode situativ zu verändern oder zu verwerfen, wenn der Eindruck entsteht, das zu behandelnde Thema könnte zu kurz kommen. Denn jede Methode ist letztendlich nur ein Mittel zum Zweck.

Zusammenfassung

1. Reflexionen sind Angebote. Wie tief und intensiv sie gehen, entscheidet die Gruppe.

2. Reflexionen müssen sich an den Wünschen und Bedürfnissen der Spieler orientieren, um von diesen als sinnvoll erlebt zu werden.

3. Reflexionen können auch nett sein. Einfache Fragen wie „Wie war es für dich?“ oder „Hat es dir Spaß gemacht?“ sind Teil einer gelungenen Reflexion.

4. Spieler wollen gefragt werden. Erst indem man auf Zwischentöne achtet und gegebenenfalls nachhakt, gewinnt die Reflexion an Tiefe.

5. Die Fragen ergeben sich aus dem Spielverlauf. Ist nicht viel passiert, gibt es auch nicht viel zu reflektieren.

6. Reflexionen brauchen einen klaren Fokus auf ein bestimmtes Thema. Ansonsten wirken sie beliebig und oberflächlich.

7. Erst wenn allen klar ist, was und wie etwas passiert ist, sind die Spieler in der Lage, die möglichen Hintergründe und Zusammenhänge des Spielverlaufs zu erkennen und zu verstehen.

8. Reflexionsrunden müssen vielfältig sein, um dauerhaft interessant zu bleiben.

9. Reflexionen können auch Teil einer Spielgeschichte sein. Spielerische Reflexionsimpulse verhindern einen zu großen Bruch zwischen Aktion und Reflexion und ermöglichen einen fließenden Übergang von Spielen, Erleben und Lernen.

10. Reflexionen bringen einen „roten Faden“ in die Einheit. Die Gruppe bestimmt durch ihre Äußerungen selbst, worum es in den nächsten Aufgaben geht und was ihr spezielles Lernziel ist.

Abenteuer Gruppe

Ort:
Raum, Wiese

Dauer:
10–20 Minuten vor der Aktion und 10–20 Minuten nach der Aktion

Gruppe:
8–24 Spieler

Einsatzmöglichkeit:
Einstieg und Abschlussreflexion

Hilfsmittel:
Kopiervorlagen für alle, Stifte

Vorbereitung:
Liste vervielfältigen.

Spielbeschreibung:
Im Mittelpunkt dieser Reflexion steht das persönliche Auftreten in der Gruppe. Jeder Spieler soll sich bewusst entscheiden, auf welches Abenteuer er sich in den nächsten Aktionen einlassen möchte. Das Abenteuer bezieht sich aber nicht auf die Überwindung irgendwelcher objektiver Gefahren, sondern auf die Gruppe bzw. die Unsicherheiten und Risiken, die sich im Umgang mit anderen Menschen ergeben. Zum besseren Verständnis, was damit gemeint ist, bekommen alle Spieler eine Liste mit verschiedenen Vorschlägen für ein persönliches Abenteuer.

Anschließend haben die Spieler genügend Zeit, um für sich ein bis zwei Punkte auszuwählen, die für sie ein Abenteuer sein könnten. Die gewählten Vorsätze sollten sich bewusst von dem alltäglichen/gewohnten Verhalten des Einzelnen unterscheiden und von diesen als reizvoll und herausfordernd angesehen werden. Wenn sie sich entscheiden und die entsprechenden Wagnisse markiert haben, werden die Spieler gebeten, ihre Liste einzustecken und bis zum Ende der Aktion sorgfältig aufzubewahren.

Gegen Ende des Programms lädt die Spielleitung alle Spieler ein, den anderen aus der Gruppe die eigenen Vorsätze vorzustellen und deren Umsetzung zu bewerten. Anschließend geben die anderen Spieler der entsprechenden Person eine Rückmeldung, inwieweit sie die Umsetzung dieser Vorsätze wahrgenommen haben oder nicht.

Kommentar:
Diese Reflexion verdeutlicht, dass das Abenteuer nicht in der Überwindung irgendwelcher Schnüre besteht, sondern die Gruppe selbst das eigentliche Abenteuer ist. Bei Personen, die Spielen gegenüber skeptisch sind, kann diese Methode dazu führen, sich besser auf die Spiele einlassen zu können.

Mein persönliches Abenteuer

- ❑ Bewusst etwas tun, wovor ich Angst habe.
- ❑ In schwierigen Situationen nicht aufgeben.
- ❑ Weitermachen, wenn ich keine Lust mehr habe.
- ❑ In den Gesprächen mitreden.
- ❑ Engagement zeigen und in der Gruppe präsent sein.
- ❑ Meinen Standpunkt gegen eine Mehrheit vertreten.
- ❑ Einmal eine Führungsrolle übernehmen.
- ❑ Meine Wünsche und Vorstellungen bewusst zurückstecken.
- ❑ Meine Mitmenschen bewusst wahrnehmen und auf sie eingehen.
- ❑ Auf die Interessen anderer Gruppenmitglieder Rücksicht nehmen.
- ❑ Eigene Fehler zugeben.
- ❑ Mich für mögliches Fehlverhalten entschuldigen.
- ❑ Mich anderen anvertrauen.
- ❑ Aus mir herausgehen und verrückte/ungewöhnliche Dinge tun.
- ❑ Verantwortung für Dinge oder Mitmenschen übernehmen.
- ❑ Einmal loslassen und die Kontrolle abgeben.
- ❑ Mich für andere einsetzen und aktiv Unterstützung geben.
- ❑ Meine Gefühle äußern, ohne darüber nachzudenken, was die anderen von mir halten.

Bauer, Springer und Turm

Ort:
Raum, Wiese

Dauer:
20–30 Minuten

Gruppe:
6–18 Spieler

Einsatzmöglichkeit:
Abschlussreflexion, Feedback

Hilfsmittel:
Schachfiguren

Spielbeschreibung:
Die Spielleitung stellt der Gruppe die verschiedenen Schachfiguren und deren Zugmöglichkeiten vor. Jede Figur steht für bestimmte Eigenschaften und Fähigkeiten, die für ein Team von Bedeutung sein können:

Bauer – kann ein bzw. einmal zwei Felder vorziehen. Er ist immer da, wenn er gebraucht wird und übernimmt mit anderen gemeinsam einzelne kleinere Aufgabenbereiche.

Turm – kann waagerecht und senkrecht beliebig weit ziehen. Er steht für klare Linien und erfüllt auch „abseits der anderen" seine Aufgaben.

Springer – kann zwei Felder nach vorn und ein Feld seitwärts ziehen – oder ein Feld nach vorn und zwei Felder seitwärts ziehen. Er ist für das kreative Denken zuständig und kann außerhalb der klassischen Wege neue Möglichkeiten eröffnen.

Läufer – kann diagonal beliebig weit ziehen. Er ist für einen übergeordneten Aufgabenbereich zuständig und das Bindeglied zwischen verschiedenen Einsatzorten oder Aufgabengebieten.

Dame – kann sowohl diagonal als auch senkrecht und waagerecht beliebig weit ziehen. Sie ist eine übergeordnete Kraft, die jede anfallende Aufgabe übernehmen und/oder einzelne Personen unterstützen kann.

König – kann in jede Richtung jeweils ein Feld vorziehen. Alle Figuren orientieren sich an ihm. Er steht im Zentrum und gibt den anderen die Richtung vor.

Die Aufgabe der Gruppe besteht nun darin, auf der Grundlage des auszuwertenden Spiels die Figuren untereinander aufzuteilen. Jedem Spieler soll je nach Auftreten und gezeigter Eigenschaften eine entsprechende Schachfigur zugeordnet werden. Bei der Aufteilung können einzelne Figuren auch mehrfach bzw. gar nicht berücksichtigt werden. Im Anschluss können sich die Spieler darüber austauschen, wie sich das so gebildete Gesamtteam präsentiert und welche besonderen Merkmale dieses auszeichnet.

Der Weisheit letzter Schluss

Spielbeschreibung:
Zu jeder großen Heldengeschichte gehört eine abschließende Runde, in der die Hauptprotagonisten weise in die Ferne blicken und mit einem Spruch das gesamte Geschehen kommentieren. Die Spielleitung liest der Gruppe im Anschluss an die Spielaktion eine Vielzahl von Sprüchen vor und verteilt diese kreuz und quer im Raum. Alle Spieler sollen sich nun einen Spruch auswählen, der ihrer Meinung nach das Spielgeschehen am besten auf den Punkt bringt. Wenn alle Spieler sich entschieden haben, werden die ausgewählten Sprüche vorgestellt und jeder Spieler hat die Möglichkeit, den anderen zu erzählen, was er mit dem ausgewählten Spruch verbindet bzw. wie er diesen in Bezug auf das Erlebte deutet.

Variante:
Die Spielleitung stellt der Gruppe mehrere Sprüche vor und tauscht sich mit den Spielern darüber aus, inwiefern diese das Erlebte auf den Punkt bringen oder nicht.

Man sollte dem anderen die Wahrheit hinhalten, dass er wie in einen warmen Mantel hineinschlüpfen kann, und sie ihm nicht wie einen nassen Lappen um die Ohren hauen.

Unbekannt

Ort:
Raum, Wiese

Dauer:
20–30 Minuten

Gruppe:
8–24 Spieler

Einsatzmöglichkeit:
Zwischenreflexion, Abschlussreflexion

Hilfsmittel:
Kartensammlung mit Zitaten und Sprüchen

Vorbereitung:
Zitate und Sprüche auf einzelne Karten schreiben.

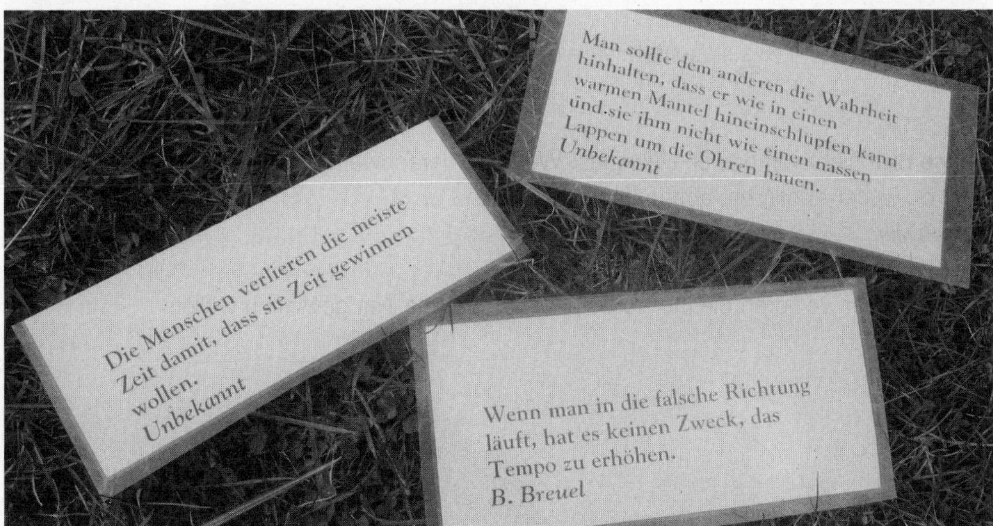

Der Weisheit letzter Schluss – Fortsetzung

Mögliche Sprüche und Zitate

Auge um Auge bedeutet nur, dass die Welt erblindet.
Mahatma Ghandi

Zwei Dinge scheinen unendlich, das Universum und die menschliche Dummheit.
Beim Universum bin ich mir nicht ganz sicher.
Albert Einstein

Die Schönheit der Dinge lebt in der Seele dessen, der sie betrachtet.
David Hume

Der Mensch hat drei Wege, klug zu handeln.
Erstens durch Nachdenken: Das ist der edelste. Zweitens durch Nachahmen:
Das ist der leichteste. Drittens durch Erfahrung: Das ist der bitterste.
Konfuzius

Wende dich stets der Sonne zu, dann fallen die Schatten hinter dich.
Chinesische Weisheit

Mit etwas Geschick kann man aus den Steinen,
die einem in den Weg gelegt werden eine Treppe bauen.
Unbekannt

Ohne Staub, worin er aufleuchtet, wäre der Sonnenstrahl nicht sichtbar.
Unbekannt

Trenne dich nicht von deinen Illusionen. Wenn sie verschwunden sind,
wirst du weiter existieren, aber aufhören zu leben.
Mark Twain

Die Menschen verlieren die meiste Zeit damit, dass sie Zeit gewinnen wollen.
Unbekannt

Mit der Lüge kommst du durch die ganze Welt, aber nicht mehr zurück.
Russisches Sprichwort

Wir verlangen, das Leben müsse einen Sinn haben –
aber es hat nur ganz genau so viel Sinn, als wir selber ihm zu geben imstande sind.
Hermann Hesse

Man wird nie neues Land entdecken, wenn man immer das Ufer im Auge behält.
Unbekannt

Es ist besser, ein kleines Licht zu entzünden, als über große Dunkelheit zu klagen.
Konfuzius

Die Zukunft hat viele Namen: Für Schwache ist sie das Unerreichbare,
für die Furchtsamen das Unbekannte, für die Mutigen die Chance.
Victor Hugo

Wenn man in die falsche Richtung läuft, hat es keinen Zweck, das Tempo zu erhöhen.
Birgit Breuel

Es ist schwer, verschüttetes Wasser wieder zu sammeln.
Chinesische Weisheit

Je planmäßiger die Menschen vorgehen, desto wirksamer vermag der Zufall sie zu treffen.
Friedrich Dürrenmatt

Wir sind oft zu sehr damit beschäftigt, uns durchs Unterholz zu kämpfen,
dass wir nicht einmal bemerken, wenn wir im falschen Dschungel sind.
S. R. Covery

Humor ist die Fähigkeit, im Leben mit Gegenwind zu segeln.
Günther Pfitzmann

Die Gefühlslandkarte

Ort:
Raum, Wiese

Dauer:
30–45 Minuten

Gruppe:
6–18 Spieler

Einsatzmöglichkeit:
Zwischenreflexion, Abschlussreflexion

Hilfsmittel:
Moderationskärtchen, Stifte, pro Spieler eine Landkarte

Vorbereitung:
Gefühlslandkarten vervielfältigen.

Spielbeschreibung:
Die Gruppe rekonstruiert gemeinsam den zu reflektierenden Spielverlauf. Alle entscheidenden Spielsituationen werden gesammelt und einzeln auf Moderationskärtchen geschrieben. Zu dieser Sammlung zählen auch die gescheiterten Versuche und die nicht aufgenommenen Lösungsvorschläge der Gruppe. Anschließend werden die geschriebenen Kärtchen in einen zeitlichen Zusammenhang gebracht und wie ein Zeitstrahl in der Mitte ausgelegt.

Dann verteilt die Spielleitung die Gefühlslandkarten an die Spieler und lädt diese ein, den anderen aus der Gruppe anhand der Karte zu erzählen, wie sie den Spielverlauf erlebt haben (z. B. an welchem Punkt sie gestartet sind, wann sie gefühlsmäßig wo waren und an welchem Ort sie am Ende der Aufgabe ankamen).

In einer anschließenden Runde können die Spieler Rückfragen stellen, sich darüber austauschen, welche Gemeinsamkeiten oder Auffälligkeiten sie wahrgenommen haben, und gemeinsam überlegen, welche Verbindungen zwischen den jeweiligen persönlichen Erlebnissen bestehen könnten.

Kommentar:
Die Gefühlslandkarte eignet sich besonders bei sehr komplexen Aufgaben bzw. Spielverläufen, die bei den Spielern eine Vielzahl von verschiedenen Gefühlen ausgelöst haben. Sie ist auch geeignet, um mit Teilnehmern einen längeren Zeitraum oder ein Seminar zu reflektieren.

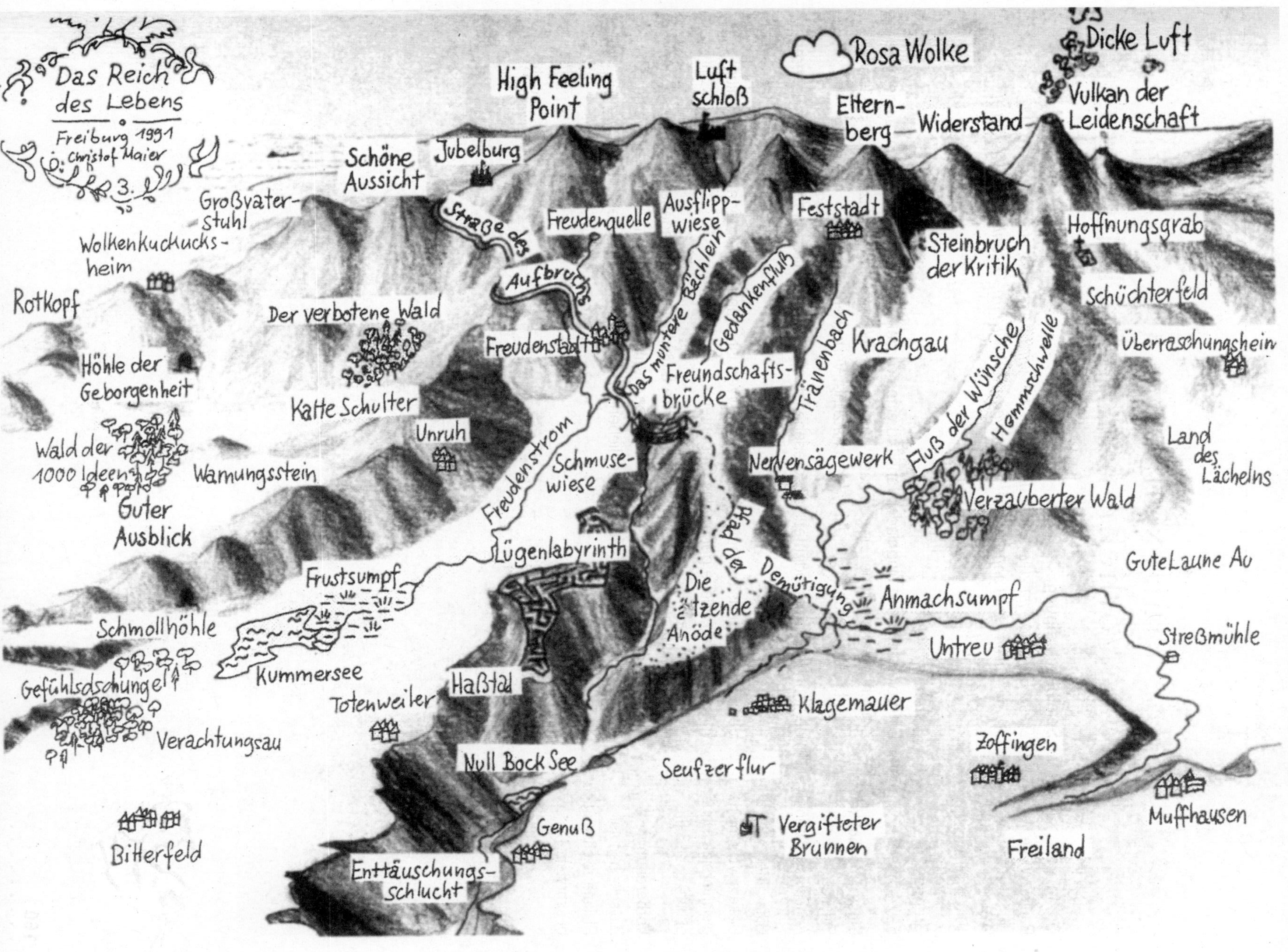

Das Reich des Lebens
Freiburg 1991
Christof Maier
3.
Rosa Wolke
Dicke Luft
High Feeling Point
Luft schloß
Eltern-berg
Widerstand
Vulkan der Leidenschaft
Schöne Aussicht
Jubelburg
Großvater-stuhl
Straße des Aufbruchs
Freudenquelle
Ausflipp-wiese
Feststadt
Hoffnungsgrab
Wolkenkuckucks-heim
Steinbruch der Kritik
Rotkopf
Der verbotene Wald
Das muntere Bächlein
Gedankenfluß
Tränenbach
Schüchterfeld
Krachgau
Freudenstadt
Fluß der Wünsche
Hemmschwelle
Überraschungshein
Höhle der Geborgenheit
Freundschafts-brücke
Kalte Schulter
Unruh
Land des Lächelns
Wald der 1000 Ideen
Warnungsstein
Freudenstrom
Schmuse-wiese
Nervensägewerk
Verzauberter Wald
Guter Ausblick
Pfad der Demütigung
Lügenlabyrinth
Gute Laune Au
Frustsumpf
Die ätzende Anöde
Anmachsumpf
Schmollhöhle
Streßmühle
Untreu
Kummersee
Haßtal
Gefühlsdschungel
Klagemauer
Totenweiler
Verachtungsau
Zoffingen
Null Bock See
Seufzerflur
Muffhausen
Bitterfeld
Genuß
Vergifteter Brunnen
Freiland
Enttäuschungs-schlucht

Die Präflexion – das Vorhehr-nachhehr-Bild

Ort:
Raum, Wiese

Dauer:
10–20 Minuten

Gruppe:
8–24 Spieler

Einsatzmöglichkeit:
Einstieg, Abschlussreflexion

Hilfsmittel:
Plakate, verschiedene gleichfarbige Klebepunkte oder Stifte

Vorbereitung:
Zielscheiben auf Plakate zeichnen und beschriften.

Spielbeschreibung:

Diese Reflexion ist zweigeteilt: Der erste Teil wird vor einem (frei wählbaren) kooperativen Spiel angewendet. Der zweite Teil wird im Anschluss an das Spiel durchgeführt.

Erster Teil:

Die Spieler werden eingeladen, anhand eines vorbereiteten Plakats mit einer aufgemalten Zielscheibe die eigene Gruppe nach bestimmten Werten einzuschätzen (z. B. Hilfsbereitschaft, Gemeinschaftsgefühl, Wertschätzung, Vertrauen).

Der innerste Kreis bedeutet: Ja, so erlebe ich die Gruppe, dieser Wert wird von unserer Gruppe gelebt.

Der äußerste Kreis bedeutet: Nein, dieser Wert ist in unserer Gruppe überhaupt nicht vorhanden, ich erlebe genau das Gegenteil.

Nachdem alle Spieler möglichst anonym ihre Einschätzung abgegeben haben, können alle, die möchten, den Gesamteindruck kommentieren und sagen, inwieweit sie das Ergebnis überrascht oder nicht. Anschließend wird die bewertete Zielscheibe weggeräumt.

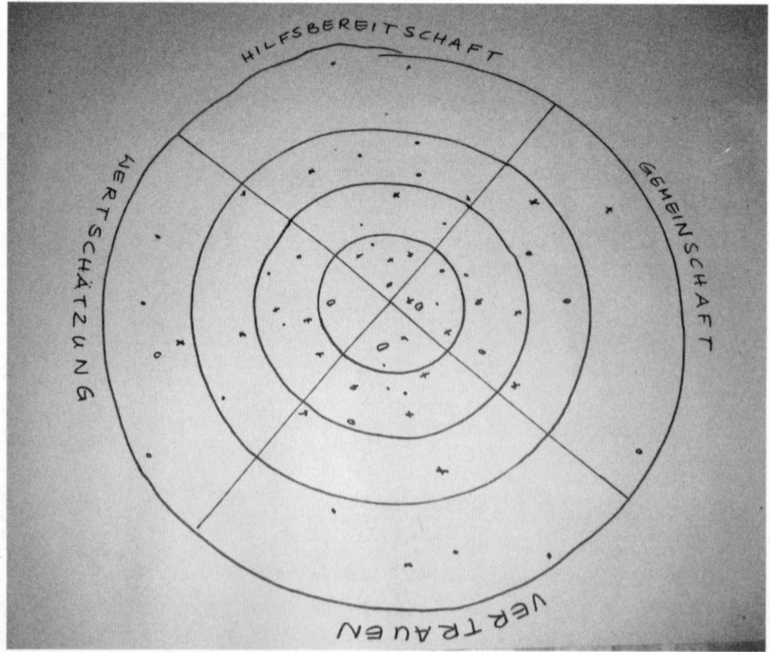

Zweiter Teil:
Nach der Spielaktion geben die Spieler in der gleichen Form wieder ihre Meinung zu den ausgewählten Werten ab. Beide Plakate – vorher und nachher – werden in einer abschließenden Gesprächsrunde miteinander verglichen und die Spieler können sich darüber austauschen, inwieweit sich die Gruppe und die Einschätzungen zur Gruppe verändert haben oder nicht und woran dies liegen könnte.

Kommentar:
Diese Methode eignet sich besonders gut für Gruppen, die schon länger bestehen und sich untereinander gut kennen (z. B. Schulklassen).

Durch die vorgelagerte Auseinandersetzung mit bestimmten Werten wird der Gruppe direkt vermittelt, was der Hintergrund der Spielaktion ist, und die Leitung bekommt einen guten ersten Eindruck von der aktuellen Gruppensituation.

Darüber hinaus kann diese Methode besonders motivierend wirken, da die Spieler ihre Gemeinschaft direkt sichtbar verbessern können.

Der Cäsar-Daumen

Ort:
Raum, Wiese

Dauer:
5–10 Minuten

Gruppe:
8–24 Spieler

Einsatzmöglichkeit:
Zwischenreflexion

Hilfsmittel:
Keine

Spielbeschreibung:
Alle Spieler stehen im Kreis, strecken einen Arm mit geschlossener Faust nach vorn und schließen die Augen. Wenn alle die Augen geschlossen haben, stellt die Spielleitung eine These bzw. Frage, die mit Ja oder Nein zu beantworten ist. Je nachdem, wie die einzelnen Spieler zu der entsprechenden These/Frage stehen, zeigen sie bei Zustimmung „Ja" (mit ihrem Daumen nach oben und bei Ablehnung „Nein" mit dem Daumen nach unten. Die Spieler müssen sich für eine der beiden möglichen Optionen entscheiden, es ist nicht erlaubt, den Daumen zur Seite zu strecken oder nach oben und unten zu pendeln. Sobald alle sich entschieden haben, können die Spieler die Augen öffnen, um zu sehen, wie die anderen sich entschieden haben. Im Anschluss gibt die Spielleitung allen Spielern die Möglichkeit, etwas zu ihrer Entscheidung zu sagen, oder fragt selbst ausgewählte Spieler, warum sie sich für oben oder unten entschieden haben.

Mögliche Thesen sind:

- Die Aufgabe hat mir Spaß gemacht!
- Wir haben gut zusammengearbeitet!
- Ich bin mit der Art und Weise, wie wir die Aufgabe gelöst haben, zufrieden!
- Ich habe immer gewusst, was wir gerade vorhatten!
- Wir haben gut aufeinander geachtet!
- Die Aufgabe war ganz schön schwierig!
- Als Gruppe können wir noch viel schwierigere Aufgaben lösen!

Kommentar:
Der Cäsar-Daumen ist eine sehr einfache Reflexionsmethode, die sich besonders gut in Anfangssituationen von Gruppen eignet. Alle Spieler haben die Möglichkeit, ihre Meinung zu vertreten, ohne selbst etwas sagen zu müssen.

Durch die Auswahl der Thesen vermittelt die Spielleitung der Gruppe automatisch, worum es ihr geht und was das eigentliche Thema der Spielsequenz ist.

Es ist wichtig, dass alle Spieler bei ihrer Entscheidung die Augen geschlossen halten. Nur so ist gewährleistet, dass alle wirklich ihre eigene Meinung vertreten und sich nicht mit ihrer Entscheidung der Mehrheit anschließen, um mögliche Konflikte oder Diskussionen zu vermeiden.

Dreimal gut!

Spielbeschreibung:
Alle Spieler bekommen eine Liste mit positiven Eigenschaften. In einer ersten Runde liest sich jeder die Liste durch und markiert für sich drei Punkte, die er bei sich selbst als charakteristisch wahrnimmt.

Anschließend kommen die Spieler jeweils zu dritt oder viert zusammen und geben sich innerhalb dieser Kleingruppen eine Rückmeldung, wie sie sich gegenseitig wahrnehmen. Zunächst wählt jede Kleingruppe eine Person aus ihrer Runde, die als Erste ein positives Feedback bekommt. Nun tauschen sich die übrigen Mitspieler darüber aus, welche positiven Eigenschaften sie an dieser Person bislang wahrgenommen und erlebt haben und einigen sich auf drei Eigenschaften, die sie am ehesten mit dieser Person verbinden. In dieser Zeit darf die betreffende Person sich nicht an dem Gespräch beteiligen und nur zuhören. Erst wenn die anderen fertig sind, kann sie sich kurz zu dem Gesagten äußern. Danach ist die nächste Person aus der Kleingruppe an der Reihe.

Wenn jeder Spieler innerhalb der Kleingruppen eine Rückmeldung erhalten hat, kommen alle zusammen und jeder kann in einer abschließenden Runde sagen, wie er den Austausch der anderen erlebt hat, wie sehr deren Einschätzung mit der eigenen übereinstimmt und was er aus dem Gehörten für sich mitnimmt.

Ort:
Raum, Wiese

Dauer:
30–45 Minuten

Gruppe:
8–24 Spieler

Einsatzmöglichkeit:
Feedback

Hilfsmittel:
Pro Spieler 1 Liste mit positiven Eigenschaften, Stifte

Vorbereitung:
Liste vervielfältigen.

Kommentar:
Diese Aufgabe erfordert eine sehr wertschätzende Gesprächskultur innerhalb der Gruppe. Die Spieler sollten darauf achten, sich immer konstruktiv zu äußern und sich in ihren Rückmeldungen immer auf konkrete und nachvollziehbare Situationen zu beziehen. Darüber hinaus sollten die Spieler ihre Rückmeldungen immer in der Ichform äußern und dadurch deutlich machen, dass es sich bei ihrer Wahrnehmung nur um eine subjektive Einschätzung handelt.

Liste positiver Eigenschaften

1. Anpassungsfähig – Ich komme mit ganz unterschiedlichen Menschen zurecht.
2. Ausgeglichen – Ich bleibe auch in stressigeren Situationen ruhig und gelassen.
3. Ausdauernd – Ich kann so lange an einer Arbeit sitzen, bis ich das gewünschte Ergebnis habe.
4. Belastbar – Ich werde mit Schwierigkeiten und Stress gut fertig.
5. Diszipliniert – Ich kann mich zu einer Arbeit zwingen, auch wenn ich keine Lust mehr habe.
6. Durchsetzungsfähig – Ich verfolge mit Nachdruck meine Interessen.
7. Dynamisch – Ich kann Aufgaben spontan und energiegeladen angehen.
8. Eigeninitiativ – Ich setze mir eigene Ziele und verwirkliche sie, auch ohne Anstöße von außen.
9. Engagiert – Ich trete für etwas ein und bin da, wenn ich gebraucht werde.
10. Empathisch – Ich kann mich gut in die Gefühle und Gedanken anderer hineinversetzen.
11. Enthusiastisch – Ich kann mich leicht für etwas begeistern.
12. Flexibel – Ich finde mich schnell in unterschiedlichen Situationen zurecht.
13. Kompromissbereit – Ich muss nicht immer Recht behalten.
14. Hilfsbereit – Ich setze mich für andere Menschen ein und unterstütze diese.
15. Humorvoll – Ich nehme Dingen den Ernst und suche den Spaß in den Aufgaben.
16. Idealistisch – Ich habe Vorstellungen und Visionen für die Zukunft.
17. Innovativ – Ich habe immer neue Ideen.
18. Kalkulierend – Ich haushalte gut mit Zeit und Geld.
19. Kontaktfreudig – Es fällt mir leicht, andere Menschen kennen zu lernen.
20. Kreativ – Ich kann „um die Ecke“ denken und es fällt mir leicht, Neues zu erschaffen und gestalten.

21. Kritikfähig – Ich kann Kritik gut äußern und annehmen.
22. Leistungsfähig – Ich habe den Ehrgeiz, etwas zu schaffen, und nehme dafür einiges in Kauf.
23. Motiviert – Ich setze mich für meine Ziele ein und habe Lust, etwas zu bewegen.
24. Motivierend – Ich kann andere von etwas überzeugen und mitreißen.
25. Organisiert – Ich habe immer einen Plan und einen Blick auf das Ganze.
26. Offen – Ich sage, was ich denke und fühle.
27. Optimistisch – Ich gehe positiv an neue Aufgaben und Situationen heran.
28. Pünktlich – Ich achte auf die Zeit und bemühe mich, Termine einzuhalten.
29. Risikofreudig – Um etwas zu erreichen gehe ich gern einmal ein Risiko ein.
30. Sachlich – Ich kann mich, wenn es angebracht ist, auf „die Sache" konzentrieren und Gefühle rausnehmen.
31. Selbstständig – Ich kann unabhängig von anderen nach eigenen Regeln und Ideen handeln.
32. Selbstbewusst – Ich weiß, was ich kann und will, und strahle das auch aus.
33. Sprachgewandt – Ich kann gut reden und formulieren.
34. Teamfähig – Ich kann mich gut auf andere einlassen und mit anderen zusammenarbeiten.
35. Verantwortungsvoll – Ich bin bereit, Verantwortung zu übernehmen, und kümmere mich um Aufgaben, die ich übernommen habe.
36. Wertschätzend – Ich begegne anderen mit Respekt.
37. Wertorientiert – Ich habe klare Wertvorstellungen, die ich zu leben und zu vertreten versuche.
38. Zielstrebig – Was ich mir vorgenommen habe, versuche ich konsequent zu erreichen.
39. Zuverlässig – Ich bin ein Mensch, auf den man sich verlassen kann.

Faustformel

Ort:
Raum, Wiese

Dauer:
10–20 Minuten

Gruppe:
6–18 Spieler

Einsatzmöglichkeit:
Zwischenreflexion, Feedback

Hilfsmittel:
Keine

Spielbeschreibung:
Nacheinander geben alle Spieler anhand ihrer fünf Finger eine differenzierte Rückmeldung zu der vorausgegangenen Aktion und sagen, wie sie diese wahrgenommen und erlebt haben.

Die verschiedenen Finger stehen alle für einen anderen Themenbereich:
Daumen – Das hat mir gut gefallen! Das war topp!
Zeigefinger – Darauf möchte ich hinweisen! Das habe ich gelernt!
Mittelfinger – Das hat mir gestunken! Das war nicht gut!
Ringfinger – Das fällt mir zur Gruppe ein! So hab ich die Stimmung erlebt!
Kleiner Finger – Das kam mir zu kurz! Dazu hätte ich noch Gesprächsbedarf!

Kommentar:
Die Faustformel eignet sich gut, um in relativ kurzer Zeit von allen Spielern eine differenzierte Rückmeldung zu bekommen.

Gefühlsmonster®-Karten

Spielbeschreibung:
Die Monsterkarten liegen für alle gut sichtbar auf dem Boden verteilt. Die Spieler werden gebeten, sich die vorangegangene Aktion ins Gedächtnis zu rufen und zu überlegen, welches Gefühlsmonster für sie das eigene Erleben während der Aktion am besten zum Ausdruck bringt bzw. die eigene Gefühlslage während der letzten Aufgabe gut widerspiegelt.

Wenn sich alle für ein oder mehrere Gefühlsmonster entschieden haben, beginnt eine Gesprächsrunde, in der die einzelnen Spieler den anderen erzählen, für welches Gefühlsmonster sie sich entschieden haben und warum.

Während der Entscheidungsphase bleiben alle Karten in der Mitte liegen. Erst wenn ein Spieler anfängt, etwas zu sagen, hebt er seine ausgewählte Karte auf und hält diese während seines Redebeitrags für die anderen sichtbar nach vorn. Im Anschluss wird die Karte zurückgelegt, sodass alle Spieler immer aus allen Karten auswählen können.

Ort:
Raum, Wiese

Dauer:
20–30 Minuten

Gruppe:
6–18 Spieler

Einsatzmöglichkeit:
Zwischenreflexion, Abschlussreflexion

Hilfsmittel:
Gefühlsmonster-karten von: www.gefuehlsmonster.de

Jetzt mal unter uns ...

Ort:
Raum

Dauer:
30–45 Minuten

Gruppe:
6–18 Spieler

Einsatzmöglichkeit:
Feedback

Hilfsmittel:
Plakat, Blätter, Stifte

Spielbeschreibung:
„Welche persönlichen Eigenschaften sind eurer Meinung nach wichtig, damit eine Gruppe gut zusammenarbeiten und – leben kann?" – Zu dieser Frage sammeln alle Spieler gemeinsam Eigenschaften und schreiben diese gut sichtbar auf ein Plakat (maximal zehn Eigenschaften). Dies könnten z. B. sein: Verantwortungsbereitschaft, Offenheit, Verlässlichkeit usw.

Auf der Grundlage dieser Eigenschaften beginnt nun die eigentliche Feedbackrunde. Alle Spieler bekommen ein Blatt und einen Stift und verteilen sich paarweise im Raum. Innerhalb dieser Paare geben sich die Spieler gegenseitig Rückmeldung, welche der aufgeschriebenen Eigenschaften sie bei ihrem Gegenüber besonders stark ausgeprägt erleben und bei welcher Eigenschaft sie sich eine stärkere Ausprägung wünschen würden. Wichtig ist, dass die Spieler ihre Rückmeldung anhand bestimmter Situationen konkretisieren und kurz begründen, wie sie zu ihrer Meinung kommen. Die Feedbacknehmer notieren sich die genannten Eigenschaften und geben nun ihrerseits ihrem Partner eine Rückmeldung. Anschließend wechseln die Paare bis jeder von jedem eine Rückmeldung bekommen hat.

In einer gemeinsamen Abschlussrunde können alle Spieler der Gruppe erzählen, wie sie von den anderen wahrgenommen werden, und sagen, inwieweit diese Einschätzung mit dem eigenen Selbstbild übereinstimmt oder an welchen Stellen es Unterschiede gibt.

Kommentar:
Der Vorteil dieser Feedbackmethode liegt in der Intimität der Paardialoge. Die Spieler haben die Gelegenheit, mit jedem aus der Gruppe unter vier Augen zu sprechen und ihrem Gegenüber zu sagen, was sie an dem anderen schätzen und was sie sich von ihm wünschen. Diese Intimität erleichtert es sowohl dem Feedbackgeber, seine Beobachtungen zu formulieren, als auch dem jeweiligen Gesprächspartner, die Rückmeldung anzunehmen.

Durch bestimmte Wiederholungen von Beobachtungen durch unterschiedliche Gesprächspartner bekommt der Einzelne einen guten Eindruck, welche Eigenschaften besonders auffallen bzw. an welchen Punkten sich die Gruppe eine Veränderung wünscht.

Reflektier-Bar

Ort:
Raum, Wiese

Dauer:
20–30 Minuten

Gruppe:
6–18 Spieler

Einsatzmöglichkeit:
Abschlussreflexion, Feedback

Hilfsmittel:
Verschiedene Säfte, großes durchsichtiges Gefäß, Kelle, Gläser für alle, festliche Dekoration, stimmungsvolle Hintergrundmusik

Spielbeschreibung:
Die Spielleitung hat für die Abschlussreflexion einen Tisch mit verschiedenen Säften, Cocktaildekorationen und einem großen durchsichtigen Gefäß vorbereitet. An einer Wand hängt sichtbar für alle eine große Menükarte. Auf dieser Karte ist jeder Saft inklusive seiner Bedeutung aufgeführt.

Jeder Saft steht für etwas anderes, z. B.:
Apfelsaft – Inhalt, Programm
Orangensaft – Nutzen, Erkenntnis
Sprudelwasser – Lebendigkeit, Kreativität
Zitrone – Spaß, Atmosphäre in der Gruppe
Grapefruitsaft – Bitterkeit, Unangenehmes
Dekoration – Rahmenbedingungen, Umfeld

Die Spielleitung stellt den Spielern die Menükarte vor und erläutert die einzelnen Punkte. Danach sind alle Spieler aufgefordert, das zurückliegende Programm nach diesen Punkten zu bewerten. Die Spieler gehen nacheinander hinter die Bar und gießen – je nachdem wie sie den jeweiligen Punkt bewerten – mehr oder weniger Saft in das große Gefäß und erläutern dazu den anderen in kurzen Worten ihre Meinung.

Vorbereitung:
Bar mit verschiedenen Getränken und Gläsern aufbauen. Menükarte schreiben.

Nachdem alle Spieler an der Reihe waren, werden feierlich die Gläser mit der Kelle gefüllt und die gesamte Gruppe stößt mit ihrem selbst zusammengestellten Stimmungscocktail an.

Zusatzvariante:
Nachdem alle ihre gefüllten Gläser in der Hand halten, werden die Spieler aufgefordert sich zu überlegen, wie es ihnen während des Programms ergangen ist und worauf sie persönlich besonders stolz sein können (z. B. weil sie für sich etwas verstanden haben, sich an einer Stelle erfolgreich überwinden konnten, sie jemandem geholfen haben, sie etwas ganz Bestimmtes erreicht haben usw.).

Dann beginnt eine Runde, in der alle einen Toast auf sich selbst aussprechen, indem sie ihr Glas heben und laut sagen. „Ich spreche einen Toast auf mich, weil …" Der Rest der Gruppe erwidert den Toast, indem alle rufen „Auf dich … (Name)".

Diese Runde legt den Fokus darauf, was jeder Einzelne in diesem Programm erreicht hat, unabhängig von externen Erwartungshaltungen. Durch die ritualisierte Erwiderung bekommen alle einzeln von und in der Gruppe Anerkennung und Wertschätzung vermittelt.

Kommentar:
Diese Reflexionsmethode ist etwas aufwändig in der Vorbereitung, aber je feierlicher und detailverliebter das Ambiente gestaltet wurde, desto festlicher wirkt sie und bietet so einen angemessenen Rahmen für eine gelungene Veranstaltung. Die passende Garderobe der Spieler tut ein Übriges.

Sag's mit drei Wörtern

Ort:
Raum, Wiese

Dauer:
10–20 Minuten

Gruppe:
8–24 Spieler

Einsatzmöglichkeit:
Zwischenreflexion, Abschlussreflexion

Hilfsmittel:
Keine

Spielbeschreibung:
Die Gruppe steht oder sitzt im Kreis. Die Spielleitung bittet alle Spieler, still für sich zu überlegen, wie sie die Gruppe während der letzten Aufgabe erlebt haben. Jeder soll drei Adjektive auswählen, die dieses Empfinden möglichst präzise auf den Punkt bringen (z. B. konstruktiv, chaotisch, motiviert).

Wenn alle so weit sind, sagt jeder reihum seine drei Wörter. Anschließend haben alle Spieler die Möglichkeit, untereinander Verständnisfragen zu stellen und nachzuhaken, wenn nicht klar ist, was jemand mit einem bestimmten Adjektiv gemeint hat.

Kommentar:
Diese Reflexion ist zunächst einmal sehr kurz und bringt die aktuellen Einschätzungen der Spieler gut auf den Punkt. Aufgrund des gemeinsamen Schweigens und der vorgegebenen Begrenzung auf drei Wörter entsteht eine sehr intensive und konzentrierte Stimmung innerhalb der Gruppe. Zudem sagen die Spieler mit ihren drei Adjektiven oft mehr als mit langen ausschweifenden Redebeiträgen.

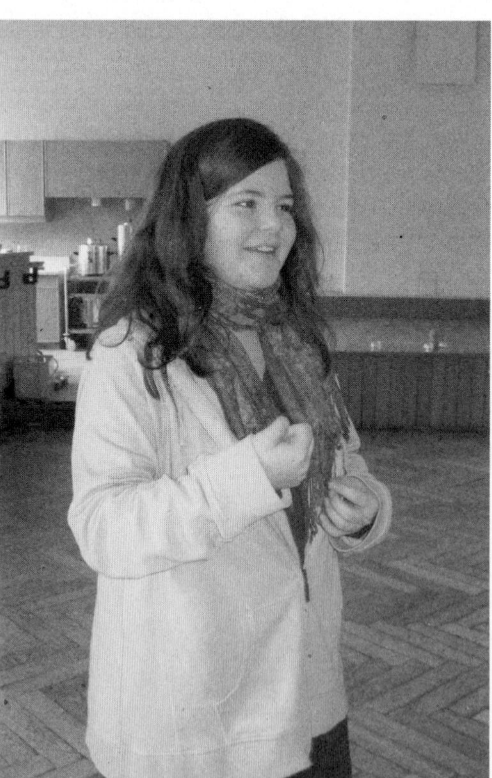

Durch die gewählte Fragestellung der Spielleitung ergibt sich automatisch der Fokus der Reflexion.

- Wie fand ich die letzte Aufgabe? (Thema: Übung)
- Wie habe ich die Gruppe während der letzten Aufgabe erlebt? (Thema: Gruppe)
- Wie ist es mir innerhalb des Spielverlaufs ergangen? (Thema: subjektives Empfinden)

Wenn das Thema der Reflexion die Leistungsfähigkeit der Gruppe betrifft, bietet sich die erste Frage an. Wenn die Zusammenarbeit der Gruppe im Mittelpunkt stehen soll, ist die zweite Frage sinnvoll, und wenn die Leitung reflektieren möchte, wie sich die einzelnen Spieler in der Gruppe fühlen, wählt sie die dritte Formulierung.

Schlümpfe an Bord

Spielbeschreibung:
Vor der Gruppe wird eine Vielzahl unterschiedlicher Schlumpffiguren aufgestellt. Alle Spieler haben die Aufgabe, sich aus dieser Vielzahl ein oder zwei Schlümpfe auszuwählen, um die eigene Rolle während des letzten Spieles darzustellen.

Wenn sich jeder einen Schlumpf genommen hat, stellen sich alle Spieler in einer ersten Runde ihre Figuren gegenseitig vor und begründen kurz, wie sie zu ihrer Einschätzung gekommen sind.

In einer zweiten Runde werden die jeweiligen Einschätzungen in der Gesamtgruppe besprochen und alle Mitspieler haben die Möglichkeit, einzelne Schlümpfe von einem Spieler auszutauschen oder dessen Figuren um einen weiteren Schlumpf zu ergänzen. Dies geht nur, wenn der jeweilige Spieler sich mit dem Vorschlag der Gruppe einverstanden erklärt.

Anschließend werden alle Schlümpfe zusammengestellt und die Gruppe kann sich mit den möglichen Zusammenhängen und Wechselwirkungen der verschiedenen Schlümpfe und Rollen auseinandersetzen.

Variante:
Neben den Figuren gibt es ein großes Schiff mit Ausguck, Steuer, Rettungsboot, Passagierkajüte, Achterdeck, Segelmast und vielem mehr, auf das die Spieler ihre Schlümpfe stellen können. Die Spieler überlegen sich zusätzlich zu ihrer Rolle, welche Position sie innerhalb der Gruppe einnehmen und stellen dementsprechend ihren Schlumpf auf eine Stelle des Schiffs, die diese gut darstellt.

Ort:
Raum, Wiese

Dauer:
30–45 Minuten

Gruppe:
6–18 Spieler

Einsatzmöglichkeit:
Abschlussreflexion

Hilfsmittel:
Viele verschiedene Schlümpfe, großes (Playmobil-)Schiff

Vorbereitung:
Alle Schlümpfe gut sichtbar aufstellen.

Steine der Erkenntnis

Ort:
Raum, Wiese

Dauer:
10–20 Minuten

Gruppe:
8–24 Spieler

Einsatzmöglichkeit:
Abschlussreflexion

Hilfsmittel:
Schatztruhe mit roten und blauen Dekorationsedelsteinen in verschiedenen Größen

Vorbereitung:
Material zusammenstellen.

Spielbeschreibung:
Die Spielleitung präsentiert der Gruppe eine kleine Schatztruhe mit verschiedenen Edelsteinen. Diese sind nicht nur von unschätzbarem materiellem Wert, sondern auch ein Zeichen für geistigen Reichtum. Da die Spieler aufgrund der vorangegangenen Erlebnisse mit neuen Erkenntnissen reich gesegnet sind, sollen diese nun auch verteilt und geteilt werden.

Die Kiste wird reihum weitergegeben und jeder Spieler hat die Möglichkeit, sich aufgrund der persönlichen Erkenntnisse zwei Edelsteine aus der Truhe zu nehmen.

Rote Edelsteine symbolisieren positive und angenehme Erkenntnisse, blaue Edelsteine stehen für Erkenntnisse, die einem nicht gut gefallen haben.

Die unterschiedlichen Größen der Edelsteine beziehen sich auf den Erkenntnisgewinn bzw. deren Umfang. Je neuer, überraschender und erhellender eine Erkenntnis, umso größer ist der entsprechende Edelstein.

Farbe und Größe der Edelsteine sind beliebig kombinierbar und richten sich nur nach der persönlichen Einschätzung. Nachdem sich jeder zwei Edelsteine genommen hat, folgt eine kurze Gesprächsrunde, in der die Spieler sich gegenseitig erzählen können, welche Erkenntnisse sie für sich gewonnen haben und wie sie diese bewerten.

Telegramm

Spielbeschreibung:
Mit dieser Übung erhalten die Spieler die Gelegenheit, auf das gute alte Telegramm zurückzugreifen. Da Telegrafieren allerdings sehr teuer ist, stehen jedem Spieler maximal 15 Wörter zur Verfügung, um möglichst prägnant die aktuelle Situation in der Gruppe zu beschreiben. Anschließend werden die Telegramme der Reihe nach vorgelesen und es kann kurz beraten werden, welche Konsequenzen aus diesen Wahrnehmungen zu ziehen sind.

Variante:
Je nach Auswertungssituation kann die Fragestellung für das Telegramm natürlich variiert bzw. präzisiert werden, z. B.:
- Wo liegt unser Problem?
- Wie kommen wir hier wieder raus?
- Wie haben wir das geschafft?

Kommentar:
Um den Reiz der Übung zu verstärken sollte die Spielleitung auf der klassischen Form des Telegramms beharren und diese an einem Beispiel demonstrieren:
„Stimmung auf dem Tiefpunkt – STOPP – Alle reden durcheinander – STOPP – Müssen Zeit besser nutzen – STOPP – Aufgabe eigentlich spannend – STOPP – …"
(wobei „stopp" nicht auf die 15 Wörter angerechnet wird).

Ort:
Raum, Wiese

Dauer:
10–20 Minuten

Gruppe:
8–24 Spieler

Einsatzmöglichkeit:
Zwischenreflexion

Hilfsmittel:
Blätter, Stifte

Themenwechsel

Ort:
Raum, Wiese

Dauer:
10–20 Minuten

Gruppe:
8–24 Spieler

Einsatzmöglichkeit:
Zwischenreflexion

Hilfsmittel:
Themenkarten

Vorbereitung:
Themen auf Karten schreiben.

Spielbeschreibung:
Die Spielleitung zeigt der Gruppe vier DIN-A4-Karten mit jeweils einem Stichwort:

- Kommunikation
- Gemeinschaft
- Helfen und sich helfen lassen
- Vertrauen

Die verschiedenen Stichwörter werden kurz erläutert und die Spieler überlegen sich, zu welchem der vier Themen sie während der vorangegangenen Aktion etwas Bemerkenswertes wahrgenommen haben. Das kann etwas besonders Positives, aber auch etwas besonders Negatives bzw. Verbesserungswürdiges sein. Wenn alle Spieler so weit sind, gibt die Spielleitung einem Spieler im Kreis alle vier Karten. Dieser muss sich für eine der vier Karten entscheiden und den anderen zeigen. Nachdem er den anderen erzählt hat, warum er sich für dieses Thema entschieden hat und was er diesbezüglich wahrgenommen und erlebt hat, gibt er alle vier Plakate weiter und die nächste Person ist an der Reihe.

Am Ende entscheiden Spielleitung und Gruppe gemeinsam, ob und – wenn ja – zu welchem Thema sie sich intensiver austauschen möchten.

Kommentar:
Durch die Aufteilung in verschiedene Bereiche ergibt sich schnell ein Überblick über mögliche Schwerpunktthemen innerhalb der Gruppe. Die Spielleitung kann gut erkennen, ob es zu bestimmten Punkten noch Klärungsbedarf gibt, und – wo es sich lohnt – intensiver nachhaken.

TZI-Reflexion

Spielbeschreibung:
Die Gruppe sitzt bei dieser Abschlussreflexion im Halbkreis. Vorn stehen vier leere Stühle, auf denen gut lesbar ein Plakat/eine Karte mit einem Begriff steht:

- Inhalt
- Gruppe
- Ich
- Was ich sonst noch sagen möchte

Die Spieler werden von der Spielleitung eingeladen, einzeln nach vorn zu gehen, sich nacheinander auf jeden Stuhl zu setzen und zu jedem dieser Begriffe ihre Meinung zu äußern.

Den Anfang bildet der „Inhalt". Auf diesem Stuhl können die Spieler zu dem Programm Stellung beziehen, persönliche Erkenntnisse formulieren und beispielhaft benennen, was sie für sich gelernt haben.

Auf dem Stuhl „Gruppe" können die Spieler sagen, wie ihnen die Gruppe gefallen hat und wie sie die Stimmung in der Gruppe wahrgenommen haben.

Der Stuhl „Ich" bezieht sich auf die eigene Person, das persönliche Engagement, die Rolle in der Gruppe, das Empfinden, das eigene Auftreten während des Programms.

Der letzte Stuhl ist eine Art Joker, auf dem die Spieler alles sagen können, was sie keiner der anderen drei Kategorien zuordnen konnten. Dieser kann auch übersprungen werden, falls jemand der Meinung ist, alles gesagt zu haben. Zu den anderen Begriffen sollten jedoch alle etwas sagen.

Ort:
Raum

Dauer:
20–30 Minuten

Gruppe:
6–18 Spieler

Einsatzmöglichkeit:
Abschlussreflexion, Feedback

Hilfsmittel:
4 Extrastühle, 4 Plakate/Karten

Vorbereitung:
4 Stühle beschriften und nebeneinander aufstellen.

Kommentar:
Diese Reflexion basiert auf der themenzentrierten Interaktion und bietet den Spielern und der Leitung die Möglichkeit, eine differenzierte Rückmeldung abzugeben bzw. zu erhalten. Durch die Stuhlformation ergibt sich für manche Spieler eine gewisse Hemmschwelle, da sie aufstehen und sich aktiv in den Mittelpunkt/auf die „Bühne" begeben müssen. Die Spielleitung muss im Vorfeld gut abwägen, ob die Atmosphäre in der Gruppe so gut ist, dass sie dies jedem zumuten kann oder nicht.

Viele Grüße

Ort:
Raum, Wiese

Dauer:
10–20 Minuten

Gruppe:
6–18 Spieler

Einsatzmöglichkeit:
Zwischenreflexion, Abschlussreflexion

Hilfsmittel:
Postkartensammlung, Stifte, Moderationskärtchen

Vorbereitung:
Material zusammenstellen.

Spielbeschreibung:
Die Spielleitung verteilt viele Postkarten auf dem Boden und lädt die Spieler ein, den soeben entstandenen Souvenirladen zu besuchen und ein bis zwei Postkarten zu kaufen.

Die gewählten Bildmotive sollten sich auf möglichst eindrückliche Momente der bisherigen Reise beziehen und den Freunden zu Hause einen guten Eindruck vermitteln, wie der Absender der Karte den bisherigen (Reise-)Verlauf erlebt hat.

Auf die Karten können alle Spieler noch einen kurzen Text schreiben, in dem sie von den Teilnehmern der Reisegruppe erzählen und kurz berichten, wie ihnen jetzt in diesem Moment zumute ist. Wenn alle Spieler so weit sind, werden die Karten verschickt, das heißt, jeder Spieler zeigt der Gruppe seine ausgewählten Postkarten und liest deren Text vor.

Kommentar:
Um die Postkarten mehrfach zu nutzen, können die Texte auch auf separate Moderationskärtchen geschrieben werden.

Wasserglas-Reflexion

Spielbeschreibung:
Auf einem Tisch stehen eine große Schüssel mit Wasser und zwei leere durchsichtige Gefäße. Daneben liegt eine Schöpfkelle. Ein leeres Gefäß ist mit einem Minuszeichen versehen und steht für alle negativen Aspekte. Das andere Gefäß hat ein Pluszeichen und symbolisiert alle positiven Seiten während des auszuwertenden Spiels.

Nacheinander kann nun jeder Spieler eine Kelle voll Wasser aus der Schüssel schöpfen und dieses nach eigenem Ermessen auf die beiden Gefäße verteilen.

Wenn der letzte Spieler seine Kelle Wasser verteilt hat, werden beide Gefäße zusammengeschoben und der Inhalt miteinander verglichen.

Kommentar:
Für die anschließende Diskussion ist es wichtig, dass alle Spieler, während sie das Wasser verteilen, kurz begründen, warum sie wie viel Wasser in welches Gefäß gießen.

Ort:
Raum, Wiese

Dauer:
20–30 Minuten

Gruppe:
6–18 Spieler

Einsatzmöglichkeit:
Zwischenreflexion, Abschlussreflexion

Hilfsmittel:
1 Schüssel mit Wasser, 2 große durchsichtige Gefäße, 1 Schöpfkelle

Vorbereitung:
Schüssel mit Wasser füllen und mit 2 durchsichtigen Gefäßen auf einen Tisch stellen. Die beiden Gefäße mit einem Plus- und einem Minuszeichen markieren.

Wie geht es meinen Nachbarn?

Ort:
Raum, Wiese

Dauer:
10–20 Minuten

Gruppe:
6–18 Spieler

Einsatzmöglichkeit:
Zwischenreflexion, Abschlussreflexion

Hilfsmittel:
Keine

Spielbeschreibung:
„Wie geht es meinem Nachbarn?" ist eine klassische Gesprächsrunde im Stuhlkreis mit einem entscheidenden Unterschied: Jeder Spieler beantwortet die Frage „Wie ist es mir während der letzten Aktion ergangen?" nicht aus der eigenen Perspektive, sondern aus der seines linken Sitznachbarn. Dieser hört zu, was bzw. wie sein rechter Nachbar ihn während der vorangegangenen Situation wahrgenommen hat und bekommt anschließend die Möglichkeit, das Gesagte gegebenenfalls zu korrigieren, zu bekräftigen oder zu konkretisieren.

Kommentar:
Eine schlichte Methode, die es in sich hat: Oft beruhen die getroffenen Aussagen in Wahrheit auf eigenen Erfahrungen und die Übertragung ist rein spekulativ. Deshalb ist es spannend, zu hinterfragen, wie jemand auf die formulierten Vermutungen gekommen ist und woran er diese festgemacht hat. Durch den Perspektivenwechsel wird vielen Spielern erst klar, wie viel oder wenig sie von ihren Mitspielern mitbekommen und wie ungewohnt es ist, sich in deren Lage zu versetzen.

Wunschzettel

Spielbeschreibung:
Jeder Spieler schreibt vor Beginn der nächsten Aktion einen Wunsch auf seinen Wunschzettel. Dieser Wunsch soll sich auf die Art und Weise des Umgangs untereinander beziehen und darf nicht verraten werden. Nachdem die Spieler sich einen möglichst konkreten Wunsch (z. B. „Sammeln aller Ideen, bevor es losgeht" oder „Alle dürfen Fehler machen") überlegt und diesen aufgeschrieben haben, stecken sie ihren Wunschzettel ein und tragen ihn während der Spielaktion bei sich.

Nach der Aktion werden die Wünsche laut vorgelesen und die Wunschzettel offen in die Mitte gelegt. Anschließend können die Spieler sich darüber austauschen, wie sie den Spielverlauf erlebt haben und gemeinsam überlegen, welche der Wünsche von der Gruppe erfüllt werden konnten und welche nicht.

Variante:
Die Spieler werden zu Wunscherfüllungsbeauftragten. Die Wunschzettel werden unter allen Anwesenden verteilt. Jeder soll jetzt darauf achten, dass der Wunsch, den er bekommen hat, bei der nächsten Aktion in Erfüllung geht.

Kommentar:
Die Wunschzettel gelten für mehrere Aufgaben bzw. eine ganze Spieleinheit. Während der gesamten Spielaktion dürfen die Spieler auf der Grundlage ihrer persönlichen Eindrücke die Wünsche verändern. Zwischen den Aktionen bzw. am Ende der Spielaktion tauschen sich die Spieler über die Wunschentwicklung und deren Hintergründe aus und setzen sich damit auseinander, ob die geäußerten Wünsche erfüllt worden sind oder nicht.

Ort:
Raum, Wiese

Dauer:
5–10 Minuten vor der Aktion und 10–20 Minuten nach der Aktion

Gruppe:
6–18 Spieler

Einsatzmöglichkeit:
Zwischenreflexion

Hilfsmittel:
Blätter, Stifte

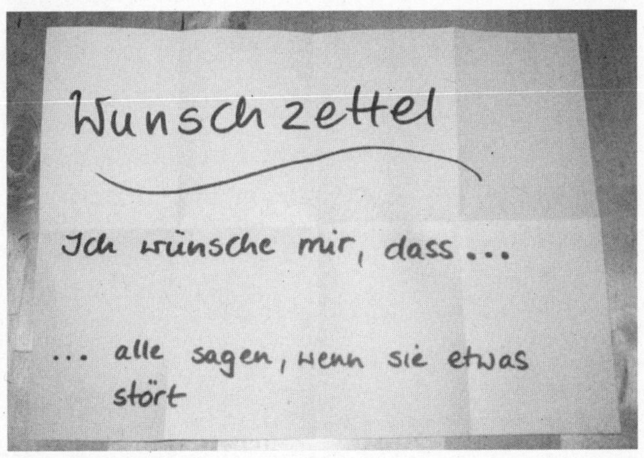

Spielketten

Einführung

Der Begriff „Spielkette“ bezieht sich auf die spielerische Verknüpfung von mehreren Spaß- bzw. Abenteuerspielen und Reflexionsübungen zu einer in sich geschlossenen Einheit. Eine spielerische Rahmengeschichte verbindet die einzelnen Spiele und Aufgaben miteinander und sorgt für den roten Faden.

Innerhalb dieser in sich geschlossenen Spieleinheit erleben die Teilnehmenden alle Elemente als integrale Bestandteile einer übergeordneten Aufgabe. Aktion und Reflexion werden spielerisch miteinander kombiniert und die Teilnehmenden erleben den angeleiteten Wechsel von Spiel, Aufgabe und Auseinandersetzung mit dem Gruppenprozess als natürlichen Teil einer fortlaufenden Geschichte. Die Gruppe hat innerhalb einer Spieleinheit die Möglichkeit, verschiedene Varianten auszuprobieren und mit neuen Ideen zu experimentieren. Die gewonnenen Erkenntnisse können direkt umgesetzt und getestet werden.

Auswahl und Zusammenstellung der Spiele

Den Anfang einer Spielkette bilden ein bis zwei Spaßspiele. Diese führen die Teilnehmenden spielerisch in die ausgearbeitete Rahmengeschichte ein und ermöglichen es den Spielerinnen und Spielern, miteinander vertraut zu werden. Durch den hohen Grad an Bewegung und Spielfreude werden die Teilnehmenden angeregt und motiviert, sich auf den anstehenden Gruppenprozess einzulassen.

Danach folgen zwei bis fünf Abenteuerspiele. Bei mehr als fünf Abenteuerspielen hintereinander besteht die Gefahr, dass der spielerische Spannungsbogen der Gesamteinheit nicht gehalten werden kann. Aufgrund der dauerhaften Anspannung und Belastung sind die Spielerinnen und Spieler irgendwann nicht mehr in der Lage, sich über einen längeren Zeitraum zu konzentrieren, und die Leistungsfähigkeit und Bereitschaft der Beteiligten sinkt. Ist dies der Fall, kann es sinnvoll sein, nach dem dritten oder vierten Abenteuerspiel ein zusätzliches Spaßspiel einzuschieben. Dadurch bekommen die Teilnehmenden die Möglichkeit, sich zu erholen und neue Energie für die anstehenden Aufgaben zu sammeln.

Das erste Abenteuerspiel ist von besonderer Bedeutung, da es den Übergang vom Spiel zur Kooperationsübung markiert. Die Aufgabe muss die Gruppe spielerisch ansprechen und bereits leicht herausfordern. Spiele mit wenigen Regeln und einem eindeutigen Ergebnis sind in dieser Phase einer Spieleinheit besonders gut geeignet.

Um die Spielfreude und den gemeinsamen Spaß zunächst aufrechtzuerhalten, muss diese erste Aufgabe für die Gruppe auf jeden Fall lösbar, aber nicht automatisch zu schaffen sein. Wenn die Aufgabe zu leicht ist und die Gruppe sie sofort löst, besteht die Gefahr, dass die Teilnehmenden zu stark auf der spielerischen Ebene verhaftet bleiben und es nicht gelingt, ernsthaft in einen konstruktiven Gruppenprozess einzusteigen. Scheitert die Gruppe auch nach mehreren Versuchen, wird die Spielfreude zu stark gedämpft und die Motivation der Teilnehmenden, sich auf die geplante Spieleinheit weiter einzulassen, geht verloren.

Ein gutes Abenteuerspiel zum Einstieg ist beispielsweise das „Reifentor". Die Aufgabe wirkt auf den ersten Eindruck ziemlich schwierig, ist aber mit einem gewissen Maß an Konzentration und Einsatzbereitschaft relativ einfach zu lösen. Alle Teilnehmenden sind aufgrund der Aufgabenstellung gleichermaßen an der Lösung der Aufgabe beteiligt und Verlauf und Ergebnis der Aufgabe sind für alle eindeutig nachzuvollziehen.

Nach jeder Aufgabe lädt die Spielleitung die Gruppe zu einer Reflexion ein. Um diese für alle Beteiligten dauerhaft interessant zu halten, sollten alle Reflexionen methodisch unterschiedlich gestaltet sein. Die Intensität und Dauer der Reflexionsrunden sollten dem jeweiligen vorangegangenen Abenteuerspiel entsprechen und relativ einfach beginnen. In der ersten Reflexionsrunde ist es beispielsweise völlig ausreichend, die Themen der Einheit kurz anzudeuten und allen Beteiligten die Möglichkeit zu bieten, ihre Meinung zum Spielverlauf und der Gruppe zu äußern.

An dieser Stelle eignet sich z. B. „Der Cäsar-Daumen". Aufgrund der gestellten Fragen kann die Leitung der Gruppe spielerisch den Sinn und Zweck der Spieleinheit vermitteln und die Spielerinnen und Spieler müssen per Handzeichen zu den gewählten Themen Stellung beziehen. Durch die nonverbale Ausdrucksform ist die Methode sehr einfach und nimmt nur wenig Zeit in Anspruch.

In den darauffolgenden Aufgaben steigert sich der Schwierigkeitsgrad und der Anspruch an die Gruppe wächst. Die folgenden Abenteuerspiele dienen in erster Linie der Möglichkeit, neue Erfahrungen zu sammeln und den angestoßenen Gruppenprozess innerhalb der Gruppe zu vertiefen und zu intensivieren.

Die Abenteuerspiele sollten so ausgewählt und gestaltet werden, dass deren Lösung die Gruppe vor einige Probleme stellt und nur möglich ist, wenn die Spielerinnen und Spieler alle ihnen zur Verfügung stehenden Ressourcen und Kompetenzen mit in den Spielverlauf einbringen.

Aufgrund der Spielgeschichte eignen sich in dieser Phase der Spielkette besonders gut Aufgaben, bei denen die Gruppe von A nach B muss, ein Hindernis überqueren soll oder etwas zu transportieren ist.

In dieser Phase ist es nicht schlimm, wenn kurzzeitig die Rahmengeschichte und der Spielspaß der Teilnehmenden aus dem Blick geraten. Der Anforderungscharakter der Aufgaben tritt in den Vordergrund und die Spielerinnen und Spieler sind aufgrund des vorangegangenen Erfolgserlebnisses und der spielerischen Heranführung genügend motiviert, sich auf die Aufgaben einzulassen.

Die anschließenden Reflexionen sind dem Schwierigkeitsgrad entsprechend deutlich differenzierter und tiefgehender gestaltet als die Anfangsrunde. Die Spielerinnen und Spieler werden angeregt, sich über ihre Gefühle und Wahrnehmungen auszutauschen und sich mit deren möglichen Zusammenhängen auseinanderzusetzen. Zusätzlich sollte jede Reflexionsrunde einen Ausblick auf die anstehenden Aufgaben beinhalten. Die Teilnehmenden überlegen sich, was sie sich für das kommende Abenteuerspiel vornehmen möchten: Welche Verhaltensweisen und Eigenschaften haben sich als positiv erwiesen und sollten beibehalten werden? Was war nicht gut und sollte sich ändern? Worauf wollen wir in Zukunft achten?

Zum Abschluss einer Spielkette folgt wiederum ein relativ einfaches Abenteuerspiel. Die Teilnehmenden haben die Möglichkeit, ihre Vorsätze und Erkenntnisse aus den bisherigen Aufgaben umzusetzen und können die Spieleinheit mit großer Wahrscheinlichkeit erfolgreich beenden.

Abenteuerspiele, bei denen die Gruppe einen Gegenstand aus einer markierten Fläche bergen soll oder gemeinsam etwas konstruieren muss, lassen sich aufgrund ihrer Aufgabenstellung besonders gut als abschließende Aufgabe in eine Spielgeschichte integrieren.

Nach vielen Mühen hat die Gruppe endlich ihr Ziel erreicht und kann den Schatz bergen. Nachdem die Gruppe alle wichtigen Teile gefunden hat, muss die Maschine wieder zusammengesetzt werden.

In der darauffolgenden Abschlussreflexion wird der gesamte Spiel- und Gruppenprozess hinterfragt und ausgewertet und die Spielerinnen und Spieler können sich über mögliche Erfahrungen und Erkenntnisse im Rahmen der letzten zwei bis drei Stunden verständigen.

Gestaltung der Spielgeschichte

Viele Teilnehmenden genießen es, im Rahmen einer Als-ob-Spielwelt Abenteuer zu erleben und finden es reizvoll, sich innerhalb einer spannenden Geschichte in eine andere Rolle hineinzuversetzen. Unstimmigkeiten in der Geschichte stören die Vorstellungskraft der Beteiligten allerdings und hindern sie daran, in die Geschichte einzutauchen und sich auf die Handlung einzulassen. Deshalb sind folgende Punkte bei der Gestaltung einer Spielgeschichte von besonderer Bedeutung:

Sinnhaftigkeit der Geschichte

Unabhängig von der Absurdität der Handlung ist es wichtig, dass die Geschichte in sich stimmig ist.

Das Tagungshaus im Rahmen einer Spielgeschichte in ein schwer bewachtes Museum mit einer erlesenen Edelsteinsammlung zu verwandeln ist problemlos möglich. Dazu reichen in der Regel ein wenig Fantasie, eventuell ein bis zwei Requisiten und eine überzeugende Geschichte.

Die Teilnehmenden dagegen über ein Hindernis zu schicken, nur um anschließend wieder auf die andere Seite zu gehen und dort weiterzuspielen ist schwierig.

Die Spielerinnen und Spieler brauchen für jede Aufgabe eine nachvollziehbare Erklärung, die begründet, warum etwas wichtig und sinnvoll ist. Ansonsten macht die Aktion aus der Sicht der Teilnehmenden keinen Sinn. Jeder inhaltliche Bruch in der Geschichte führt dazu, dass die Beteiligten Probleme haben, sich auf die Geschichte einzulassen und in ihrer spielerischen Rolle zu bleiben.

Die Rolle der Spielleitung

Innerhalb der Geschichte muss die Rolle der Spielleitung geklärt werden. Auf der einen Seite begleitet diese die Teilnehmenden auf ihren Abenteuern und erklärt den Spielerinnen und Spielern die anstehenden Aufgaben. Auf der anderen Seite ist sie nicht Teil der Gruppe und achtet auf die Einhaltung der Regeln. Die Spielgeschichte muss die Rolle der Spielleitung klar definieren und im Idealfall beide Funktionen logisch miteinander verbinden.

Innerhalb einer Spielgeschichte kann die Spielleitung z. B. gut die Rolle des Kapitäns übernehmen, für den natürlich eigene Gesetze gelten, oder die versierte Reiseleitung spielen, deren Aufgabe es ist, den Reisenden mit Rat und Tat zur Seite zu stehen, sich ansonsten aber zurückhält, um das Flair der Abenteuerreise nicht zu beeinträchtigen.

Die Einbettung der Reflexionen in die Geschichte
Die Reflexionen sind elementarer Bestandteil der Spielkette. Aus Sicht der Geschichte muss es deshalb für die Spielerinnen und Spieler Sinn machen, sich nach einer Aufgabe über das Erlebte auszutauschen.

Die Basisstation verlangt einen ausführlichen Bericht.
Die Rittersleute sitzen abends beim Feuer und lassen den Tag Revue passieren.
Die Diebesbande darf sich bei der nächsten Aufgabe keinen Fehler erlauben. Deshalb sollen sich vorab alle vergewissern, wie es bisher im Team gelaufen ist.
Kurz vor dem ersehnten Ziel „Wunschhausen" dürfen sich alle Spielerinnen und Spieler etwas für die weitere Zusammenarbeit wünschen.

Alternativen bei Nichterfolg
Die Abenteuerspiele stellen die Gruppe vor einige Herausforderungen. Ein Erfolg ist möglich, setzt aber voraus, dass die Teilnehmenden alle ihnen zur Verfügung stehenden Kompetenzen und Ressourcen sinnvoll einsetzen. Umgekehrt bedeutet dies, dass die Gruppe möglicherweise bei einer Aufgabe scheitern kann. Was in Hinblick auf den gruppendynamischen Prozess durchaus gewinnbringend sein kann, stellt für den Spielverlauf erst einmal ein Problem dar.

Bei einem Einbruch in ein Haus einzusteigen, obwohl es der Gruppe nicht gelungen ist, die Alarmanlage auszuschalten, macht keinen Sinn und ist aus Sicht der Spielerinnen und Spieler nicht nachvollziehbar.

Im Idealfall hat die Spielleitung für einen solchen Fall eine alternative Aufgabe für die Gruppe vorbereitet.

Die Gruppe hat unglaubliches Glück an diesem Tag. Eine Reinigungskraft hat wohl vergessen, ein Fenster zu schließen. Wenn die Teilnehmenden es schaffen, eine Person durch diese kleine Öffnung in 1,80 Meter Höhe zu heben (an einem Ast aufgehängter Gymnastikreifen), ohne den Rahmen zu berühren, kann diese die Alarmanlage von innen ausschalten und der Gruppe die Tür öffnen.

Ansonsten muss die Spielleitung innerhalb der Rahmengeschichte begründen können, warum die Gruppe es erneut versuchen kann.

Der Spielleitung ist es per Computer gelungen, das abgegebene Signal der Alarmanlage abzufangen und das System wieder auf null zu setzen. Die Gruppe kann also erneut versuchen, die Anlage auszuschalten.

Ausgestaltung der Rahmengeschichte

Bei einer angemessenen Präsentation und einer reizvollen Gestaltung der Geschichte macht es auch bzw. besonders Erwachsenen großen Spaß, Piraten zu spielen oder im Rahmen einer geführten Gruppenreise kuriose Abenteuer zu erleben. Dabei ist es nicht notwendig, Kostüme für alle Teilnehmenden bereitzustellen, aber ausgewählte Requisiten erleichtern es den Spielerinnen und Spielern enorm, sich auf die Handlung einzulassen.

Es macht viel mehr Spaß, Ritter zu spielen, wenn man ein Schaumstoffschwert in den Händen hält.

Als Peter und Michael in See zu stechen, ist nicht so reizvoll wie als Kanonenkugel-Pit und Mighty Mike.

Zu jeder großen Reise gehört natürlich eine entsprechende Kopfbedeckung.

Die Fantasie der Teilnehmenden wird durch diese eingebauten Requisiten angeregt und die ganze Gruppe bekommt Lust, sich auf die Geschichte einzulassen. Oft reichen schon kleine Details, um eine Gruppe für eine Geschichte zu begeistern und ihre Spielfreude anzuregen.

Mithilfe einer kleinen Reise-Miniaturburg inklusive Rittern und Drachen erzählt die Spielleitung den Teilnehmenden die Geschichte des kleinen Königreichs Zufriedenheim.

Mit einem Regenschirm in der Hand begrüßt die Spielleitung alle Anwesenden förmlich als Teilnehmende einer Gruppenreise.

Verschwörerisch flüsternd erzählt die Spielleitung der Gruppe heimlich von einer Edelsteinsammlung von unschätzbarem Wert. Nach jedem Satz schaut sie in die Runde und vergewissert sich, dass kein Fremder die Gruppe beobachtet.

Orientierung an den Interessen der Teilnehmenden
Neben den rahmengeschichtlichen Feinheiten und deren Ausgestaltung vor Ort ist die entscheidende Frage natürlich, inwieweit das Thema der Handlung den Interessen und Vorlieben der Teilnehmenden entspricht. Nur wenn die Spielerinnen und Spieler die Spielgeschichte an sich schon als reizvoll erleben und Spaß an ihrer Rolle haben, kann eine Spielkette ihr eigentliches Potenzial entfalten.

Chancen und Möglichkeiten

Innerhalb der pädagogischen Arbeit mit kooperativen Abenteuerspielen ist der Einsatz von Spielketten besonders gut geeignet. Die Verknüpfung von Spielgeschichte, Herausforderung und reflexiver Auseinandersetzung über einen Zeitraum von mehreren Stunden bietet vielfältige Chancen und Möglichkeiten für einen persönlich bedeutsamen Lernprozess in einer Gruppe.

Spielen und Lernen

Spielketten setzen zunächst an der Spielfreude und der Lust auf Bewegung an. Die Spaßspiele zu Beginn der Einheit geben den Spielerinnen und Spielern die Möglichkeit, langsam miteinander vertraut zu werden und gemeinsam Spaß zu haben. Im Rahmen einer angenehmen Atmosphäre wird die Gruppe dann mit einer ersten einfachen Aufgabe konfrontiert, die die Spielerinnen und Spieler auf jeden Fall erfolgreich lösen können. Die begleitende Geschichte regt die Fantasie der Beteiligten an und weckt deren Begeisterungsfähigkeit.

Dieser zunächst aufwändig erscheinende Rahmen ermöglicht einen sehr behutsamen Einstieg in den gemeinsamen Lernprozess und schafft einen fließenden Übergang von Spielen, Erleben und Lernen. Die Bereitschaft, sich auf den anstehenden Lern- und Gruppenprozess einzulassen, wird nicht von vornherein vorausgesetzt oder eingefordert, sondern kommt von den Beteiligten selbst und entfaltet sich im Lauf der Spielkette auf ihren eigenen Wunsch.

Sobald die Gruppe vor einem Problem steht, kommt es automatisch zu einer Diskussion darüber, wie die Teilnehmenden besser miteinander zusammenarbeiten könnten oder was für die Lösung der Aufgaben wichtig ist.

Aktion und Reflexion

In der Regel erleben die Teilnehmenden den Wechsel von Aktion und Reflexion als großen Bruch. Nach einem sehr erlebnisintensiven Abenteuerspiel mit viel Dynamik und Bewegung folgt eine eher gesprächsintensive Auseinandersetzung, bei der alle zusammensitzen und sich gegenseitig zuhören. Durch die spielerische Verknüpfung dieser beiden Elemente wird dieser Bruch innerhalb einer Spielkette deutlich abgefedert. Die Reflexion wird inhaltlich und methodisch an das vorangegangene Abenteuerspiel angepasst und durch die Spielgeschichte Teil eines übergeordneten Ganzen. Die Abfolge von Spaßspiel, Abenteuerspiel und Reflexion wirkt nicht mehr wie eine lose Zusammenstellung verschiedener einzelner Elemente, sondern wie eine Verknüpfung unterschiedlicher Momente und Aufgaben, die miteinander verwoben und letztlich Teil eines nicht trennbaren Prozesses sind.

Innerhalb der Spielkette „Kapitän Knitternase und seine Crew" wird das Thema Rollenverteilung im Team spielerisch auf die unterschiedlichen Posten auf einem Piratenschiff übertragen. Der Kapitän nutzt das erste gemeinsame Abenteuer zum Ausprobieren und lädt die gesamte Crew im Anschluss zu einer Bordbesprechung ein, bei der alle gemeinsam überlegen, welche Person sich wohl auf der Grundlage der gesammelten Eindrücke für welchen Posten eignen würde.

Spielverlauf und Gruppenprozess

Innerhalb einer Spielkette bilden Spielverlauf und Gruppenprozess eine Einheit. Die durchgängige Geschichte verknüpft die verschiedenen Aufgaben und Erlebnisse miteinander und hilft den Teilnehmenden, die notwendige Spannung über einen längeren Zeitraum hinweg zu halten, um sich intensiv mit den an sie gestellten Herausforderungen zu beschäftigen.

Die Gruppe kann anhand mehrerer verschiedener Aufgaben gruppeninterne Themen und Prozesse erkennen, diese im weiteren Verlauf konkret benennen und mit unterschiedlichen Möglichkeiten im Umgang mit diesen Themen experimentieren.

Bei mehreren voneinander getrennten Aufgaben und Geschichten ist es viel schwieriger, die Teilnehmenden für die Dauer eines solchen Prozesses zu motivieren. Es kommt viel schneller zu Ermüdungserscheinungen und den Spielerinnen und Spielern fällt es schwer, sich immer wieder neu auf eine Aufgabe und eventuell eine andere Rahmengeschichte einzulassen.

Spielketten eignen sich dadurch auch für Gruppen, die im Vorfeld noch gar keine klaren Erwartungen oder Zielvorstellungen für sich benennen können. Durch den spielerisch initiierten Gruppenprozess entwickeln sich automatisch gruppeninterne Themen und Fragestellungen, die innerhalb der folgenden Aufgaben konkretisiert und bearbeitet werden können.

In der Spielkette „Reise nach Wunschhausen" wird die Formulierung von Erwartungen und Wünschen für das gemeinsame Miteinander spielerisch aufgegriffen. Unter der Begleitung einer Reiseleitung haben die Spielerinnen und Spieler die Möglichkeit, sich miteinander vertraut zu machen und einen ersten Eindruck von der Gruppe zu bekommen. Am Ende der Reise dürfen dann alle Teilnehmenden einen Wunsch für das weitere Miteinander äußern.

Auf der Suche nach den Höhlenkristallen

Ort:
Abwechslungsreiches Außengelände inkl. Baum mit starkem Seitenast in der Nähe, Startpunkt im Haus

Dauer:
2–3 Stunden

Gruppe:
6–18 Spieler

Einsatzmöglichkeiten/ Ziele:
Auseinandersetzung mit den eigenen Stärken und Schwächen, Selbst- und Fremdwahrnehmung, Steigerung des Selbstwertgefühls

Rahmenhandlung:
Eine Gruppe von Wissenschaftlerinnen und Wissenschaftlern ist eingeladen, an einer Expedition zu den berühmten Höhlenkristallen teilzunehmen. Zusätzlich soll die geplante Unternehmung der Selbstexploration dienen und allen Beteiligten Erkenntnisse über die eigenen Denk- und Handlungsmuster verschaffen.

Ablauf:
Alle Wissenschaftlerinnen und Wissenschaftler sind angeschrieben worden, sich pünktlich Montagmorgen, um 8.30 Uhr am zentralen Tagungshaus im Stadtzentrum einzufinden. Ein Treffpunkt mitten in der Stadt um diese Uhrzeit ist natürlich mit einigem Stress verbunden. Bedeutet es doch, sich mit dem Auto durch das Verkehrschaos zu quälen und in der Innenstadt einen der heiß begehrten Parkplätze zu ergattern. Die regelmäßigen Kontrollen der Polizei führen dazu, dass am Ende alle genervt sind und immer wieder laut hupend losfahren, sobald sie das Gefühl haben, angesehen zu werden.
Spaßspiel „Parkplatzsuche" *(siehe Seite 41)*

Nachdem alle einen Parkplatz gefunden und sich im Tagungshaus getroffen haben, geht es darum, sich näher kennen zu lernen und über die verschiedenen Fachgebiete auszutauschen. Im Vordergrund stehen dabei die bisherigen Expeditionen, mit denen sich die Teilnehmenden auseinandergesetzt haben. Da alle verschiedene Sprachen sprechen, wird mit Händen und Füßen geredet. Erst nach einer Weile ist ein Dolmetscher verfügbar, der sagen, kann, ob die verstandenen Geschichten richtig waren.
Spaßspiel „Geschichtentabu plus Zusatzvariante" *(siehe Seite 35)*

Mögliche Begriffe für das „Geschichtentabu":

Entdeckung Amerikas	*Amerika, Schiff, Indianer, Sextant, Spanien, Christoph Kolumbus*
Mondlandung	*Astronaut, Mond, Weltall, Rakete, Neil Armstrong*
Besteigung des Mount Everest	*Mount Everest, Sherpa, erfrorene Zehen, Yeti, Reinhold Messner*

Nachdem sich alle Spielerinnen und Spieler in Kleingruppen gefunden haben, überlegen diese sich kurz, wie sie ihre Expedition pantomimisch vorspielen können. Anschließend werden diese Szenen präsentiert und der Rest der Gruppe muss raten, um welche Expedition es sich gehandelt hat.

Wie in dem Anschreiben erwähnt, dient die geplante Unternehmung auch der Selbstexploration. Aus diesem Grund sollen sich alle Beteiligten zwei Ziele überlegen, die sie innerhalb der geplanten Expedition umsetzen möchten. Dazu hat das Organisationsteam einen Fragebogen entwickelt, der ausgeteilt wird und in Einzelarbeit bearbeitet werden soll. Dieser Bogen dient der Selbstevaluation und wird zu einem späteren Zeitpunkt wieder-auftauchen. Deshalb werden alle Teilnehmerinnen und Teilnehmer gebeten, diesen sorgfältig einzustecken und während der gesamten Expedition bei sich zu führen.
Reflexion „Abenteuer Gruppe" *(siehe Seite 152)*

Anschließend steigen die Expeditionsmitglieder in einen Bus, der sie zum eigentlichen Ausgangspunkt der Reise bringen soll. Leider wird erst kurz nach der Abfahrt des Busses klar, dass die Tickets vertauscht wurden und sich alle Wissenschaftlerinnen und Wissenschaftler neu sortieren müssen. Ansonsten weigert sich die Busfahrerin, zu dem geplanten Endpunkt zu fahren. Die Enge des Busses, das viele Gepäck und das Gedränge am Busbahnhof haben zusätzlich dazu geführt, dass sich einige Körperteile ganz taub anfühlen und nicht bewegt werden können.
Abenteuerspiel „Platzwechsel" *(siehe Seite 112)*

Am Ende der Busfahrt erhalten alle Expeditionsmitglieder die Möglichkeit, ihren Lieben zu Hause ein Lebenszeichen in Telegrammform zu schreiben. Sie sollen darin ihre ersten Eindrücke zum Team und der Busfahrt berichten.
Reflexion „Telegramm" *(siehe Seite 175)*

Der weitere Weg führt die Gruppe nun über einen Fluss. Aber leider hat der Regen der letzten Tage die Brücke, die über den Fluss führte, fast komplett weggespült. Die Expeditionsmitglieder müssen zu Fuß weiter. Zur Flussüberquerung ist ihnen aber nur ein schmales Band übrig geblieben und aufgrund der massiven Erosionen gibt es keinerlei Möglichkeit irgendwo ein weiteres Seil sicher zu fixieren …
Abenteuerspiel „Die Gratwanderung" *(siehe Seite 85)*

Auf der Suche nach den Höhlenkristallen – Fortsetzung

Nachdem die Gruppe endlich im Zielgebiet angekommen ist, möchte die Leitung die anstehende Pause nutzen, um erste Einschätzungen zu den einzelnen Mitgliedern der Expedition auszutauschen. Wie unter Wissenschaftlerinnen und Wissenschaftlern üblich, geschieht dies auf eine sehr respektvolle Art und Weise und orientiert sich an konkreten Beobachtungen.
Reflexion: „Wie geht es meinem Nachbarn?" *(siehe Seite 180)*

Aufgrund der eingestürzten Brücke hat sich keiner der Einheimischen bereit erklärt, die Gruppe zu der Höhle zu führen, sodass die Gruppe von nun an auf sich allein gestellt ist. Als einziger Anhaltspunkt auf der Suche nach der Höhle dienen eine detaillierte Skizze und die mündliche Beschreibung des Organisationsteams. Zu allem Überfluss hat der Monsun früher eingesetzt als erwartet und dichter Nebel verhindert klare Sicht. Da eine Besserung dieser Verhältnisse innerhalb der nächsten drei Monate kaum zu erwarten ist, beschließt die Gruppe, sich auf ihre Erfahrung und ihr Gespür zu verlassen und dennoch zu versuchen, die Höhle zu finden.

Die Leitung wünscht der Gruppe viel Glück und empfiehlt, neben den ganzen Unannehmlichkeiten dieser Reise die persönlichen Ziele nicht aus dem Blick zu verlieren.
Abenteuerspiel „Blindflug" *(siehe Seite 66)*

Natürlich ist es den Wissenschaftlerinnen und Wissenschaftlern ein Anliegen, den zurückgelegten Weg zu dokumentieren. Da eine Abbildung der Gegend aufgrund der schlechten Sichtverhältnisse keinen Sinn machen würde, schlägt die Leitung vor, den gegangenen Weg wenigstens anhand einer Erlebnislandkarte nachzuvollziehen. Alle Beteiligten sind eingeladen, sich innerhalb der Gruppe anhand der vorliegenden Karte über die persönlichen Wahrnehmungen und Empfindungen auszutauschen.
Reflexion „Gefühlslandkarte" *(siehe Seite 158)*

An dieser Stelle beschließt die Leitung, dem Expeditionsteam einen Tag Ruhe zu gönnen. Die Wissenschaftlerinnen und Wissenschaftler sollen sich entspannen und bei einem erholsamen Abend mit Bier und Popcorn neue Kräfte für die Erforschung der gesuchten Höhle sammeln.
Spaßspiel „Popcorn" *(siehe Seite 42)*

Heute sollen die begehrten Kristalle aus der Höhle geborgen werden. Diese sind von höchstem Wert für die Wissenschaft und jeder zerstörte Kristall ist ein herber Verlust. Die Kristalle sind sehr fragil und lichtempfindlich. Deshalb muss die Gruppe mit äußerster Vorsicht vorgehen: Die Forscherinnen und Forscher können nur allein und ohne eigene Lichtquelle in die Höhle.
Abenteuerspiel „Die Höhlenkristalle" *(siehe Seite 86)*

Nachdem die Höhlenkristalle geborgen wurden, steht die Auswertung der Ziele an. Alle Wissenschaftler werden gebeten, ihre ausgefüllten Fragebogen auszupacken, ihre persönlichen Ziele zu sagen und eine persönliche Einschätzung abzugeben, ob und wie diese erreicht wurden. Anschließend haben die Kolleginnen und Kollegen das Wort. Sie können die eigenen Ausführungen durch ihre Beobachtungen bestätigen, ergänzen oder infrage stellen.
Reflexion „Abenteuer Gruppe" *(siehe Seite 152)*

Der Nebel in der Umgebung hat sich völlig unerwartet gelichtet und die Gruppe konnte per Funk einen Helikopter anfordern, der sie aus dem Gebiet ausfliegt. An dieser Stelle endet die Spielkette und das Organisationsteam bedankt sich bei allen Beteiligten für ihre Teilnahme, ihre Offenheit und ihren unermüdlichen Einsatz im Dienst der Wissenschaft.

Das Königreich Zufriedenheim

Ort:
2 große Spielflächen (Räume, Wiesen, Plätze), dazwischen 2 hintereinanderliegende längliche Spielfelder (Flure, Wege, Wiesen)

Gruppe:
6–18 Spieler

Dauer:
2–3 Stunden

Einsatzmöglichkeiten/ Ziele:
Förderung des Gemeinschaftsgefühls, gegenseitiges Kennenlernen, Formulierung von Gruppenvereinbarungen

Rahmenhandlung:
Ein Drache bedroht das friedliche Königreich Zufriedenheim. Nachdem die gesamte königliche Armee erfolglos ausgezogen ist, um den Drachen zu besiegen, beschließt eine tapfere Schar Dienerinnen und Diener sich dem Drachen entgegenzustellen und diesem den Garaus zu machen. Sie schwören sich gegenseitig ewige Treue und machen sich gemeinsam auf, den Drachen zu finden und zu besiegen.

Ablauf:
Die Spielleitung erzählt den Teilnehmenden von dem kleinen Königreich Zufriedenheim. Dieses Königreich war ein wahres Kleinod in der damaligen Zeit und alle Menschen, die dort lebten, waren glücklich und zufrieden. Es wurde viel gelacht und getanzt und die Königin herrschte mit großer Weisheit und Güte. Doch eines Tages fiel ein großer Schatten über das kleine Königreich. Ein fürchterlicher Drache erschien am Himmel und drangsalierte fortan beinahe täglich die Menschen in Zufriedenheim. Die Königin schickte ihre tapfersten Kämpferinnen und Kämpfer aus, um den Drachen zu besiegen, doch ohne Erfolg. Keiner der Rittersleute kam je wieder lebend zurück. Ohne die Verteidigung der königlichen Armee konnte der Drache von nun an völlig ungestört seine Bahnen über Zufriedenheim drehen – anstelle von Gelächter und Gesang sind nur noch das laute Brüllen des Drachen und die ängstlichen Schreie der Bevölkerung zu hören.
Spaßspiel „Gorilla und Huhn“ *(siehe Seite 36)*

Aufgrund der ängstlichen Schreie ihrer Untertanen und dem permanenten Gebrüll des Drachen hat die Königin fürchterliche Kopfschmerzen bekommen und sitzt mit geschlossenen Augen und dröhnendem Schädel einsam auf ihrem Thron. Alle ihre Dienerinnen und Diener sind ratlos. Sobald einer von ihren auch nur den kleinsten Mucks macht, stöhnt die Königin laut auf und schickt jeden, der sich ihr nähern will, mit einem Wink ihres Zepters hinfort.
Spaßspiel „Der König hat Kopfschmerzen“ *(siehe Seite 34)*

Um diesem unseligen Zustand ein Ende zu bereiten, beschließt die verbliebene Dienerschaft (die Gruppe), das Heft selbst in die Hand zu nehmen. Heimlich dringen sie in die Waffenkammer der Königin ein und nehmen sich Kleider und Waffen der verschwundenen Rittersleute. Dann geloben sie sich gegenseitig ewige Treue und schwören, nicht eher zu ruhen, bis der Drache besiegt worden ist.

Die Spielleitung stellt den Teilnehmenden eine Kiste mit Verkleidungen und Spielzeugwaffen zur Verfügung. Nachdem sich alle mindestens einen Gegenstand ausgesucht und angezogen haben, werden die Spielerinnen und Spieler aufgefordert, sich einen Text für den gemeinsamen Eid zu überlegen und diesen mit erhabener Stimme gemeinsam vorzutragen.

Ein zu Hilfe gerufener Zauberlehrling (die Spielleitung) weist der Gruppe den Weg zu dem Hort des Drachen. Er hat zwar auch noch nie einen Drachen besiegt, kennt sich aber gut mit den Gepflogenheiten echter Ritterlsleute und fürchterlicher Drachen aus.

Zunächst geht die Reise quer durch die verschiedenen Ländereien bis an die Grenzen des Königreichs. Um nicht aufzufallen, müssen die Dienerinnen und Diener sich wie echte Rittersleute benehmen und bei ihrer Reise durch die verschiedenen Ländereien peinlich genau auf die Einhaltung der Etikette achten. Aufgrund ihrer geliehenen Kleider und der darauf abgebildeten Wappen ist jeder Herr bzw. Dame von zwei bis drei Ländereien. Diese dürfen von den anderen Gefolgsleuten natürlich besucht und zur Durchreise genutzt werden. Dies allerdings nur, wenn die entsprechenden Gastgeber die ganze Zeit vor Ort anwesend sind, um die Gäste zu begrüßen und ihnen Gesellschaft zu leisten.
Abenteuerspiel „Fliesen mit Zahlen“ *(siehe Seite 96)*

Bei der Überquerung der Grenzen des geliebten Königreichs sind alle Dienerinnen und Diener sehr nachdenklich geworden und hängen mit ihren Gedanken noch den Erlebnissen der letzten Stunden nach. In knappen Worten tauschen die Dienerinnen und Diener ihre Eindrücke aus und diskutieren, ob sie ihre Gefolgschaft stark genug wahrnehmen, um dem Drachen die Stirn bieten zu können.
Reflexion „Sag's mit drei Wörtern“ *(siehe Seite 172)*

Das Königreich Zufriedenheim – Fortsetzung

Auf ihrer weiteren Reise zu dem Drachenhort kommen die Dienerinnen und Diener zu einem verwunschenen Sumpf, der überquert werden muss. Der Zauberlehrling erkennt diesen als den Sumpf der verwunschenen Wünsche wieder und erzählt der Gefolgschaft, dass jeder Mensch augenblicklich in diesem Sumpf versinkt, sobald er diesen auch nur mit einem Körperteil berührt. Zum Glück kann der Zauberlehrling ein Paar unsichtbare Schuhe herbeizaubern, mit deren Hilfe die Rittersleute den Sumpf überqueren können. Die Sache hat nur einen klitzekleinen Haken: Die Zauberschuhe sind nur sehr eingeschränkt nutzbar und halten pro Schuh nur für eine Strecke und einen Fuß. Danach verliert der Zauber seine Wirkung und die Schuhe können nicht mehr verwendet werden.
***Abenteuerspiel „Die gläsernen Schuhe“** (siehe Seite 84)*

Nachdem die Rittersleute eine Lösung gefunden haben, um trotz der begrenzten Zauberkünste ihres Begleiters alle Beteiligten heil über den Sumpf zu bringen, sind alle müde und durstig geworden. Die anschließende Rast nutzen die Rittersleute zu einem philosophischen Diskurs, ob der gemeinschaftliche Krug nun halb voll oder halb leer sei. Grundlage des Gesprächs sind wieder die Erfahrungen und Einschätzungen des letzten Wegabschnitts.
***Reflexion „Wasserglas-Reflexion“** (siehe Seite 179)*

Die Gruppe ist kurz vor dem Ziel. Der gesuchte Drache hat seinen Hort im Inneren einer verlassenen Burg aufgebaut. Diese wird von einem Graben geschützt, in dessen Wasser die seltsamsten und unheimlichsten Kreaturen leben, die die Welt je gesehen hat. Wenn die Dienerinnen und Diener dem Drachen den Garaus machen wollen, müssen sie einen Weg finden, heimlich diesen Wassergraben zu überqueren. Als Hilfsmittel stehen den mutigen Rittersleuten allerdings nur die Überreste der verfallenen Zugbrücke zur Verfügung.
***Abenteuerspiel „Minen von Moria“** (siehe Seite 110)*

Die Gruppe hat es geschafft. Alle Dienerinnen und Diener haben den Wassergraben überquert und befinden sich in den Ausläufern der verlassenen Burg. Eigentlich müssten sie sich auf die Suche nach dem Drachen begeben, doch sie sind noch von den Wassergraben-Kreaturen geschockt. In einem stillen Eckchen tauschen sie sich über die fiesen Monster aus und überlegen, welche dieser Kreaturen ihrem Erleben am ehesten entsprochen hat.
***Reflexion „Gefühlsmonster®-Karten“** (siehe Seite 167)*

Kurz vor dem nahenden Kampf, haben alle Rittersleute das Bedürfnis, sich gegenseitig Mut zu machen und sich auf die bevorstehenden Erlebnisse einzustimmen.
Spaßspiel „Samurai" *(siehe Seite 44)*

Der Drache liegt in seinem Nest und schläft. Das ist die Gelegenheit für die Gruppe. Stumm kundschaften sie die verwirrenden Gänge der Burg aus und versammeln sich auf dem Vorhof. Wenn es ihnen gelingen würde, innerhalb von wenigen Sekunden mit einer der herumliegenden Gefechtsleitern zu dem Drachenhort zu gelangen, könnte der oder die Tapferste unter ihnen zu dem Drachen klettern und ihn mit dem Stoß durch das Schwert ins Jenseits befördern. Ein wagemutiger Plan, aber die einzige Chance, den Drachen zu besiegen. Wichtig ist, dass die Gruppe schnell ist. Wenn der Drache erwacht, bevor ihn der tödliche Stoß trifft, müssen alle so rasch wie möglich wieder zurück zum Vorhof, um sich dort zu verstecken. Im Schutz der dortigen Mauern kann die Gruppe dann warten, bis der Drache wieder eingeschlafen ist, und einen neuen Versuch starten.
Abenteuerspiel „Die Feuerwehr" *(siehe Seite 82)*

Die Königin von Zufriedenheim ist der glücklichste Mensch der ganzen Welt. Der Drache ist besiegt und alle Untertanen können wieder unbeschwert ihrem Treiben nachgehen. Alle Dienerinnen und Diener werden in einem großen Festakt von ihr höchstpersönlich in den Adelsstand erhoben. Da die Königin aufgrund ihrer Kopfschmerzen leider nicht selbst an dem Kampf teilnehmen konnte, möchte sie von jeder Dienerin und jedem Diener hören, was sie oder er zum Gelingen des gemeinsamen Abenteuers beigetragen hat.
Ritterschlag mit „Reflektier-Bar plus Zusatzvariante" *(siehe Seite 170)*

Der große Coup

Ort:
Haus mit einer Treppe und 2 großen Räumen, Startpunkt draußen vor dem Haus (großer Platz/Wiese)

Dauer:
2–3 Stunden

Gruppe:
6–18 Spieler

Einsatzmöglichkeiten/ Ziele:
Förderung der Koordination und Kommunikation innerhalb der Gruppe, Auseinandersetzung mit dem Spannungsfeld von effizientem Handeln und der Berücksichtigung aller bestehenden Interessen und Bedürfnisse

Rahmenhandlung:
Die Gruppe bricht unter der Anleitung eines Expertenteams (Spielleitung) in ein Haus ein. Dort befindet sich die überaus wertvolle Diamantensammlung der Stiftung XY (z. B. Träger der Veranstaltung). Auf dem Weg dorthin muss die Gruppe Alarmanlagen, Bodensensoren, Lichtschranken und Bewegungsmelder überwinden, mit denen das Geld gesichert wird. Um diese Sicherheitssysteme zu knacken, bedarf es eines eingespielten Teams, das über ein hohes Maß an Kommunikation verfügt und in der Lage ist, effizient und koordiniert zu handeln.

Ablauf:
Die Spielleitung macht der Gruppe ein verlockendes Angebot. Wenn die Anwesenden Lust haben, können sie in den nächsten zwei Stunden so viel Geld verdienen, dass sie die nächsten 20 Jahre auf den Malediven am Strand verbringen können. Die Sache hat nur einen kleinen Haken: Es ist illegal und wenn die Gruppe erwischt wird, drohen allen 20 Jahre hinter Gittern.

Dann bittet die Spielleitung die Spielerinnen und Spieler ganz dicht heran und erzählt im Flüsterton, worum es genau geht:

Hinter der Fassade dieses völlig normal anmutenden Hauses wird die überaus wertvolle Diamantensammlung der ansässigen Stiftung XY (Träger des Hauses) aufbewahrt. Natürlich liegen diese Edelsteine nicht einfach in einem Schrank, sondern werden geschützt durch eine hochmoderne Alarmanlage, mehrere Bodensensoren, Lichtschranken und Bewegungsmelder. Das Ganze ist so komplex, dass es an dieser Stelle zu verwirrend wäre, alle Hindernisse im Einzelnen zu erläutern.

Die Spielleitung erklärt, dass sie natürlich auch schon allein versucht habe, an die Steine heranzukommen, aber schon beim ersten Hindernis gescheitert sei. Deshalb sucht sie nun eine fitte Gruppe, die bereit ist, anhand der Anweisungen der Spielleitung den Bruch auszuführen und die Diamanten zu stehlen. Die Spielleitung ist für das Know-how zuständig, die Gruppe für die sorgfältige Umsetzung. Am Ende werden die Edelsteine dann gerecht geteilt. Allerdings müssen alle Beteiligten über die nötige kriminelle Energie verfügen, um bei einem solchen Abenteuer erfolgreich zu sein. Bevor die Gruppe also in das Haus eindringen und die letzte Grenze zur Illegalität überschreiten wird, soll es einen kleinen Test geben, um die kriminelle Energie der Teilnehmenden zu testen und deren motorische Fähigkeiten zu trainieren.
Spaßspiel „Zehnerhuhn" *(siehe Seite 49)*

Kriminelle Energie scheint ausreichend vorhanden zu sein, aber für so einen Coup reicht das allein natürlich nicht aus. Die Gruppe muss präzise wie ein Schweizer Uhrwerk arbeiten: Jeder Schritt muss aufeinander abgestimmt sein und jedes Gruppenmitglied muss jederzeit in der Lage sein, in Sekundenschnelle reagieren zu können. Deshalb muss auch dies trainiert werden …
Spaßspiel „Wo ist mein Huhn?" *(siehe Seite 48)*

Jetzt wird es ernst. Wenn die Gruppe jetzt „Ja" sagt und den Rucksack mit allen wichtigen Materialien für den Einbruch nimmt, gibt es keinen Weg zurück – entweder fliegen alle auf die Malediven oder landen im Gefängnis …
Die Leitung übergibt der Gruppe einen Rucksack mit allen Materialien für das Abschlussspiel, „Die Alarmanlage". Diesen Rucksack muss die Gruppe während der gesamten Spielkette bei sich tragen.

Zunächst muss die Gruppe die Alarmanlage ausschalten, mit der das Haus gesichert wird. Dazu müssen verschiedene Zahlenfelder, die auf den Boden projiziert sind, innerhalb kürzester Zeit in der richtigen Reihenfolge aktiviert und gehalten werden. Insgesamt handelt es sich um … Felder (Anzahl der Spieler mal zwei bis vier). Die Konstrukteure wollten durch die hohe Zahl der Felder Alleingänge oder Aktionen kleinerer eingespielter Teams verhindern. Eine große Gruppe ist theoretisch in der Lage, diese Anlage zu deaktivieren, allerdings nur, wenn sie dabei äußerst koordiniert und effektiv vorgeht.

Denn die ganze Sache hat neben der Anzahl der Felder noch mindestens drei weitere Haken:

1. Für einen Versuch stehen der Gruppe maximal … Sekunden (siehe Spielbeschreibung) zur Verfügung.
2. Bewegungsmelder sichern die Anlage. Deshalb ist es nicht möglich, sich dort aufzuhalten und in Ruhe einen Plan auszuhecken.
3. Nach drei gescheiterten Versuchen wird automatisch die Polizei benachrichtigt, damit wäre der ganze Coup gescheitert …

Abenteuerspiel „Zahl um Zahl" *(siehe Seite 128)*

Der große Coup – Fortsetzung

Die Gruppe ist drin. Ab jetzt müssen alle besonders gut aufpassen und aufeinander achten. Denn die größten Einbrüche der Geschichte scheiterten nicht an dem Plan oder den Fähigkeiten einzelner Personen, sondern an dem fehlenden Zusammengehörigkeitsgefühl und dem vorherrschenden Misstrauen innerhalb der Gruppe. Deshalb ist es von besonderer Bedeutung, dass das Team immer wieder seine Handlungsweisen hinterfragt und versucht, die beiden Kriterien Effizienz und Zufriedenheit miteinander zu verbinden.

Ist irgendjemandem etwas Bemerkenswertes bei der Zusammenarbeit im Team aufgefallen? Um nicht zu viel Zeit zu vergeuden und schnell einen ersten Überblick zu bekommen, werden verschiedenen Themengebiete herumgegeben, zu denen alle etwas beitragen können.
Reflexion „Themenwechsel“ *(siehe Seite 176)*

Das nächste Hindernis vor dem Aufbewahrungsort der Diamanten ist ein mit Lichtschranken gesicherter Flur. Die Leitung ist in der Lage, diese durch einen Eingriff in die Energieversorgung des Hauses sichtbar zu machen und hat auch das den Lichtschranken zugrunde liegende Sicherungssystem herausfinden können. Das erste Netz kann überwunden werden, indem alle Personen von oben nach unten in die verbliebenen Zwischenräume steigen, und das zweite Netz funktioniert genau andersherum. Aufgrund der vielen Staubpartikel und des Ungeziefers in diesem Haus haben die Konstrukteure eine Toleranz von drei Berührungen programmiert. Sollten die Lichtsensoren jedoch innerhalb kürzerer Zeit viermal eine Berührung wahrnehmen, wird die Polizei alarmiert.
Abenteuerspiel „Das Netz“ *(siehe Seite 70)*

Die Zeit ist knapp. Aber da die letzte Aufgabe nur zu lösen ist, wenn das Team gut funktioniert, ist es wichtig, sich einen Moment zu besinnen und sich über die persönlichen Eindrücke während der letzten Passage zu verständigen. Jede und jeder aus der Gruppe soll kurz schildern, wie sie die vorangegangene Situation erlebt haben. Anschließend haben dann alle in guter Einbrecher-Manier die Möglichkeit, mit einem lässigen Spruch das Spielgeschehen aus ihrer Perspektive zu kommentieren und auf den Punkt zu bringen.
Reflexion „Der Weisheit letzter Schluss“ *(siehe Seite 155)*

Nur noch wenige Meter trennen die Gruppe von den edlen Steinen. Doch diese Meter sind durch eine mit Sensoren gespickte Bodenplatte gesichert, die jede kleinste Berührung registriert und an die Polizeidienststelle weitergibt. In der Mitte dieser Bodenplatte befinden sich auf einer separat gesicherten Konstruktion die begehrten Edelsteine. Nach jahrelangen Recherchen ist es der Leitung gelungen, das System dieser Anlage auszuspionieren und ein Duplikat der Schatztruhe mit exakt dem gleichen Gewicht herzustellen. Die Aufgabe der Gruppe besteht also lediglich darin, innerhalb von 30 Sekunden die Schatztruhe gegen das mitgebrachte Duplikat auszutauschen, ohne die Bodenplatte zu berühren und die Alarmanlage auszulösen ...

Abenteuerspiel „Die Alarmanlage“ *(siehe Seite 69)*

Die Gruppe hat es geschafft. Sie ist im Besitz der begehrten Steine. Alle Edelsteine direkt zu verteilen und in einen Flieger auf die Malediven zu steigen, das wäre natürlich viel zu gefährlich. Daher bekommen alle Beteiligten zunächst einmal nur zwei Edelsteine, als kleine Entschädigung für die entstandenen Mühen. Und da Edelsteine ja nicht nur Reichtum, sondern auch Weisheit symbolisieren, soll sich jeder überlegen, für welche Art von persönlichem Erkenntnisgewinn diese beiden ersten Steine stehen könnten ...

Reflexion „Steine der Erkenntnis“ *(siehe Seite 174)*

Den Rest der Steine nimmt die Spielleitung an sich und bewahrt diese an einem sicheren Ort auf. Wenn dann in ein bis zwei Jahren ein wenig Gras über die Sache gewachsen ist, können die restlichen Steine verteilt werden und es gibt ein großes Wiedersehen auf den Malediven.

Kapitän Knitternase und seine Crew

Ort:
Haus mit großem unübersichtlichem Außengelände und einer freien, ebenen Spielfläche von mindestens 10 x 10 m (Wiese, Parkplatz etc.), Treppe zum Haus, Raum mit glattem, strapazierfähigem Boden

Gruppe:
6–18 Spieler

Dauer:
2–3 Stunden

Einsatzmöglichkeiten/ Ziele:
Förderung des Gemeinschaftsgefühls und der Kooperationsfähigkeit, Auseinandersetzung mit den verschiedenen Rollen innerhalb der Gruppe

Rahmenhandlung:
Die Spielerinnen und Spieler sind Matrosen auf einer französischen Handelsfregatte. Da sie dort nur das Deck schrubben dürfen, nehmen sie auf ihrem ersten Landgang dankbar das Angebot von Kapitän Knitternase an und folgen den Verlockungen der Piraterie. In einer feierlichen Zeremonie werden sie die neue Crew der „Esmeralda“, einem berüchtigten, aber etwas in die Jahre gekommenen Piratenschiff.

Kapitän Knitternase hat ganz eigene Ansichten darüber, wie ein Schiff zu führen ist, und verzichtet bewusst auf eine vorschnelle Verteilung der verschiedenen Aufgaben. Diese sollen erst nach dem ersten Abenteuer gemeinsam aufgeteilt werden und den Einschätzungen und Fähigkeiten der Crewmitglieder entsprechen.

Zunächst geht es aber um das goldene Zepter von Eldorado – einem sagenumwobenen Schatz, der auf einer geheimnisvollen Insel versteckt sein soll.

Ablauf:
Die Spielleitung begrüßt die Anwesenden im Gruppenraum als Matrosinnen und Matrosen einer französischen Handelsfregatte. Hauptaufgabe der Besatzung ist die tägliche Reinigung des Decks. Wenn die Crew wie jeden Tag das komplette Deck geschrubbt hat, folgt als Abendgestaltung das allseits beliebte Schrubberspiel. Dazu bittet die Spielleitung die Spielerinnen und Spieler, auf den vorbereiteten Plätzen an Deck Platz zu nehmen.
Spaßspiel „Schrubberhockey“ *(siehe Seite 46)*

Mittlerweile hat das Schiff in einem Hafen angelegt und alle Matrosinnen und Matrosen dürfen den Abend an Land verbringen. Dort treffen sie auf Kapitän Knitternase (die Spielleitung in Piratenkostüm). Dieser bietet allen an, auf seinem Schiff anzuheuern und mit ihm auf wilde Fahrt zu gehen. Er lockt die Anwesenden mit Versprechungen vom wilden Leben auf dem Meer, unermesslichem Reichtum und großen Abenteuern. Diesen Verheißungen können die Matrosinnen und Matrosen nicht widerstehen und beschließen Kapitän Knitternase zu folgen. Doch zuerst müssen sich alle in wilde und verwegene Piratinnen und Piraten verwandeln und die entsprechende Piratentaufe erhalten.

Feierliche Aufnahme der neuen Piratinnen und Piraten

Alle Spielerinnen und Spieler ziehen ein piratentypisches Kleidungsstück an (Kopftuch, Ringelhemd etc. werden zur Auswahl in die Mitte gelegt) oder bekommen einen Schnurrbart ins Gesicht gemalt. Anschließend wird die Gruppe in kleine Untergruppen aufgeteilt (z. B. vier Personen pro Untergruppe). Jede Kleingruppe überlegt sich für die Teilnehmenden einer anderen Kleingruppe wilde und verwegene Piratennamen (z. B. Griesbart, die feurige Lucy, Anakonda oder Whiskey-Bill). Der Name wird auf einen Zettel geschrieben und in einer feierlichen Zeremonie der entsprechenden Person angeklebt.

Alle stehen im Kreis. Eine Person begrüßt die Neuankömmlinge und sagt mit tiefer Stimme „… (neuer Name), willkommen an Bord!". Die anderen Piratinnen und Piraten rufen daraufhin zustimmend „AYE!".

Danach geht es in eine der berüchtigten Spelunken im Hafen, denn so ein Ereignis muss natürlich gefeiert werden. Die neuen Piratinnen und Piraten verleben einen wilden Abend in der Hafengegend und spielen ein spanisches Kneipenspiel …
Spaßspiel „Marktplatz von Pamplona" *(siehe Seite 40)*

Der Abend in der Spelunke war wirklich ziemlich wild. Was passiert ist, weiß niemand mehr so ganz genau, aber es muss wohl auch eine zünftige Schlägerei dabei gewesen sein. Denn als die Piratinnen und Piraten am nächsten Morgen aufwachen, haben alle die ein oder andere Verletzung davongetragen.

Jedes Crewmitglied zieht einen Zettel, auf dem eine Verletzung/ein Handicap steht. Anschließend sind alle entweder einarmig, einäugig oder bekommen Fußfesseln. Einäugige bekommen eine Augenklappe, Einarmige nehmen einen Arm aus dem Pullover und stecken die Hand in die Hosentasche und Personen mit Fußfesseln bekommen beide Beine locker mit einem Seil zusammengebunden.

Der Kapitän fordert alle Anwesenden auf, sich trotz Verletzungen als Crew ordnungsgemäß an Deck aufstellen. Denn wer feiern kann, der kann auch arbeiten …
Abenteuerspiel „Platzwechsel" *(siehe Seite 112)*

Nachdem die Verletzungen notdürftig versorgt und die Fußfesseln gelöst werden konnten, fordert der Kapitän die Meinung der Crew ein. Wie hat die erste Aufgabe geklappt? Hat es Spaß gemacht? Sind alle mit der ersten Leistung der Crew zufrieden? Sind alle bereit, in See zu stechen?

Kapitän Knitternase und seine Crew – Fortsetzung

Mundfaul wie Piraten und Piratinnen sind, beantworten alle Anwesenden die Fragen des Kapitäns nur mit Handzeichen und sagen nur etwas, wenn sie direkt von diesem angesprochen werden.
Reflexion „Der Cäsar-Daumen" *(siehe Seite 162)*

Kapitän Knitternase verzichtet darauf, alle einzeln kielholen zu lassen, und drängt darauf, in See zu stechen. Das Ziel ihrer ersten Reise ist eine geheimnisvolle Insel. Dort soll ein sagenumwobener Schatz versteckt sein. Es wird gemunkelt, dass dort das goldene Zepter von Eldorado liegt.

Doch bevor Kapitän Knitternase den neuen Piratinnen und Piraten seine Esmeralda anvertraut, möchte er sich von den Segelkünsten seiner Crew überzeugen und fordert sie auf, mit gehissten Segeln eine Proberunde in Küstennähe zu drehen. Erst wenn diese geglückt ist, kann die Esmeralda Kurs auf das offene Meer nehmen.
Abenteuerspiel „Schlauchbootfahrt" *(siehe Seite 118)*

Die aufkommende Flaute möchte Kapitän Knitternase für einen ersten Mannschaftsrat nutzen. Dabei lassen sich die Erkenntnisse der Piratinnen und Piraten an fünf Fingern abzählen …
Reflexion „Faustformel" *(siehe Seite 166)*

Ein Sturm kommt auf und das Schiff wird zum Spielball der Wellen. Die Gischt spritzt so stark, das alle Beteiligten unter Deck flüchten und darauf hoffen, dass das Schiff diesen Sturm überlebt (alle setzen die Augenbinden auf). Trotz zusammengerollter Segel kommt es zum befürchteten Ernstfall. Die Esmeralda erleidet Schiffbruch und die gesamte Crew wird von Wind und Wellen auf dem Meer verteilt. Zuvor konnte Kapitän Knitternase aber noch allen Anwesenden einschärfen, dass das Allerwichtigste ist, als Crew zusammenzukommen. Erst wenn alle Crewmitglieder sich gemeinsam irgendwo versammeln konnten, wird das einzige Rettungsboot der Esmeralda gesucht. Denn eventuell sind einige Crewmitglieder verletzt und benötigen Hilfe …
Abenteuerspiel „Flugzeugabsturz" *(siehe Seite 98)*

Völlig entkräftet und erschöpft sitzt die Crew in dem verbliebenen Rettungsboot und tauscht sich darüber aus, wie die einzelnen Mitglieder die Rettung erlebt haben. Die ersten Ammenmärchen machen die Runde und die Piratinnen und Piraten erzählen von komischen Monstern, die sie gesehen und erlebt haben …
Reflexion „Gefühlsmonster®-Karten" *(siehe Seite 167)*

Nach mehreren Tagen der Entbehrung hat die Crew Land gesichtet und macht mit ihrem Rettungsboot auf einer einsamen Insel fest. Als das erste Huhn gefangen wurde, kommt es zu einem erbitterten Streit, da alle seit Tagen kaum etwas gegessen haben.
Spaßspiel „Zehnerhuhn" *(siehe Seite 49)*

Mit einem Machtwort beendet Kapitän Knitternase den aufkommenden Streit und erinnert die Crew an ihre eigentliche Mission – das goldene Zepter. Denn wie der Zufall es will, hat sie der Sturm genau auf die versteckte Insel getrieben. Der Schatz ist in greifbarer Nähe. Vor ihnen liegt das Innere der Insel und inmitten der üppigen Palmen und Farne ist schon von Weitem das goldene Zepter von Eldorado zu erkennen. Voller Begeisterung rennen alle zu dem Zepter. Aber aus der Nähe wird klar, dass dieses von einem komplizierten Mechanismus geschützt wird. Sobald jemand oder etwas den Boden im Umkreis von 3x3 Metern um das Zepter herum berührt, droht die gesamte Insel unterzugehen. Die Crew muss sich also etwas einfallen lassen. Leider besteht das einzige Hilfsmittel, das den Piratinnen und Piraten nach dem Sturm und der anschließenden Fahrt mit dem Rettungsboot verblieben ist, nur aus einigen Rollen Toilettenpapier.
Abenteuerspiel „Am seidenen Faden" *(siehe Seite 64)*

Nachdem es der Crew allen Widerständen zum Trotz gelungen ist, in den Besitz des Zepters zu gelangen, ist es an der Zeit, die verschiedenen Ämter und Aufgaben an Bord der Esmeralda endgültig aufzuteilen. In dem dafür anberaumten Mannschaftsrat sollen erst einmal alle für sich überlegen, welche Rolle sie bei ihrem ersten gemeinsamen Abenteuer innerhalb der Crew eingenommen haben bzw. wie sie sich in der Gruppe erlebt haben. Danach werden die Einschätzungen der anderen gesammelt,. Wenn alle Einschätzungen und Meinungen ausgetauscht wurden, können sich alle eine Position an Bord überlegen, die sie ihrer Ansicht nach gut einnehmen könnten.
Reflexion „Schlümpfe an Bord" *(siehe Seite 173)*

Mission in Space

Ort:
Große Wiese

Gruppe:
6–18 Spieler

Dauer:
1–2 Stunden

Einsatzmöglichkeiten/ Ziele:
Förderung des Gemeinschaftsgefühls und der Kooperationsfähigkeit

Rahmenhandlung:
Irgendwo in den unendlichen Weiten des Weltraums befindet sich das Raumschiff „Koopta 2010". Während einer der alltäglichen Übungen empfängt die Besatzung einen Notruf – die Raumstation „Koordina" ist von einem vorbeifliegenden Meteoriten getroffen worden und dabei in mehrere Einzelteile zerbrochen. Diese Einzelteile fliegen unkontrolliert durch den Weltall und bedrohen die umliegenden Sterne und Satelliten. Die Besatzung der Koopta 2010 erhält die Mission, sich auf dem schnellstmöglichen Weg zu dem Ort des Geschehens zu begeben, um dort die Einzelteile einzusammeln und die Raumstation wiederherzurichten. Der Kongress weiß um die Gefahren dieses Einsatzes. Er ist aber voller Zuversicht und vertraut dem Können und dem Geschick der erfahrenen Astronautinnen und Astronauten der Koopta 2010.

Ablauf:
Die Spielleitung begrüßt die Anwesenden als Astronautinnen und Astronauten der Koopta 2010 und lädt die gesamte Besatzung zu einer der alltäglichen Übungseinsätze ein. Alle Beteiligten werden gebeten, sich zu ihren einsitzigen Patrouillenfliegern zu begeben und den Antrieb zu zünden. Dann wird die Gruppe in zwei Teams aufgeteilt und die Simulation eines feindlichen Angriffs auf die Hauptenergiequelle gestartet.
Spaßspiel „Kerzenball" *(siehe Seite 39)*

Auf der Brücke der Koopta 2010 ging ein Notruf vom Kongress ein. Die Raumstation Koordina ist durch einen Meteoriteneinschlag in mehrere Einzelteile zerbrochen. Die Besatzung der Koopta 2010 erhält die Mission, sich mit einer ihrer Rettungskapseln zum Ort des Geschehens zu begeben und die Trümmer zu bergen. Die Zeit drängt, da die umherfliegenden Einzelteile jederzeit mit Sternen oder Satelliten kollidieren könnten. Der schnellste Weg führt die Besatzung durch ein kleines Sternentor. Ein kleiner Durchschlupf, der eigentlich nur für einzelne Weltenbummler gedacht ist …
Abenteuerspiel „Reifentor" *(siehe Seite 113)*

Das erste Problem konnte erfolgreich gelöst werden und die Besatzung der Koopta 2010 befindet sich an den Koordinaten der ehemaligen Raumstation. In einer kurzen Besprechung tauschen sich die Astronautinnen und Astronauten über den Gang durch das Sternentor aus und machen zu mehreren Themen Einträge in das Logbuch.
Reflexion „Themenwechsel" *(siehe Seite 176)*

Wo vor Kurzem noch die Raumstation schwebte, befindet sich nun ein unübersichtliches Trümmerfeld. Der gesamte Weltraum ist voll von umherfliegenden Einzelteilen der Koordina, Meteoritenresten und dem üblichen Weltraumschrott. Den Astronautinnen und Astronauten steht für die Bergung der Reste der Koordina nur eine begrenzte Zeit zur Verfügung.

Aus Sicherheitsgründen müssen die Einzelteile separat geborgen und zur Rettungskapsel gebracht werden. Während der Außeneinsätze darf der Kontakt zur Rettungskapsel niemals abreißen und nach spätestens 30 Sekunden im Weltraum müssen alle Astronautinnen und Astronauten wieder in der Rettungskapsel sein, um ihre Sauerstoffreserven aufzufüllen.
Abenteurspiel „Lost in Space" *(siehe Seite 102)*

Nach dem Einsammeln der Trümmer soll jedes Besatzungsmitglied einen kurzen Bericht an das Mutterschiff weitergeben. Im Fokus des Interesses stehen die persönlichen Eindrücke und die gemeinsame Zusammenarbeit. Da die Datenübertragung aufgrund einer Störung keinerlei Texte weiterleiten kann, werden alle Beteiligten gebeten, ihre Einschätzungen in einer Bilddatei zum Ausdruck zu bringen. Innerhalb der Rettungskapsel ist es natürlich auch möglich, die ausgesuchten Bilder zu kommentieren. Diese Anmerkungen werden allerdings nirgendwo gespeichert.
Reflexion „Viele Grüße" *(siehe Seite 178)*

Während eines gemeinsamen Weltraumgangs sollen alle Einzelteile der Koordina wieder zusammengefügt werden. Damit keines der Teile sich vorzeitig lösen kann, übernimmt jedes Besatzungsmitglied die Verantwortung für ein bestimmtes Teil. Erst wenn die gesamte Raumstation nach den vorliegenden Kriterien wieder aufgebaut wurde, dürfen die einzelnen Teile losgelassen werden. Aufgrund einer Störung im Funkkontakt ist es den Astronautinnen und Astronauten leider nicht möglich, miteinander zu sprechen, und die gesamte Mission muss nonverbal verlaufen.
Abenteurspiel „Schiefer Turm von Pisa" *(siehe Seite 117)*

Der Kongress hat zur Evaluation der Mission einen Untersuchungsausschuss eingesetzt und alle Beteiligten der Rettungsaktion zu einem Abschlussbericht eingeladen.

Dieser beinhaltet Angaben zu folgenden Punkten:
- An- und Aufforderungscharakter der einzelnen Aufgaben
- Miteinander in der Gruppe
- Das persönliche Wohlbefinden in der Gruppe

Wer diesem Bericht noch etwas Persönliches hinzufügen möchte, das nicht zu den genannten Punkten passt, kann das in einer abschließenden Bemerkung tun.
„TZI-Reflexion" *(siehe Seite 177)*

Nach Anhörung des Abschlussberichts bedankt sich der Kongress bei allen Astronautinnen und Astronauten für ihren selbstlosen Einsatz im Dienst der Menschheit und gewährt allen Beteiligten einen kurzen Sonderurlaub, um sich von den Strapazen der Rettungsaktion zu erholen.

Reise nach Wunschhausen

Ort:
Mindestens 2 Räume/Plätze, dazwischen 2 hintereinanderliegende längliche Streckenabschnitte (Flure, Wege etc.)

Gruppe:
6–18 Spieler

Dauer:
2–3 Stunden

Einsatzmöglichkeiten/Ziele:
Zu Beginn des Seminars, zur Förderung des Gemeinschaftsgefühls, gegenseitiges Kennenlernen, Formulierung von Gruppenvereinbarungen

Rahmenhandlung:
Die Spieler und Spielerinnen unternehmen mit einer kundigen Reiseleitung (Spielleitung) eine abenteuerliche Reise. Das Ziel dieser Reise ist höchst ungewöhnlich und nicht mit einer der üblichen Erholungsreisen zu vergleichen – denn es geht nach Wunschhausen. Einem Ort voller Verheißungen und Sehnsüchte. Es heißt, dort gehen Wünsche in Erfüllung. Doch bevor alle sich etwas wünschen können, muss die Gruppe zunächst einige Hindernisse überwinden.

Da es sich um eine Gruppenreise handelt, gibt es zwischen den einzelnen Aufgaben immer wieder Augenblicke, in denen die Gruppe zur Ruhe kommen kann und die Reiseleitung die Gruppe anregt, die Stimmung in der Gruppe zu hinterfragen und gemeinsame Vereinbarungen zu treffen, damit alle sich innerhalb der Gruppe wohl fühlen können. Im Lauf der Spielkette wird so für alle Beteiligten deutlich, welche Besonderheiten und Fähigkeiten die Gruppe besitzt und welches die Knackpunkte der Gruppe sind. Am Ende der Reise können sich alle Spieler und Spielerinnen etwas für die bevorstehende gemeinsame Zeit wünschen, um die eigene Zufriedenheit innerhalb der Gruppe gewährleisten zu können.

Ablauf:
Die Spielleitung begrüßt alle Anwesenden als Teilnehmende von „Gruppen-Reisen", einer ambitionierten Agentur für Individualreisende mit einem Faible für das gemeinsame Erleben. Zu Beginn einer solchen Reise versuchen die Teilnehmerinnen und Teilnehmer natürlich, mit möglichst vielen Mitreisenden erste Kontakte zu knüpfen, und sie halten Ausschau nach gemeinsamen Gesprächsthemen.
Kennenlernspiel „Gemeinsamkeiten" *(siehe Seite 15)*

Zu jeder Reise gehört natürlich vor allem die richtige Kopfbedeckung. Deshalb bittet die Reiseleitung alle Teilnehmenden, sich aus den zur Verfügung stehenden Mützen und Hüten ein Exemplar auszusuchen und lose auf den Kopf zu setzen. Dies ist gleichzeitig das Zeichen, dass alle bereit sind aufzubrechen und sich auf die bevorstehende Reise nach Wunschhausen einzulassen.

Mit dem Aufsetzen der Hüte macht sich natürlich auch Aufbruchstimmung in der Gruppe breit. Alle Beteiligten werden aufgeregter und albern rum. Diese Stimmung entlädt sich schließlich darin, dass alle versuchen, sich gegenseitig die Hüte vom Kopf zu stoßen, aber völlig ungehalten werden, wenn ihr eigener Hut auf den Boden fällt.
Spaßspiel „Verdammt!" *(siehe Seite 43)*

Nachdem sich die Teilnehmerinnen und Teilnehmer etwas abreagieren konnten und die Reiseleitung wieder für Ruhe sorgen konnte, geht es los. Wunschhausen befindet sich nicht hinter der nächsten Häuserecke, sondern an einem geheimen Ort, irgendwo zwischen hier und da .... Um dahin zu gelangen, muss die gesamte Gruppe gemeinschaftlich durch eine Art Energiefeld steigen, ohne dieses zu berühren. Natürlich hat die Reiseleitung alles vorbereitet und achtet auf die ordnungsgemäße Nutzung dieses Energiefelds.
Abenteuerspiel „Reifentor" *(siehe Seite 113)*

Offene Kommunikation und Transparenz gehören zu den Stützpfeilern der Unternehmensphilosophie von „Gruppen-Reisen". Deshalb möchte sich die Reiseleitung kurz vergewissern, wie die Stimmung in der Gruppe ist und wie die einzelnen Teilnehmenden den Gang durch das Energiefeld erlebt haben.
Reflexion „Der Cäsar-Daumen" *(siehe Seite 162)*

Anschließend heißt die Reiseleitung die Gruppe ganz offiziell in der Parallelwelt willkommen. Leider ist die Gruppe nicht wie geplant im Hier und Jetzt der Parallelwelt angekommen, sondern im Dort und Später. Dies war nicht beabsichtigt und ist auch nicht der Weg nach Wunschhausen. Um dennoch dorthin zu gelangen, muss die Gruppe durch den stürmischen und gefährlichen Zeittunnel.
Abenteuerspiel „Momo" *(siehe Seite 108)*

Geschafft! Hinter dem Ausgang des Zeittunnels gibt es einen kleinen Souvenirstand. Alle Reisenden können nun eine Postkarte kaufen. Auf den Postkarten können sie den Daheimgebliebenen einen kleinen Einblick in die Erlebnisse ihrer Reise geben. Nebenbei dient diese kurze Pause auch dem Austausch und der weiteren Verständigung.
Reflexion „Viele Grüße" *(siehe Seite 178)*

Die Gruppe kommt Wunschhausen immer näher, aber etwas Wesentliches wurde vergessen. Alle, die nach Wunschhausen kommen, müssen einen Wunsch im Gepäck haben, ansonsten hätte die ganze Reise keinen Sinn. Da diese Reise von „Gruppen-Reisen" organisiert wurde, sind alle Teilnehmenden eingeladen, sich einen Wunsch zu überlegen, der das Zusammenleben in der Gruppe betrifft.
Reflexion „Wunschzettel" *1. Teil (siehe Seite 181)*

Reise nach Wunschhausen – Fortsetzung

Die nächste Wegstrecke ist besonders schwierig zu meistern und extrem heimtückisch. Viele Gruppen sind an dieser Stelle schon gescheitert, denn die anstehenden Hindernisse erscheinen auf den ersten Blick wie harmlos aussehende Schnüre. Doch jede Berührung mit diesen kann fatale Folgen für den Einzelnen bzw. die ganze Gruppe haben …

Allerdings gibt es auch eine gute Nachricht: Wunschhausen kommt immer näher und die positiven Auswirkungen dieses wunderbaren Ortes kann man bis hierher spüren. Hier werden zwar noch nicht alle Wünsche wahr, aber zumindest können alle Teilnehmerinnen und Teilnehmer einen kleinen Wunsch äußern: Möchten sie die anstehenden Hindernisse überqueren oder lieber unterqueren. Leider reicht die Kraft von Wunschhausen nur für einen Drunter- oder Drüber-Wunsch. Deshalb gilt die Entscheidung „drunter“ oder „drüber“ für alle anstehenden Hindernisse.
Abenteuerspiel „Drunter und drüber“ *(siehe Seite 92)*

Nach dieser anstrengenden Passage kann die Gruppe durchatmen. In dieser Zeit möchte die Reiseleitung allen Beteiligten die Möglichkeit geben, ein Telegramm zu versenden und den Freunden zu Hause zu erzählen, wie sie die letzte Reiseetappe erlebt haben und wie es ihnen nun geht. *(Schon wieder Post nach Hause?)*
Reflexion „Telegramm“ *(siehe Seite 175)*

Endlich ist es so weit. Die Gruppe hat Wunschhausen erreicht und alle Wünsche befinden sich in greifbarer Nähe. Jetzt haben natürlich alle nur noch die Wünsche im Kopf. Was viele nicht wussten, Wunschhausen liegt mitten in Schlumpfhausen. Auf dem Weg durch die Schlümpfe müssen alle Reisenden besonders achtsam sein, denn wenn einer dieser Schlümpfe berührt oder gar verletzt wird und umkippt, muss die entsprechende Person Schlumpfhausen sofort verlassen und kann für längere Zeit nicht weiter nach Wunschhausen gehen.
Abenteuerspiel „Wunschhausen“ *(siehe Seite 126)*

Nachdem die Gruppe in Wunschhausen war und einige Wunschkugeln mitnehmen konnte, ist es nun Zeit, diese Kugeln konkreten Wünschen zuzuordnen und gemeinsam mit der Kraft von Wunschhausen dafür zu sorgen, dass diese in Erfüllung gehen.
Reflexion „Wunschzettel“ *2. Teil (siehe Seite 181)*

Zunächst haben alle Teilnehmenden die Möglichkeit, ihre mitgebrachten Wünsche vorzulesen. Sollten einigen in der Zwischenzeit noch neue Wünsche eingefallen sein oder Wünsche jetzt auftauchen, werden diese aufgeschrieben und in die vorhandene Liste mit aufgenommen. Anschließend können die Teilnehmerinnen und Teilnehmer gemeinsam überlegen, welche der vorhandenen Wünsche ihnen am wichtigsten sind, damit sich alle innerhalb der Gruppe wohl fühlen können. Diese werden mit einer der Wunschkugeln markiert. Sollten die Wunschkugeln nicht für alle Wünsche reichen, muss die Gruppe sich einigen, welche Wünsche ihnen am wichtigsten sind.

An dieser Stelle endet die Reise und die Teilnehmerinnen und Teilnehmer können ihre Hüte absetzen und sich wieder in die Normalwelt begeben. Der Weg zurück führt schnurstracks durch die Tür in den Gruppenraum und beinhaltet weder Hindernisse noch Energiefelder.

Literaturverzeichnis

Spiele und Übungen

1. Gilsdorf, Rüdiger/Kistner, Günter (1995): Kooperative Abenteuerspiele – Praxishilfe für Schule und Jugendarbeit. Seelze-Velber: Kallmeyer

2. Gilsdorf, Rüdiger/Kistner, Günter (2001): Kooperative Abenteuerspiele 2 – Praxishilfe für Schule und Jugendarbeit. Seelze-Velber: Kallmeyer

3. Hechenberger, Alois u.a.: Bewegte Spiele für die Gruppe: Neue Spiele für Jung und Alt, für kleine und große Gruppen, für drinnen und draußen und für alle Spielsituationen. Münster: Ökotopia-Verlag 2001

4. Reichel, René/Rabenstein, Reinhold (2001): Kreativ beraten – Methoden, Modelle, Strategien für Beratung, Coaching und Supervision. Münster: Ökotopia-Verlag

5. Reiners, Annette (1999): Praktische Erlebnispädagogik – neue Sammlung motivierender Interaktionsspiele. Augsburg: ZIEL-Verlag

6. Reiners, Annette (2005): Praktische Erlebnispädagogik, Band 2. Neue Sammlung handlungsorientierter Übungen für Seminar und Training. Augsburg: ZIEL-Verlag

7. Rohnke, Karl (2004): Funn 'n Games – Adventure Games, Initiatives, & Trust Activities for Funn and Facilitation. Dubuque IA : Kendall/Hunt Publishung Company

8. Schnabel, Ulrich (Hg.) (1994): Das hätte ich nicht gedacht – Religiöse Orientierungstage mit Schülerinnen und Schülern. Freiburg im Breisgau: Herder-Verlag

9. Senninger, Tom (2000): Abenteuer leiten – in Abenteuern lernen. Münster: Ökotopia-Verlag

Theorie und Hintergründe

1. Gilsdorf, Rüdiger (1999): Aufbruch ins Ungewisse. Grundzüge eines erlebnispädagogischen Konzepts. In: Gilsdorf, R. & Volkert, K. (Hg.): Abenteuer Schule. Augsburg: ZIEL-Verlag

2. Gilsdorf, Rüdiger (2004): Von der Erlebnispädagogik zur Erlebnistherapie. Perspektiven erfahrungsorientierten Lernens auf der Grundlage systemischer und prozessdirektiver Ansätze. Bergisch Gladbach: Edition Humanistische Psychologie

3. Greenaway, Roger (1993): Playback. A guide to reviewing activities. Edinburgh: The Duke of Edinburgh's Award

4. Heinen, Daniel (2004): Reflexionsmethoden. In: „Da kannst du was erleben" – Erlebnispädagogik in der Kinder- und Jugendarbeit." Münster: Zeitweise – Das Themenheft des BDKJ Diözesanverbandes Münster und der Abteilung Kinder- und Jugendseelsorge. Ausgabe Nr. 30

5. Luckner, Reldan S./Nadler, John L. (1992): Processing the Adventure Experience – Theory and Practice. Dubuque IA : Kendall/Hunt Publishing Company

6. Priest, Simon/Gass, Michael A. (1997): Effective Leadership in Adventure Programming. University of New Hampshire: Human Kinetics

7. Ringer, Martin (1992): The Theory and Practice of Games Leadership. In: Adventure Education 9 (4)

8. Schoel, Jim/Prouty, Dick/Radcliffe, Paul (1988): Islands of Healing – A Guide to Adventure Based Counseling. Hamilton MA: Project Adventure Inc.

9. Sonntag, Christoph (2001): Abenteuer Spiel – Handbuch zur Anleitung kooperativer Abenteuerspiele. Augsburg: ZIEL-Verlag

Christoph Sonntag

Wurde 1975 in Brühl geboren und ist als Diplom-Sozialpädagoge seit 2000 in der Kinder- und Jugendarbeit tätig.
Neben seiner Anstellung als Bildungsreferent der Katholischen jungen Gemeinde im Diözesanverband Köln leitet er Fortbildungen im Bereich „Spielerische Erlebnispädagogik" und gestaltet regelmäßig erlebnis- und spielorientierte Trainings für Teams und Gremien.
Er ist Autor des Buches „Abenteuer Spiel – Handbuch zu Anleitung kooperativer Abenteuerspiele", das 2001 im ZIEL-Verlag erschienen ist.
E-Mail: c.sunday@gmx.de

Jochen Plogsties

Wurde 1974 in Cochem an der Mosel geboren.
Er ist Meisterschüler der Hochschule für Grafik und Buchkunst, Leipzig.
Seine Arbeit wird in nationalen und internationalen Ausstellungen gezeigt.
Er wird vertreten durch die Galerie ASPN, Leipzig.
Internet: www.ASPN-Galerie.de

Beim Titelbild wurde er unterstützt von Smilla Sonntag (*2005).